외국인을 위한 한국사

외국인을 위한 한국사
A Korean History for International Readers

전국역사교사모임 지음

한국인은 세계인에게 한국의 역사를 어떻게 이야기할 것인가?

외국인에게 한국의 역사를
어떻게 들려주면 좋을까요?

역사교사는 학생들과 함께 과거의 역사를 이야기하고 새로운 미래를 꿈꾸는 시간이 행복합니다. 때때로 안타까운 학교 현실에 좌절도 하지만, 학생들과 함께 이룬 작은 성취에 가슴이 벅차오를 때가 더 많습니다. 또한 역사가 학생들의 삶 속에 살아 있어야 한다고 생각하고, 이들에게 의미 있는 체험이 될 수 있도록 가르치고자 노력합니다.

역사교사는 한국사와 세계사 영역을 넘나들면서 수업을 합니다. 다시 말해 한국사를 세계사의 맥락에서 읽으려 하고, 한국사를 염두에 두고 세계사를 가르칩니다. 그래서 역사교사는 세계사의 경험 속에서 한국사를 성찰하고, 세계인과 한국사를 소통하는 데 그 누구보다 유리합니다. 또한 학생들에게 가장 알기 쉬운 언어로 한국 역사를 이야기하고 가르치기에 누구든 쉽게 읽을 수 있는 한국사를 쓰는 데도 유리합니다. 굳이 역사교사들이 6년 가까이 문제의식을 벼려 이 책을 내놓은 이유입니다.

이 책은 국제사회에 한국 역사를 편견 없이 소개하기 위해 쓴 '외국인을 위한 한국사'입니다. 외국인은 물론이고 한국인을 위한 책이기도 합니다. '한국인은 세계인에게 한국의 역사를 어떻게 이야기할 것인가?'라는 부제에서도 알 수 있듯이, 한국사의 주역인 한국인이 먼저 읽어야 할 책입니다. 다양한 역사적 경험이 한국인의 생활과 문화에 미친 영향과, 그 문화가 한국 역사에 미친 영향을 외국인에게 들려주기 위해서는 한국인이 그 내용을 제대로 알아야만 하기 때문입니다. 따라서 이 책은 '외국인에게 한국의 역사를 어떻게 들려주면 좋을까?'라는 질문을 던지고 이에 답하고 있습니다.

이 책은 한국어판과 영어판으로 출간되었습니다. 한국인들이 한국어판과 영어판을 함께 비교하면서 읽고 외국인들과 많은 대화를 나눌 수 있기를 기대해봅니다. 한국인에게는 외국인의 시선으로 한국 역사를 되돌아보는 기회가, 외국인에게는 한국인의 내면을 있는 그대로 느낄 수 있는 계기가 되기를 소망합니다. 한국 역사를 바라보는 여러 시선이 뒤섞여 활발한 토론을 벌임으로써, 한국의 현재를 성찰하고 더 나은 미래를 상상하는 데 도움이 되었으면 합니다.

한국어판은 외국인에게 한국 역사를 어떻게 들려주면 좋을까 고민하는 분들이 읽으면 좋겠습니다. 외국인 친구를 둔 분, 업무상 외국인을 자주 만나는 분을 비롯해 외국 여행을 떠날 분들에게도 추천합니다. 그리고 영어판은 한국의 역사를 알고 싶어하는 외국인들이 보면 좋겠습니다.

이 책은 기존 한국사 책과는 조금 다르게 구성하였습니다. 먼저, 한국 역사에 대한 이해를 돕기 위해 한국에서 주요한 역사적 사건이 일어난 그때에 세계에는 어떠한 일이 벌어졌는지 알 수 있도록 각 장 첫머리에 세계 연표를 실었습니다. 더불어 〈세계 속의 한국, 한국 속의 세계〉에서는 세계와 한국이 어떻게 연결되어 있는지를 들여다볼 수 있도록 하였습니다. 〈역사의 현장〉에서는 한국을 대표할 만한 문화재와 중요한 역사 현장을 소개하였고, 〈생활과 문화〉에서는 오랜 세월 동안 축적된 다양한 역사적 경험이 한국인의 생활과 문화에 녹아 지금도 살아 숨 쉬고 있음을 보여주고자 하였습니다.

외국인과 한국인 모두 쉽게 이해할 수 있도록 서술하고자 애썼으며, 전체 역사의 흐름을 일목요연하게 보여주기 위해 노력하였습니다. 역사적 사건이나 사실을 나열하기보다는 그 맥락을 이해할 수 있도록 자세하게 설명하였으며, 지도와 시각 자료를 다양하고 풍부하게 실었습니다. 시기마다 역사를 이끈 주요 인물에 대해서는 상세하게 소개하였습니다.

이 책은 한국인이 역사 무대에 등장하여 통일국가를 이루고 고유의 문화적 정체성을 형성해온 과정을 다루고 있습니다. 특히 제3세계 여러 나라와 달리 민주화와 산업화를 함께 이룬 한국의 근현대사를 정면으로 다루었습니다. 따라서 한국전쟁과 분단 등으로 굴곡진 현대사에서도 희망의 역사를 창조한 한국인을 만날 수 있습니다.

오랜 시간에 걸쳐 집필과 편집 작업을 진행하였지만 막상 그 결과물을 내놓으려니 부족한 점이 많아 두려움이 앞섭니다. 그러나 국제사회에 한국사를 올바로 알리기 위해서 이 책을 내놓습니다. 이 책을 계기로 외국어로 된 한국 역사책이 더 많이 나오기를 기대합니다.

이 책을 구상할 때부터 수많은 역사교사가 참여하였습니다. 휴머니스트 출판사 또한 출판인으로서 사명 의식을 가지고 함께하였습니다. 우리 작업이 작은 성취라도 이루게 된다면, 그 공은 모두 이분들의 몫입니다.

2010년 11월
전국역사교사모임

한국의 역사를 통해
더 가까워지기를 바라며

'한국' 하면 떠오르는 이미지나 단어가 있나요? 친구들과 더불어 한국에 대해 이야기를 나눈 적이 있나요?

한국은 오랜 역사를 지닌 나라입니다. 그만큼 역사적 경험이 풍부하고 다양한 문화를 일구어왔습니다. 오랜 세월 쌓아온 다양한 경험과 깊이 있는 문화는 세계 인류 역사의 소중한 일부분입니다. 따라서 이 책 《외국인을 위한 한국사(A Korean History for International Readers)》 또한 한국사를 세계에 알림으로써 세계 인류 역사와 문화를 더욱 풍부히 할 것이라 생각합니다.

이 책은 한국 역사의 처음 시작부터 최근의 현대사까지를 다룬 역사책입니다. 특히 오랜 역사에도 불구하고 외국인에게는 잘 알려지지 않은 전근대시기 역사와 바깥에서는 잘 보이지 않는 한국인의 생활과 문화를 폭넓게 다루고 있습니다.

이 책은 과거에 일어난 수많은 사건과 제도를 단순히 나열하기보다 다양한 역사적 경험이 한국인의 생활과 문화에 어떤 영향을 주었는지, 그리고 문화가 역사 창조에 어떤 영향을 미쳤는지를 세밀하게 이야기하고 있습니다. 외국어로 한국의 문화와 역사를 소개한 책을 종종 만날 수 있는데도 새롭게 이 책을 준비한 이유가 바로 여기에 있습니다. 독자들은 이 책을 통해 한국인이 어떤 역사를 거쳐 오늘에 이르렀는지 알 수 있을 뿐 아니라, 한국인이 소중하게 생각하거나 옳지 않게 여기는 가치가 무엇인지도 알게 될 것입니다.

이 책은 한국의 대표적인 역사교사 단체 '전국역사교사모임'에서 펴냈습니다. 전국역사교사모임은 그동안 한국사와 세계사 교육을 혁신할 대안 교과서를 비롯해서 대안적인 역사교육론을 담은 연구서를 펴냈습니다. 이 책의 경우, 두 사람의 역사교사가 대표로 집필

했지만 책을 구상하고 원고를 검토하는 과정에 수많은 역사교사가 함께 참여하였습니다.

역사교사들은 낯선 과거의 역사를 매개로 해서 학생들과 눈을 맞추고 그들의 언어로 역사를 이야기하려고 노력합니다. 이 책은 역사교사의 이런 체험을 바탕으로 해서 만들어졌습니다. 또한 세계의 일부분으로서 한국은 어디에 서 있는지 돌아보고, 한국의 경험이 새로운 미래를 만드는 데 어떻게 공헌할 수 있는지를 염두에 두고 집필하였습니다. 한국과 한국의 역사를 낯설게 여기는 독자들이 편하게 읽으면서 시나브로 한국에 한 발짝 다가갈 수 있도록 노력을 기울였습니다.

그래서 이 책은 일반적인 한국사 개설서와 달리 내러티브를 구성하여 자연스럽게 읽히도록 하고, 다양한 지도와 사진 자료를 통해 한국을 더 가깝게 느낄 수 있도록 하였습니다. 한국인의 삶과 문화를 상징할 만한 문화재와 유형무형의 관습과 의례를 알 수 있도록 하였으며, 주요 사건이 일어난 역사 현장을 찾아 생동감 있게 이야기를 풀었으며, 한국인이 역할 모델로 삼는 인물을 자세히 설명하였습니다.

이 책을 준비하고 펴내기까지 6년이란 긴 시간이 걸렸습니다. 먼 길을 걸어 이제야 이곳에 이르렀습니다. 우리에게 늘 익숙했던 것을 낯선 시선으로 되돌아보는 과정이 그리 간단하지만은 않았기 때문일 것입니다. "여행은 낯선 곳에서 또 다른 나를 만나는 체험"이란 말이 있습니다. 이 글을 읽는 독자들도 한국인의 여정을 체험하는 책 읽기를 통해 또 다른 '나'를 만날 수 있기를 바랍니다.

2010년 11월

전국역사교사모임(The Association of Korean History Teachers)

차 례

· 이 책을 읽는 한국인 독자들에게
　외국인에게 한국의 역사를 어떻게 들려주면 좋을까요? · 5

· 이 책을 읽는 외국인 독자들에게
　한국의 역사를 통해 더 가까워지기를 바라며 · 8

· 프롤로그 – 한국과 한국인, 그들은 누구인가? · 16

Ⅰ 한국 역사의 시작 B.C.50만~B.C.1세기

세계 속의 한국, 한국 속의 세계 – 한반도의 선사 문화와 역사시대 · 22

1. 한국에는 언제부터 사람이 살았을까?
　한반도 전역에서 발견되는 신석기시대 유적 · 24 | 한국인의 기원 · 25 | 농사와 더불어 시작된 정착 생활 · 26

2. 최초의 국가, 고조선이 일어나다
　Korea, 한국과 조선 · 28 | 농경문화를 바탕으로 탄생한 고조선 · 29 | 예맥족의 대표 세력으로 성장한
　고조선 · 30 | 한과 고조선의 대결 · 31

3. 북과 남에서 여러 국가가 일어나다
　명도전의 세계 · 32 | 철이 바꾼 세상 · 33 | 진과 부여, 그리고 그 뒤를 이은 나라들 · 34
　역사의 현장 – 세계 최대의 고인돌 왕국 · 36
　생활과 문화 – 하늘에 제사를 지내다 · 38

Ⅱ 삼국시대의 개막 B.C.1세기~A.D.700

세계 속의 한국, 한국 속의 세계 – 동아시아 문화권의 형성 · 42

1. 고구려·백제·신라, 삼국이 형성되다
　북방의 패권을 다툰 부여와 고구려 · 44 | 백제와 신라, 그리고 가야 · 45 | 귀족과 노예, 그리고 평민 · 46 |
　부여와 가야의 탈락 · 47

2. 삼국, 치열한 경쟁을 벌이다
　한족 세력을 몰아낸 고구려 · 48 | 백제와 고구려의 대결 · 49 | 위기를 딛고 대제국으로 발전한 고구려 · 51 |
　고구려에 함께 맞선 백제와 신라 · 51
　역사의 현장 – 1600년 전 고구려 고분과 고분 벽화를 만나다 · 52

3. 고구려, 수·당의 침략을 물리치다

새로운 강자로 떠오른 신라 · 54 | 격동하는 동북아시아 · 55 | 중국의 통일 제국과 싸워 이긴 고구려 · 56

4. 교류의 확대로 다양한 문화를 꽃피우다

하늘 신과 땅 신을 섬기다 · 58 | 새로운 종교의 유입 · 59 | 불교의 번성 · 60 | 삼국과 일본의 활발한 문화
교류 · 61
생활과 문화 – 밥과 김치, 한국인의 밥상 이야기 · 62

Ⅲ 남북국을 이룬 통일신라와 발해 648~926

세계 속의 한국, 한국 속의 세계 – 세계를 향해 떠난 사람들, 그리고 석굴암 · 66

1. 신라, 백제와 고구려를 통합하다

군사동맹을 맺은 신라와 당 · 68 | 백제와 고구려의 멸망 · 69 | 백제와 고구려의 부활을 위해 싸운 사람들 · 70 |
당과 싸워 이긴 신라 · 71

2. 통일신라와 발해, 남북국을 이루다

'통일국가'를 이룩한 신라 · 72 | 고구려의 뒤를 이은 발해 · 73 | 해동성국으로 불린 발해 · 75

3. 불교문화가 크게 발달하다

세계로 뻗어나간 신라와 발해 · 76 | 학문과 사상을 발전시킨 유학 · 78 | 불교 신앙의 대중화 · 79 | 화려하게
꽃핀 불교예술 · 81
역사의 현장 – 불국사, 부처님의 나라에 세워진 절 · 82

4. 남북국시대가 저물어가다

번영하는 수도, 굶주리는 사람들 · 84 | 귀족들 사이의 격화된 투쟁 · 85 | 붕괴의 시작은 새로운 출발로
이어지고 · 86 | 역사 속으로 사라진 발해 · 87
생활과 문화 – 기와집과 초가집, 그리고 온돌과 마루 · 88

Ⅳ 통일국가 고려의 등장 900~1135

세계 속의 한국, 한국 속의 세계 – 벽란나루와 고려의 황도 개경 · 92

1. 고려, 후삼국을 통일하다

후삼국시대의 개막 · 94 | 다시 통일의 길에 나선 견훤과 왕건 · 95 | 통일을 완수한 고려 · 95

2. 과거제도를 도입하고 관료제를 발전시키다

신라 말 고려 초의 '3최' · 98 | 새로운 관리 임용 제도의 도입 · 99 | 천 년 통치의 기틀 마련 · 100
역사의 현장 – 청자, 그리고 도자기 엑스포 · 102

3. 격동하는 동북아시아, 실리 외교를 펼치다

중앙집권 정책의 강화 · 104 | 거란과 치른 30년 전쟁 · 105 | 황제 국가 고려 · 105 | 세계에 알려진 Corea · 106
생활과 문화 – 부처님 믿고 공자님 따르고 · 108

V 외세와 싸우며 형성된 새로운 역사 인식 1135~1380

세계 속의 한국, 한국 속의 세계 – 몽골제국과 고려의 문화 교류 · 112

1. "삼한에서 천민을 없애자"
중미정의 슬픈 사연 · 114 | 흔들리는 귀족 정치 · 115 | 100년에 걸친 무신 집권 · 116 | 변혁을 위해 일어난 민중 · 116

2. 새로운 역사 인식이 자리잡다
삼국사기와 삼국유사 · 118 | 몽골족의 침략 · 119 | 이어지는 수난 · 120 | 몽골과의 전쟁이 남긴 것 · 121
역사의 현장 – 직지와 고인쇄 박물관 · 122

3. 떠오르는 개혁 세력, 새로운 세상을 꿈꾸다
반원의 깃발을 든 공민왕 · 124 | 흔들리는 개혁, 이어지는 홍건적과 왜구의 침략 · 125 | 변혁을 꿈꾸는 사람들 · 127
생활과 문화 – 한국인에게 불교란 무엇인가? · 128

VI 조선의 건국, 새로운 전통의 시작 1380~1474

세계 속의 한국, 한국 속의 세계 – 한국 최초의 역서, 칠정산을 만들다 · 132

1. 새 나라 조선, 한양을 새 수도로 삼다
이성계와 정도전의 만남 · 134 | 나라 이름은 조선으로, 새 수도는 한양으로 · 135 | 불교에서 유교로 · 136 |
유교 정치의 담당자 '양반' · 137
역사의 현장 – '실록'이라는 이름의 역사책 · 138

2. 두만강과 압록강을 새로운 국경으로 만들다
조공 - 책봉 관계를 이어간 조선과 명 · 140 | 북방 영토의 개척 · 141 | 뚜렷해진 국경 개념 · 143

3. 한글이 탄생하다
나라말이 중국과 달라 · 144 | 새로운 문자의 보급 · 145 | "민은 나라의 근본" · 146
생활과 문화 – 아름답고 과학적인 글자, 한글 · 148

VII 유교 문화의 확산 1474~1650

세계 속의 한국, 한국 속의 세계 – 전쟁에 휩싸인 동북아시아 · 152

1. 사림, 유교적 이상 정치를 꿈꾸다
사림이라 불린 사람들은 누구인가? · 154 | 사림의 관직 진출 · 155 | 사림 정치가 자리잡다 · 156 | 동인과 서인,
붕당의 형성 · 157
역사의 현장 – 서원, 조선 선비의 삶이 깃든 곳 · 158

2. 두 차례 전란에 휩싸이다
일본의 조선 침략 · 160 | 동아시아의 패권을 넘보는 일본 · 161 | 침략군을 물리친 사람들 · 162 | 임진왜란이

남긴 것 · 164 | 남방을 안정시키고 북방을 경계하다 · 164 | 무너진 중립 외교, 병자호란의 발발 · 165

3. 가부장적 가족제도가 자리잡다
"조선은 이제 유일한 유교 국가다" · 166 | 달라진 혼인과 가족제도 · 167 | 깊게 뿌리내린 유교적 생활풍속 · 168
생활과 문화 – 제사, 세상 떠난 부모님을 기리다 · 170

VIII 변화를 위한 다양한 모색 1650~1862

세계 속의 한국, 한국 속의 세계 – 연경(베이징)과 에도(도쿄)로 떠났던 사람들 · 174

1. 북벌에서 북학으로, 세계 인식이 확대되다
비운의 왕위 계승자 · 176 | 한계에 부딪친 북벌운동 · 177 | 토지개혁이냐, 조세행정 개혁이냐 · 178 | 자아와
세계에 대한 새로운 인식 · 179

2. "조선 사회를 재구조화하자!"
1728년 3월 청주 · 180 | 붕당 중심에서 국왕 중심으로 · 181 | 흔들리는 양반 지배 체제 · 183 | 백화제방(百花齊
放)의 시대 · 184 | 정약용과 박제가, 그리고 정조 · 185
역사의 현장 – 화성과 만석거, 정조의 신도시 건설 프로젝트 · 186

3. 민중들이 일어서다
변혁의 대상으로 전락한 구체제 · 188 | 죽어서 신화가 된 홍경래 · 189 | 사람이 곧 하늘 · 190 | 역사의
주인임을 선언한 조선의 민중들 · 191
생활과 문화 – 일상을 빼닮은 풍속화 · 192

IX 전환기를 맞이한 조선 1863~1896

세계 속의 한국, 한국 속의 세계 – 동아시아 삼국의 개항 · 196

1. 구체제 위기에 맞서 새로운 해결책을 모색하다
서양과의 화친을 거부한 조선 · 198 | 침략자로 인식된 서양, 서양의 국가들 · 199 | 외침 방어와 내정 개혁의
관계 · 199 | '부국강병 노선'의 대두 · 200
역사의 현장 – 강화도, 근대 역사의 출발점 · 202

2. 근대국가 체계에 참여하다
문호 개방 · 204 | "서구의 기술 문명을 받아들이자" · 205 | 서양의 문명이냐, 동양의 문화냐 · 206 | 개방정책에
반기를 든 군인들 · 207

3. 급진적인 개혁을 시도하다
"국가 체제를 개조하자" · 208 | 조선에 대한 종주권을 주장한 청 · 209 | 동양의 정신에 서양의 기술을 · 210 |
영국의 거문도 불법 점령, 조선은 독립을 유지할 수 있을까? · 211

4. 아래로부터의 혁명과 위로부터의 개혁이 충돌하다
1894년, 동북아시아 삼국의 갈림길 · 212 | 평등 사회를 만들기 위해 봉기한 농민들 · 214 | 혁명과 반혁명 · 215
| 위로부터의 개혁 · 216 | 외세 의존적 근대화에 반대한 민중들 · 217

생활과 문화 – 푸른 눈에 비친 조선, 조선을 찾아온 서양 · 218

X 국민국가 건설의 좌절과 식민지 체제 1897~1921

세계 속의 한국, 한국 속의 세계 – 제국주의의 침략과 식민지가 된 조선 · 222

1. 대한제국, 마지막 개혁을 시도하다
대한제국의 탄생 · 224 | 국민국가 건설을 위한 다양한 노력 · 225 | 독립협회와 만민공동회 · 226 | 마지막 개혁,
좌절된 국민국가 · 227
역사의 현장 – 경운궁과 정동에서 근대 역사를 만나다 · 228

2. 일본의 침략에 맞서 싸우다
오늘을 목 놓아 통곡하다 · 230 | 일본의 보호국이 된 대한제국 · 231 | 반침략 투쟁의 폭발 · 232 | 자유를
지키기 위한 목숨을 건 투쟁 · 232 | 신민에서 국민으로 · 234

3. 식민지가 된 조선, 왜곡된 근대화의 길을 가다
일본의 식민지로 전락한 조선 · 236 | 이민족 군부에 의한 독재 정치 · 237 | 근대라는 이름의 폭력 · 238

4. 3·1 운동, 독립과 민주를 선언하다
암흑 속에서도 계속된 투쟁 · 240 | 전국적으로 일어난 항일운동 - 3·1 운동 · 241 | 공화국의 탄생, 대한민국
임시정부 · 242 | 본격화된 항일 무장투쟁 · 243
생활과 문화 – 독립의 염원을 담은 태극기와 애국가 · 244

XI 해방을 준비한 한국인들 1922~1945

세계 속의 한국, 한국 속의 세계 – 제2차 세계대전과 한국의 독립운동 · 248

1. '개발 없는 개발', 민중은 힘들다
개발의 미명 아래 이루어진 식민지 수탈 · 250 | 식민지 지주제, 더욱 튼튼해진 낡은 전통 · 251 | 식민지 한국의
세 얼굴 · 252 | 민족주의와 사회주의 · 253

2. 사회운동이 활발하게 일어나다
들불처럼 번진 소작쟁의 · 254 | 근대적 노동운동의 시작 · 255 | 다양한 계층에서 일어난 사회운동 · 256 | 더욱
높아진 민족 의식 · 257

3. 민족운동이 다양하게 일어나다
약동하는 동아시아 · 258 | 여러 갈래로 전개된 민족운동 · 259 | '민족 유일당'을 만들자 · 260 | 다시 터진 "대한
독립 만세" · 261

4. 파시즘에 맞서며 건국을 준비하다
식민지 파시즘과 한국인의 수난 · 262 | 중국인과 함께 일제에 맞서다 · 263 | 해방의 그날까지 지속된 항일
투쟁 · 264
역사의 현장 – 서대문형무소 역사관과 독립기념관 · 266
생활과 문화 – 식민지 시대 한국인의 이주, 그리고 해외의 한국인 · 268

XII 민주공화국의 수립과 분단 1945~1960

세계 속의 한국, 한국 속의 세계 – 냉전 속의 열전 · 272

1. 해방, 건국 운동이 불붙다
건국 준비 · 274 | 미국과 소련의 분할 점령 · 275 | 좌우 대립으로 통일 정부 수립은 어려워지고 · 276

2. 대한민국 정부가 세워지다
분단의 시작 · 278 | 대한민국 정부 수립 · 280 | '1,300년 만의 분단' · 281

3. 한국전쟁이 발발하다
반공 체제를 정비한 이승만 정권 · 282 | 전쟁으로 치달은 남과 북 · 283 | 마침내 전쟁은 일어나고 · 285 | 전쟁 피해와 민간인 학살 · 286 | 총성은 멎었으나…… 287
역사의 현장 – DMZ, 38선에서 경의선 복원까지 · 288

4. 두 개의 국가로 나뉘다
분단 체제의 형성 · 290 | 사회주의 체제를 확립한 북한 · 291 | 시장경제 체제를 강화한 남한 · 292 | 경쟁하는 남과 북의 독제 체제 · 293
생활과 문화 – 남북 문화의 이질성과 동질성 · 294

XIII 변화하는 한반도, 역동적인 대한민국 1960~2010

세계 속의 한국, 한국 속의 세계 – 1980년대 피플 파워와 6월 민주항쟁 · 298

1. 본격적인 산업화가 시작되다
4·19 혁명과 5·16 군사 쿠데타 · 300 | 경제개발 계획의 추진 · 301 | 공업국으로의 성장 · 302 | 한강의 기적, 그 빛과 그림자 · 303
역사의 현장 – 거대 도시 서울의 변화된 모습, 메트로폴리탄 · 304

2. 산업화와 민주화를 함께 이루다
독재자의 길에 들어선 박정희 · 306 | 불붙은 민주화 운동 · 307 | '산업혁명'의 성취 · 308 | 6월 민주항쟁, 민주화의 첫발을 내딛다 · 309

3. 사회주의 국가 북한, 벽에 부딪히다
'사회주의 공업화'의 성공 · 310 | 온 사회의 주체사상화 · 311 | 벽에 부딪힌 계획경제 · 312 | "우리식대로 살자" · 313

4. 다가서는 남과 북, 한반도의 변화를 꾀하다
6월 민주항쟁 이후의 대한민국 · 314 | 위기의 한반도 · 315 | 두 번의 남북 정상회담 개최 · 316 | 민주적인 시민문화 확산 · 317
생활과 문화 – 외국인 인구 200만 시대, 한국 속의 외국을 말한다 · 318

· **에필로그** – 새로운 미래를 꿈꾸며 · 320

· **자료 제공 및 소장처** · 324 | **찾아보기** · 326

한국과 한국인, 그들은 누구인가?

금속활자를 최초로 상용화한 한국인

한국은 세계에서 가장 먼저 금속활자를 만들었다. 독일의 구텐베르크가 금속활자로 성서를 찍기 200여 년 전인 고려 왕조(918~1392) 때의 일이다. 고려 때 간행된 《직지(直指)》는 지금까지 전하는 금속활자 인쇄본 가운데 가장 오래된 책이다.

이보다 앞서 신라 왕조(기원전 57~935) 때에는 목판 인쇄술이 발달하였는데, 《무구정광대다라니경(無垢淨光大陀羅尼經)》이라는 세계에서 가장 오래된 목판 인쇄물이 지금까지 전한다. 이뿐 아니라 한꺼번에 여러 권의 불교 경전을 찍기 위해 고려 때 만든 아름답고 정교한 목판은 오늘날에도 인쇄가 가능하다.

한국은 이처럼 발전된 인쇄 문화와 함께 세계적인 기록문화유산을 여럿 가진 오랜 문화국가다. 하지만 이 같은 사실은 세계에 잘 알려져 있지 않다. 오랜 문명국인 중국과 근대에 들어 세계 강국으로 떠오른 일본 사이에 위치한 한국은 종종 그 두 나라의 프리즘을 통해 비쳐지거나 잘못 평가되고 있기 때문이다.

하나의 민족, 남북으로 나뉜 국가

현재 한반도 남쪽은 대한민국(남한), 북쪽은 조선민주주의인민공화국(북한)이다. 70여 년간 분단된 채 서로 경쟁하며 지내면서도 남북한 사람들은 모두 통일을 염원한다. 1,000년 이상 한 국가 안에서 살았으며, 외세의 침략을 받았을 때 모두 하나가 되어 단결한 공동의 경험을 가졌기 때문이다.

현재 남한의 인구는 약 5,100만 명, 면적은 약 10만km²이고, 북한의 인구는 약 2,500만 명, 면적은 약 12만km²이다. 남북을 합친 인구는 영국이나 프랑스보다 많고 독일보다 적으며, 남북을 합친 면적은 영국과 비슷하다. 국토 대부분이 온대기후 지역으로, 예부터 사람들은 한곳에 정착하여 농사를 짓고 살았다. 오래전부터 평야지대가 많은 남한이 북한

보다 인구밀도가 높았다. 한반도는 일찍부터 통일 국가를 형성하여 이웃 나라와 교류하였으며, 다른 나라에서 종종 볼 수 있는 대규모의 인구이동은 거의 없었다.

대륙과 해양의 연결점, 한반도

한반도 동쪽에는 일본, 서쪽에는 중국이 자리하고 있다. 일본과는 좁은 해협을 사이에 두고 마주하며, 중국과는 육지로 맞닿아 있다.

한반도에서 일어난 역대 왕조들은 동북아시아의 일원이었다. 특히 초기 왕국들은 중국 또는 북방의 유목 민족과 대립하면서 성장하였다. 7세기 한반도가 통일 전쟁의 소용돌이에 휩싸였을 때 중국과 일본도 이 전쟁에 개입하였다. 13세기 몽골의 고려 침략은 곧이어 몽골-고려 연합군의 일본 침략으로 이어졌으며, 16세기와 19세기에 일어난 일본의 조선 침략은 한반도에서 국제 전쟁으로 비화되었다. 한반도 분단이 국제 전쟁으로 확대되었던 1950년 한국전쟁도 그 연장선에 있다.

한반도는 한·중·일 세 나라가 공유하는 바다 한가운데에 위치하여 대륙과 해양으로 가는 길이 모두 열려 있다. 그래서 종종 국제적 갈등의 중심지가 되거나, 주변국들과 함께 호흡하면서 문화를 발전시키고 세계로 향하는 출발점이 되기도 하였다. 그 속에서 한국은 독자적인 정치 공동체를 유지하고 문화 정체성을 형성하면서 외래문물을 받아들이고 세계 진출을 꾀하였다.

한국은 전근대 시기에는 중국을 통해 다양한 문화를 수용하였으며, 19세기 말부터는 일본과 미국을 통해 서양 문물을 받아들였다. '선진'을 앞세운 외래문화의 영향으로 고유문화가 위협받기도 하였지만, 한국인들은 자신들의 문제를 주도적으로 해결하며 외래문화를 수용하였다. 외래와 전통의 만남은 한국의 유구한 역사와 더불어 다양한 문화유산을 남겼으며, 다양한 종교가 충돌 없이 공존하는 데 기여하였다.

세계 여러 나라와 마찬가지로 한국 또한 세계화의 물결 한가운데에 있다. 어쩌면 한국인들 스스로 이 물결을 적극적으로 만들어내고 있는지도 모른다. 세계 속의 한국인들은 오늘도 자신들에게 질문을 던진다. 세계 속에서 한국인은 어떻게 존재하는가? 세계적인 것과 한국적인 것의 의미는 무엇인가?

'조용한 아침의 나라' 또는 '역동적인 한국'

100여 년 전 한국을 서양에 소개한 미국인 그리피스(W. E. Griffis, 1843~1928)는 한국을 "은자의 나라(Corea, The Hermit Nation)"(1882)로 정의하였다. 숨어 있는 나라, 세속적 이해관계에 초연하여 자신만의 가치를 추구하는 나라로 이해한 듯하다. 또, 로웰(P. Lowell, 1855~1913)은 "조용한 아침의 나라(The Land of Morning Calm)"(1886)라 하였는데, 이는 아침의 신선함을 의미하는 당시의 왕조명인 '조선(朝鮮)'에서 유래되었음 직하다.

그러나 조선은 숨어 있던 나라도, 어느 날 갑자기 떠오른 나라도 아니었다. 그들에게 낯설고 생경하게 다가갔던 조선은 이미 오래전부터 자신만의 고유문화를 가진 역사 공동체를 형성하면서 주변 국가들과 활발하게 교류하였다.

많은 외국인에게 한국은 분단국가, 한국전쟁, 핵전쟁 위기 같은 부정적인 이미지로 비치기도 한다. 지난 반세기 동안 한국인이 겪은 고난의 역사 때문일 것이다. 한국의 기성세대 대부분도 고난으로 점철되었던 유년의 기억 속에 이와 비슷한 이미지를 간직하고 있다.

오늘날 한국에서 19세기 말 외국인에게 비친 당시의 모습을 찾기는 어렵다. 한국은 20세기 초 독립을 유지하는 데 실패하였고, 일제로부터의 해방이 분단으로 이어지면서 전쟁과 가난을 경험하였다. 그러나 20세기 남은 반세기 동안 한국인은 세계의 이목을 끌 만큼 급격한 변화를 이루었다. 눈부신 경제성장으로 세계 10대 교역국의 하나가 되었으며,

식민지 파시즘과 군사독재를 물리치고 민주사회를 건설하였다.

　그래서 한국의 젊은 세대들은 자신의 아버지 세대와는 다른 자화상을 그린다. 아버지 세대가 그리는 잿빛 자화상 대신, 그들은 서구 국가가 수 세기에 걸쳐 이룩한 산업화와 민주화를 반세기 만에 달성한 역동적인 한국을 떠올리는 것이다. 외국인들 사이에서 한국에 대한 이미지가 충돌하듯, 한국인들이 그리는 자화상 역시 세대 간, 지역 간, 계층 간에 차이가 있다. 한국의 근현대사가 다양한 차원의 부정과 긍정이 뒤섞이며 공존하는 역사였기 때문이다.

통일의 미래를 꿈꾸는 한국인

한국인들은 자신들의 미래에 대해 낙관적이다. 어떤 역경과 고난뿐 아니라, 좀처럼 변화될 것 같지 않은 분단 상황도 머지않아 극복될 것이라 믿는다. 암흑 같은 세월 속에서도 희망을 만들기 위해 땀 흘렸던 오랜 역사를 공유하고 있기 때문이다.

　한국인들은 1,300여 년간 하나의 언어를 사용하고 하나의 역사 공동체를 형성하며 살아왔다. 7세기 한반도 중남부를 통일한 신라는 스스로를 중국과 일본에서 일어난 왕조들과 뚜렷이 구별되는 역사 공동체로 인식하였으며, 13세기 고려 사람들은 '우리는 모두 같은 조상을 가진 사람'으로 인식하였다. 그 후 수백 년 동안 한반도는 분할된 적이 없었으며, 한국인들 마음속에는 동포 의식이 자리잡았다. 일본 제국주의 침략에 맞서 싸울 수 있었던 힘과 분단 현실 속에서도 통일의 미래를 놓치지 않는 것은 오랜 세월이 한국인에게 만들어준 자연스런 정서이다.

　한국인, 과연 그들은 누구인가? 그들을 만나러 떠나보자.

B.C. 50만 ~ B.C. 1세기

B.C. 50만
검은모루동굴에서 이 시기 인류가 사용하였던 돌로 만든 도구가 발견되었다.

B.C. 5만
승리산 동굴에서 약 35세로 추정되는 4만~5만 년 전 인간의 뼈 화석이 발견되었다.

B.C. 8000
제주도에서 이 시기 인류가 사용하였던 간석기와 토기가 발견되었다. 약 1만 년 전에
신석기시대에 접어들었음을 알 수 있다.

B.C. 4000
한반도 여러 곳에서 농사를 짓기 시작하였다. 농경의 시작은 정착 생활의 안정화와
빠른 사회 변화를 의미하였다.

B.C. 3200
수메르 문명 형성

B.C. 2333
《삼국유사》에 따르면 이 시기 단군이 고조선을 건국하였다. 고조선은 한반도와
만주에서 일어난 최초의 국가였다.

B.C. 6세기
페르시아, 오리엔트 통일

B.C. 4세기
고조선이 주변의 정치 세력을 아울러 왕국으로 발전하면서 중국 한족이 세운
연 왕국과 대립하였다.

B.C. 221
진, 중국 통일

B.C. 109 ~ 108
고조선은 중국을 통일한 한 제국의 침략에 1년 동안 맞서 싸웠으나 결국 패배하였다.
고조선 멸망 후 한의 통치기관이 설치되었으나 처음부터 고조선 유민의 강력한
저항에 부딪혔다.

B.C. 1세기
고조선이 무너진 뒤 한반도와 만주 여러 지역에서 부여와 고구려를 비롯한 크고 작은
국가들이 형성되었다.

I 한국 역사의 시작

신석기시대 이래로 한반도와 주변 지역에 많은 사람이 정착하여 농사를 지으며 살았다. 이 지역으로 새로운 사람들이
모여들거나 일본으로 이주하는 사람들도 종종 있었으나 대부분은 정착하여 살았고, 그들의 후손이 현재의 한국인과 이어진다.
현재 한국인의 조상들은 발전된 농경문화를 바탕으로 고조선을 건국하였으며, 고조선은 중국에서 일어난 여러 왕조와
독립적으로 발전하면서 교섭하고 전쟁을 벌였다. 현재 한국인들은 고조선을 한국 민족 최초의 국가로 여긴다.

단양 금굴 충청북도 단양에 있는 금굴. 한국에서 가장 오래된 구석기 유적으로, 구석기시대부터 청동기시대까지 여러 문화층이 발견되었다.

한반도의 선사 문화와 역사시대

인류가 이 땅에 출현한 뒤에도 한국 주변의 땅 모양은 여러 차례 바뀌었다. 수심 깊은 동해가 호수였는가 하면, 황해는 걸어서 건널 수 있었다. 이런 사실로 미루어보아 약 180만 년 전에 살았다는 중국 남쪽의 화석인류나 베이징인이라 불리는 호모에렉투스의 뼈 화석이 한반도에서 발견될 수도 있지 않을까.

베이징인이 살았을 것으로 추측될 즈음, 한반도에서 인류가 사용한 것으로 짐작되는 도구가 발견되었다. 돌을 깨뜨려 만든 조잡한 도구는 당시 힘들게 식량을 마련하였을 사람들의 삶의 증거이자 자연의 제약을 뛰어넘어 역사를 만들어가는 위대한 첫걸음의 증거라 할 수 있다.

약 1만 년 전 한반도에 신석기시대가 시작되었다. 기원전 4000년 무렵에는 한곳에 머물며 농사를 짓기 시작하였다. 농경과 목축을 바탕으로 한 정착 생활이 안정화될 무렵에는 넓은 지역에 흩어져 살던 주민을 하나로 통합한 본격적인 정치 공동체가 등장하였다.

조선은 한반도 서북부에 등장한 최초의 나라였다. 이로써 한국인의 역사는 본격적인 궤도에 오르게 되었다.

주먹도끼
전기 구석기시대의 대표적인 유물이다.

승리산 사람

아래턱뼈 정면

역포아이
약 10만 년 된 인간의 뼈 화석이 평양 부근에서 발견되었다.

만달 사람

머리뼈 옆면

아래턱뼈 옆면

B.C. 400만	B.C. 300만	B.C. 100만	B.C. 10만	B.C. 5만
오스트랄로피테쿠스	**호모하빌리스**	**호모에렉투스**	**호모사피엔스**	**호모사피엔스사피엔스**

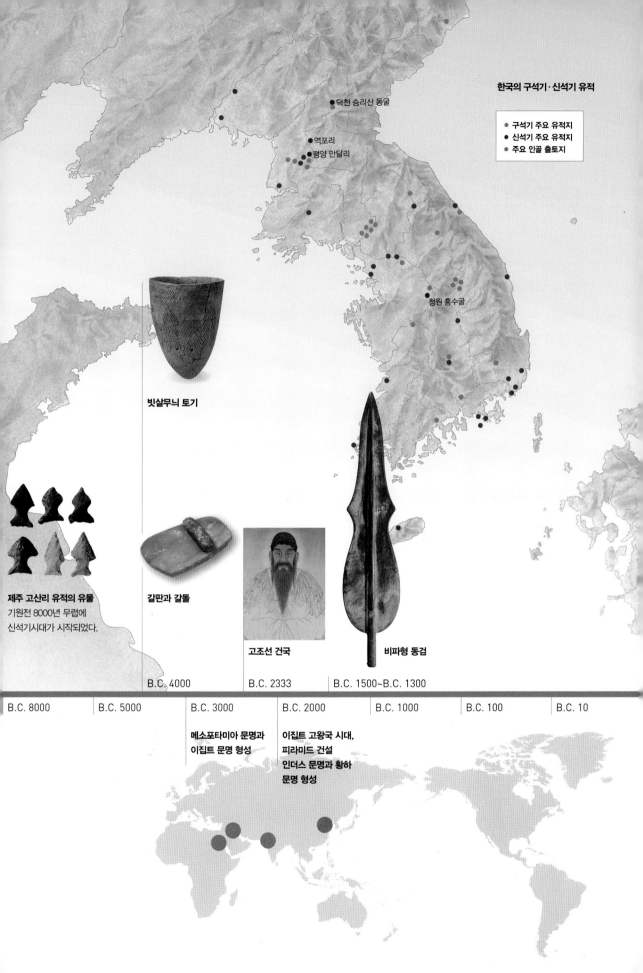

한국의 구석기·신석기 유적

- ● 구석기 주요 유적지
- ● 신석기 주요 유적지
- ● 주요 인골 출토지

덕천 승리산 동굴

역포리
평양 만달리

청원 흥수굴

빗살무늬 토기

제주 고산리 유적의 유물
기원전 8000년 무렵에
신석기시대가 시작되었다.

갈판과 갈돌

고조선 건국

비파형 동검

B.C. 4000   B.C. 2333   B.C. 1500~B.C. 1300

B.C. 8000	B.C. 5000	B.C. 3000	B.C. 2000	B.C. 1000	B.C. 100	B.C. 10

메소포타미아 문명과
이집트 문명 형성

이집트 고왕국 시대,
피라미드 건설
인더스 문명과 황하
문명 형성

1
한국에는 언제부터 사람이 살았을까?

한반도 전역에서 발견되는 신석기시대 유적

한국의 수도인 서울에는 한강이라는 제법 큰 강이 가로지른다. 오늘날 한국에서 인구밀도가 가장 높은 이 강가에는 크고 작은 선사시대 유적이 있다. 서울 동쪽 끝자락에 자리한 암사동도 그중 하나다.

유적지에는 수천 년 전 사람들의 숨결이 느껴지는 움집이 9채 있다. 근처의 전시관에서는 옛사람들의 손때가 묻은 여러 가지 도구를 만날 수 있다. 돌이나 동물의 뼈, 뿔로 만든 도구 들과 당시 사람들이 사용하였던 그릇들……. 수십 명의 사람들이 강가에 마을을 이루어 살면서 고기를 잡고 농사를 지었을 것임이 틀림없다.

한국에서 이 같은 신석기시대의 흔적을 찾기란 어렵지 않다. 신석기시대에는 강가와 바닷가를 중심으로 현재 한국 전역에서 사람들이 살았다. 신석기시대 사람들은 한곳에 머물러 정착 생활을 하였는데, 이들이 현재 한국인으로 이어지고 있다.

서울 암사동 신석기시대 유적지
홍수로 오랜 세월 묻혀 있던 유적으로, 1960년대 이후 여러 차례 발굴을 통해 사람들에게 알려졌다. 기원전 4000~3000년 무렵의 주거지움집와 토기, 돌도끼 돌화살촉, 긁개 따위의 생활도구와 돌낫, 보습과 같은 농기구가 발굴되었다.

한국인의 기원

한반도에는 구석기시대부터 사람이 살았다. 북한의 평양 근교에 있는 검은모루동굴에서 적어도 50만 년은 되었음직한 뗀석기가 발견되었다. 그곳에서 멀지 않은 중국 베이징에서 70만 년 된 호모에렉투스의 인골이 발견된 사실로 볼 때, 한국에서도 그 무렵부터 사람이 살았을 것으로 추정된다.

한반도 중부에는 북한에서 남한으로 흘러 황해안으로 들어가는 임진강이 있다. 이 강 중류에 있는 연천 전곡리 유적에서는 아시아에서 처음으로 주먹도끼가 발견되었다. 그 주먹도끼를 사용한 사람과 거의 비슷한 시기에 살았을 인간의 뼈 화석도 평양 부근에서 발견되었다. 이들이 신석기시대에 현재의 한국에서 살았던 인류였을지는 단정하기가 이르다.

50만 년 된 검은모루동굴에는 열대에서나 살았을 동물의 흔적이 남아 있다. 당시 사람들은 하이에나나 큰 쌍코뿔이와 어울리면서 살았던 것이다. 또 한국에서 한대지방에서만 살았을 동물의 흔적을 찾는 것도 어렵지 않다.

경기도 연천군 전곡리에서 발견된 주먹도끼
손으로 집아 쥐고 사용하기 편리한 도구라 해서 주먹도끼로 불린다. 주먹도끼는 아프리카와 유럽에서만 나오는 것으로 알려졌으나, 이곳이 발굴되면서부터 학설 자체가 바뀌었다. 1978년 이후 이 유적지에서 3,000점 이상의 석기가 출토되었다.

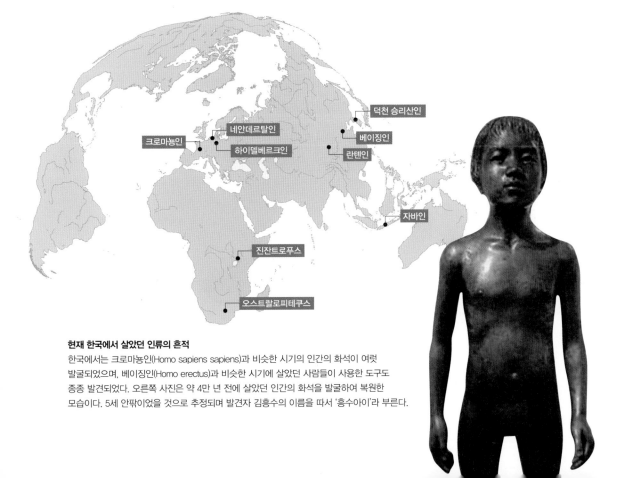

현재 한국에서 살았던 인류의 흔적
한국에서는 크로마뇽인(Homo sapiens sapiens)과 비슷한 시기의 인간의 화석이 여럿 발굴되었으며, 베이징인(Homo erectus)과 비슷한 시기에 살았던 사람들이 사용한 도구도 종종 발견되었다. 오른쪽 사진은 약 4만 년 전에 살았던 인간의 화석을 발굴하여 복원한 모습이다. 5세 안팎이었을 것으로 추정되며 발견자 김흥수의 이름을 따서 '흥수아이'라 부른다.

구석기시대 동안 빙하기와 간빙기가 교차하였고, 기후도 그때마다 달라졌기 때문이다. 해수면이 달라서 한반도 주변의 땅 모양도 크게 달랐다. 사냥과 채집을 하면서 어렵사리 살았던 초기 인류는 기후의 변화로 새로운 사냥감을 찾아 이동하였는데, 이들의 이동 범위는 지금으로서는 상상하기 어려울 정도다. 그래서 이들이 현재 한국인과 혈통상으로 이어진다고 보기는 어렵다.

농사와 더불어 시작된 정착 생활

지금부터 약 1만 4,000년 전 지구상에 마지막 추위가 닥쳤다. 그리고 약 1만 년 전쯤부터 지구의 기후가 다시 따뜻해졌다. 한반도와 주변 지형이 현재와 같은 꼴을 갖춘 것도, 이 지역이 사계절 변화가 뚜렷한 온대 기후를 갖게 된 것도 이 무렵부터였다. 침엽수림은 점차 줄어들었고, 남쪽부터 낙엽 활엽수림이 확대되었다. 추운 기후에 살던 동물은 사라졌고, 사슴이나 멧돼지 같은 몸집이 작고 빠른 동물이 살아남았다.

환경이 변하자 많은 이들이 이곳을 떠났다. 그러나 도구를 발전시킬 수 있었던 이들은 떠나지 않고 변화된 환경에 적응하며 살아갔다. 그 수는 결코 적지 않았다. 이들에 의해, 그리고 살기 좋은 곳을 찾아 한반도로 온 또 다른 이들에 의해 돌을 갈아서 도구를 만들고, 식량을 저장하고 가공하기 위해 토기를 만들어 쓰는 신석기시대가 열렸다.

환경 변화와 기술 진보는 삶의 방식을 바꾸어놓았다. 활엽수림에서 얻는 도토리가 새로운 식량으로 추가되었으며, 조개줍기와 고기잡이도 발달하였다. 그러나 사람들의 삶을 극적으로 바꾸어놓은 것은 뭐니 뭐니 해

신석기시대의 농경 도구
왼쪽부터 곡식의 껍질을 벗기거나 가루로 만드는 데 사용한 갈판. 밭을 일구는 데 사용한 보습. 곡식의 이삭을 베는 데 쓴 돌낫이다. 한국에서 신석기시대의 상한선은 기원전 8000년이다. 한국의 남쪽 섬 제주에서 이때 사용된 도구와 그릇 조각 들이 발견되었다.

도 농사의 시작이었다.

한반도 중부에 있는 황해도 봉산에서 기원전 4000년 무렵 농사 흔적으로 보이는 불에 탄 곡식이 발견되었으며, 한반도 곳곳에서 다양한 종류의 농사 도구가 발굴되었다.

사람들은 강가나 야트막한 언덕배기에 불을 질러 밭을 만들었으며, 돌보습을 이용해 땅을 갈고 씨앗을 뿌렸다가 돌낫으로 수확하였다. 농사의 중요성이 갈수록 커짐에 따라, 사람들은 튼튼한 집을 짓고 한곳에 머물렀다. 10여 집이 한 마을을 이루었으며, 몇 개 마을이 모여 하나의 부족을 이루었다. 마을에는 특별히 잘사는 집도 특별히 못사는 집도 없었다. 중요한 일은 회의를 열어 결정하고, 여성에 대한 차별도 없었다. 생산력이 높지 않았던 때라 함께 일하고 수확한 식량을 고루 나누어 가졌다. 그러다 신석기시대 말기에 이르러 농사 기술이 발달하고 수확량이 늘어나면서 빈부의 차이가 나타나고 평등한 공동체가 점차 해체되었다.

빗살무늬 토기

신석기시대의 대표적인 토기인 빗살무늬 토기에는 머리빗의 살과 같은 무늬가 새겨져 있다. 흥미롭게도 생김새와 무늬가 이와 비슷한 토기가 북유럽에서 시베리아까지 광범위하게 분포한다. 유럽 고고학자들은 이 토기를 캄케라믹(kammkeramik)이라 불렀는데, 이 역시 빗살무늬 토기란 뜻이다. 빗살무늬 토기는 기원전 4000년부터 1000년 사이에 많이 사용하였는데, 이 시기에는 강과 하천 주변에서 사냥이나 고기잡이를 하면서 생활하였다. 한반도와 중국 동북방, 시베리아의 토기 문화는 서로 비슷하나 중국 문명의 원류를 형성한 황허 유역의 토기 문화와는 계통을 달리한다.

서울 암사동 빗살무늬 토기
한강변에 자리잡은 암사동 선사
유적지에서 발굴된 것으로, 기원전
4000~3000년 무렵에 만들어졌다.

일본의 조몬 토기
일본 신석기시대를 조몬 시대 하는데,
당시 대표적인 토기는 새끼줄 무늬가
들어간 조몬 토기였다.

시베리아 빗살무늬 토기

2
최초의 국가, 고조선이 일어나다

Korea, 한국과 조선

한국과 북한의 공식 국가 명칭 영문 표기는 각각 ROK(Republic Of Korea), DPRK(Democratic People's Republic of Korea)이다. 각 명칭에는 공통적으로 Korea란 말이 들어간다. 그런데 남쪽에서는 나라 이름을 대한민국, 북쪽에서는 조선민주주의 인민공화국이라고 부른다. 북쪽에서 부르는 조선은 한반도 서북부 지역에서 일어난 한국 최초의 국가 고조선▪의 계승자를 뜻하고, 남쪽에서 부르는 대한민국은 대한제국과 대한민국 임시정부의 계승자란 뜻이다. 그런데 한(Han)이라는 말이 기원전 2세기 초 "고조선 왕이 남쪽으로 옮겨가 한 왕이 되었다"라는 옛 기록에 처음 등장하는 것으로 보아, 조선이든 한

▪**고조선** 원래의 이름은 조선이다. 1392년에 건국되어 500여 년 동안 이어졌던 후대의 조선과 구별하기 위해서 고조선이라 부른다.

참성단
인천광역시 강화군 마니산에 있으며, 15세기에 쓰인 책에 "단군이 하늘에 제사를 지내기 위해 세웠다고 전해진다"고 기록된 곳이다.
아주 오래전부터 단군의 고조선 건국을 기념하였음을 알 수 있다. 올림픽 때 그리스에서 성화를 채화하듯, 오늘날 한국에서는
전국체육대회를 개최할 때마다 이곳에서 성화에 불을 붙인다.

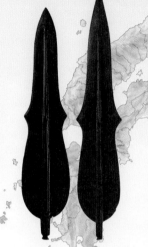

예맥족의 거주지

예맥족의 거주 지역에서는 기원전 15세기 이후 탁자 모양의 고인돌 무덤이 나타난다. 고인돌이 만들어진 시기에 비파형 동검이 만들어졌다. 현재 한국인의 조상은 고인돌－비파형 동검－미송리형 토기가 겹쳐 출토되는 지역에 거주하였던 사람들로 추정된다.

동 호

예 맥

산 융

▲백두산

●강계

●함흥

●심양

라오닝

●의주

●원산

●평양

●다롄

황 해

동 해

한

●서울

●대전

●대구 ●울산

●부산

●광주

● 비파형 동검 출토지
● 탁자식(북방식) 고인돌 출토지
▨ 미송리형 토기 분포 범위
● 현재 주요 지명

이들 모두 고조선과 관계가 깊다.

한국인들은 고조선을 최초의 국가로, 단군을 고조선을 세운 시조로 받아들인다. 단군이 나라를 세운 것을 기념하는 개천절(매년 10월 3일)은 국경일이다. 단군이 나라를 세운 해(B.C. 2333)를 원년으로 출발하는 단군기원을 쓰는 이도 있고, 단군을 숭배 대상으로 삼는 종교도 있다.

그러나 고조선이 언제 건국되어 어떻게 발전하였는지는 정확하지 않다. 기원전 7세기에 쓴 중국의 《관자》라는 책에 "조선은 (중국 제나라에서) 8,000리 떨어진 곳에 있는데⋯⋯"라고 언급되어, 적어도 기원전 7세기 이전에 국가가 형성되었음을 알 수 있다.

비파형 동검

비파라는 악기의 모양과 비슷하여서 붙여진 이름이며, 중국 라오닝 지역에서 주로 출토되어 라오닝식 동검이라고도 한다. 비슷한 시기에 중국에서 만들어진 청동검과는 생김새가 많이 다르다.

미송리형 토기

청동기시대의 민무늬 토기로, 대개 높이 20~30cm에 회갈색, 흑갈색, 적갈색을 띤다. 압록강 하류에 있는 의주 미송리에서 전형적인 모양이 많이 발굴되어 미송리형 토기라고 한다.

농경문화를 바탕으로 탄생한 고조선

중국의 역사책에는 '조선'이라는 말이 드물게 등장한다. 책에 따르면 '조선'의 서쪽에 산융 혹은 동호라는 종족이 있고, 그 동쪽에 예맥이란 종족이 살았다고 한다. 고조선은 바로 이 예맥족이 세운 국가다. 중국인들이 예맥이라 불렀던 종족은 기원전 4000년 무렵에 농사를 짓고 정착 생활을 시작하였다. 이들은 기원전 15~13세기부터 청동기를 사용하였는데, 이 무렵에는 농사가 크게 발달하여 채집 경제를 거의 대체할 정도였다.

농경이 본격화되면서 농사를 주도한 남성이 우위를 차지하였으며, 가족 간 빈부 차이는 물론 부족 사이의 빈부 차이도 나타났다. 잉여생산물을 차지하기 위한 부족들의 경쟁도 생겨났다. 여성의 사회적 지위는 점차 하락하였고, 경쟁에서 패한 개인이나 집단은 강한 자나 강한 부족에게 예속되었다. 이로 인해 다스리는 자와 다스림을 받는 자가 생겼으니, 계급의 발생이었다. 청동 무기는 계급 간, 종족 간 격차를 더욱 크게 벌려놓았다. 지배 계급을 중심으로 여러 부족을 아우르는 크고 작은 정치 공동체가 구성되었다. 예맥족 거주지 곳곳에서 발견되는 거대한 고인돌 무덤이 이를 잘 말해준다. 《삼국유사》에는 단군이 고조선을 세웠다는 신화적 이야기가 실려 있는데, 최초의 국가인 고조선이 발전된 농경문화를 바탕으로 탄생하였음을 엿볼 수 있다.

단군 영정

13세기에 일연이 쓴 《삼국유사》에는 단군이 조선을 건국한 이야기가 실려 있다. 단군은 한국인이 이민족의 침략을 받을 때마다 민족의 독자성을 상징하는 존재로 여겨졌다.

예맥족의 대표 세력으로 성장한 고조선

기원전 5~3세기 무렵 한반도 북부와 중국의 동북 지역에서는 커다란 정치 변화가 일어났다. 중국에서는 한족의 여러 국가들이 통일을 향하여 치열하게 경쟁하였으며, 만리장성 이북에는 동호, 산융이라 불리는 유목 민족이 크고 작은 정치 세력을 이루었다. 예맥의 거주지에는 고조선을 비롯한 여러 국가들이 존재하였다.

한족이 동쪽으로 진출하자, 예맥의 여러 정치 세력들은 고조선을 중심으로 점차 통합되었다. 기원전 4세기에 고조선은 주변의 작은 국가들을 제후국으로 삼는 왕국으로 발전하면서 한족의 연 왕국과 한때 전면전을 벌이기도 하였다. 고조선은 한족 세력들과 교섭하고 경쟁하는 가운데 세력이 크게 위축되기도 하였다. 그러나 여러 차례의 교섭과 대결 과정에서 한

기원전 2세기 후반 고조선의 영토와 고조선-한 전쟁

예맥족의 대표 세력으로 성장한 고조선은 기원전 2세기 무렵에 한반도 중남부까지 영향력을 확장하였다. 한은 예맥족의 분열을 꾀하면서 대군을 조직하여 고조선을 침략하였는데, 고조선은 1년 이상 이들의 침략을 막아냈다.

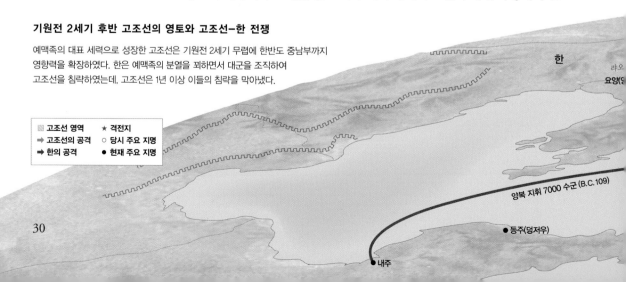

▨ 고조선 영역	★ 격전지
➡ 고조선의 공격	○ 당시 주요 지명
➡ 한의 공격	● 현재 주요 지명

한
라오
요양(

양복 지휘 7000 수군 (B.C.109)

● 등주(뎡저우)

● 내주

30

자를 비롯한 한족의 선진 문화를 받아들이고 국왕을 중심으로 한 통치체제를 갖추는 등 정치·사회적인 발전을 이루었다.

기원전 2세기 왕검성(오늘날 평양)을 중심으로 한 고조선은 예맥족을 대표할 세력으로 성장하였다. 본격적인 철제 도구와 무기 생산으로 경제력과 군사력을 갖춘 데다 한족의 중국과 예맥 여러 지역 사이의 중계무역을 독점함으로써 성장의 발판을 마련하였다.

한과 고조선의 대결

고조선이 동북방에서 패권을 이룩하자 중국을 통일하였던 한 제국은 노골적으로 침략 의도를 드러냈다. 그러자 고조선 왕국의 일부 정치 세력이 동요하였다. 심지어 종족 전체를 이끌고 한에 투항하는 세력도 있었다.

동방에서 고조선의 패권이 흔들리자, 한은 5만 대군을 이끌고 고조선을 침략하였다(B.C. 109). 그들은 바로 전 중국을 통일하고 유목 세계의 왕자 흉노를 제압한 한 무제의 군사였다. 전쟁이 시작된 후 1년 동안 고조선은 굳건히 자기 영역을 지켰다. 침략군은 곳곳에서 패퇴하였고, 수시로 증원 부대가 도착하였다. 그러나 한과의 전쟁이 1년 이상 계속되자 고조선 내부에 분열이 일어났다. 전쟁을 끝내자는 주장이 높아진 것이다.

기원전 108년, 내부 분열이 수도 함락으로 이어지면서 고조선이 멸망하였다. 한의 침략자들은 고조선 옛 땅에 자기들의 통치기관을 두고 철수하였다. 그러나 침략군을 이끌던 장수들은 본국으로 돌아가 벌을 받았으며, 그들이 남겨놓고 간 통치기관들은 채 몇 년도 안 되어 폐지되었다. 수도가 함락된 뒤에도 옛 조선인들이 거세게 저항하였기 때문이다.

세형 동검
모양이 가늘고 길어서 세형 동검으로 불리는데, 한반도에서만 출토되어 한국식 동검이라고도 한다. 비파형 동검보다 늦은 시기에 만들어졌다.

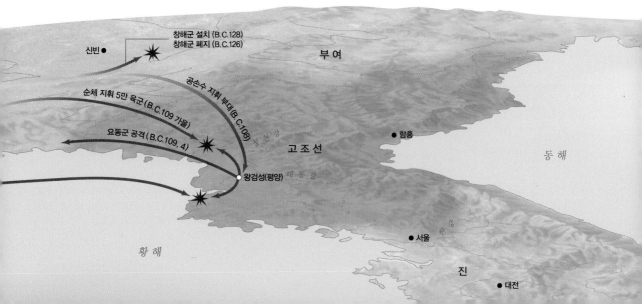

신빈

창해군 설치 (B.C.128)
창해군 폐지 (B.C.126)

부 여

공손수 지휘 부대(B.C.108)

순체 지휘 5만 육군 (B.C.109 가을)

요동군 공격 (B.C.109, 4)

고조선

함흥

동 해

왕검성(평양)

황 해

서울

진

대전

3

북과 남에서 여러 국가가 일어나다

명도전의 세계

1927년에 평안북도 용연에서 용도를 알기 어려운 철기 유물 여러 점이 발견되었다. 기원전 3세기 유적인 이곳에서 가장 관심을 끈 것은 표면에 明(명)자가 새겨진 칼 모양의 유물이었다. 여러 개를 한꺼번에 묶을 수 있도록 구멍이 뚫린 이 유물은 오래지 않아 화폐로 밝혀졌다.

명도전이라 불린 이 화폐는 중국 연나라와 제나라에서 사용하였던 것으로, 고조선 옛 땅에서도 두루 발견되었다. 이것은 고조선이 연나라와 활발하게 교류하였다는 증거다. 기원전 7세기에 산둥에 있던 제나라가 고조선과 교역하였다는 것과, 또 산둥반도 척산이 중요한 무역항이었다는 중국 기록도 이를 뒷받침해준다. 이로부터 얼마 뒤에 일어난 한반도 남부의 국가들이 철을 많이 생산하여 일본과 한반도의 북부까지 오가며 교역하였다고도 전해진다. 한 제국이 고조선을 침략한 것은 고조선이 무역 주도권을 장악한 일과 무관하지 않았다.

고조선의 주요 교역로였던 청천강
명도전은 연의 수도였던 베이징 부근에서 가장 많이 출토되었는데 청천강 중류에서도 그와 비슷한 양이 출토되었다. 그 밖에도 명도전이 많이 출토되는 지역은 제나라의 중심이었던 산둥과 베이징 인근, 요하(랴오허) 동쪽, 대동강 중류이다. 이를 통해 연, 제와 고조선의 교역망을 짐작할 수 있다.

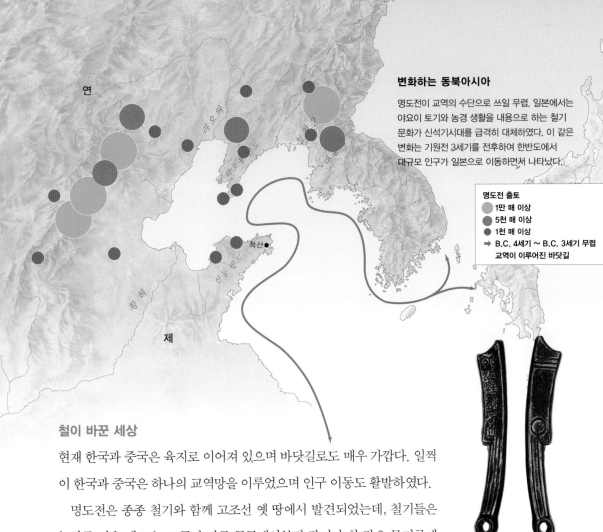

변화하는 동북아시아

명도전이 교역의 수단으로 쓰일 무렵, 일본에서는 야요이 토기와 농경 생활을 내용으로 하는 철기 문화가 신석기시대를 급격히 대체하였다. 이 같은 변화는 기원전 3세기를 전후하여 한반도에서 대규모 인구가 일본으로 이동하면서 나타났다.

명도전 출토
- 1만 매 이상
- 5천 매 이상
- 1천 매 이상
- ➡ B.C. 4세기 ~ B.C. 3세기 무렵 교역이 이루어진 바닷길

척산

제

철이 바꾼 세상

현재 한국과 중국은 육지로 이어져 있으며 바닷길로도 매우 가깝다. 일찍이 한국과 중국은 하나의 교역망을 이루었으며 인구 이동도 활발하였다.

명도전은 종종 철기와 함께 고조선 옛 땅에서 발견되었는데, 철기들은 농사를 지을 때 쓰는 도구나 각종 공구에서부터 칼이나 창 같은 무기류에 이르기까지 그 종류가 다양하다. 또한 철제 도구를 만들기 위해 철광석에서 분리한 덩이쇠도 발견되었다. 일찍이 철기 문화가 발전하였음을 알 수 있다.

기원전 4~2세기 동북아시아에서는 인구 이동이 활발하였다. 중국에서 통일을 향한 전쟁이 계속되고, 통일 이후에도 내전이 거듭되었기 때문이다. 많은 사람이 전쟁을 피해서 고조선 옛 땅으로 이주하거나 그들 중 일부가 남쪽으로 이동하였다. 철기 문화는 그들을 통해 빠르게 확산되었다.

철은 세상을 바꾸어놓았다. 돌이나 나무를 깎아 만든 농경 도구는 빠르게 철제 농기구로 바뀌었다. 여러 종류의 예리한 철제 무기도 등장하였다. 그 결과 농업생산력과 전쟁 기술이 발달하였다. 또한 빈부 차이가 더욱 커

명도전
중국 연나라와 제나라에서 사용하였던 화폐다.

야요이 토기
일본 야요이 시대(B.C. 300~ A.D. 300)에 만들어진 토기다. 기타큐슈 지역에서 발견되었다.

졌고, 철을 잘 다루는 세력은 그렇지 못한 세력을 통합하면서 세력을 확장하였다. 고조선이 주변의 예맥족을 통합하여 강력한 정치 세력으로 성장하고 1년여에 걸쳐 한 제국과 전쟁을 치를 수 있었던 것은 이 같은 변화에 잘 적응하였기 때문이다.

진과 부여, 그리고 그 뒤를 이은 나라들

기원전 2세기 무렵, 고조선은 예맥의 여러 정치 세력을 통합하여 넓은 영역을 아우르는 국가로 성장하였다. 그리고 남북의 여러 정치 세력들이 중국의 한 제국과 직접 교류하는 것을 막고, 중계무역을 통해서 경제적 이익을 챙겼다.

이 무렵 고조선 남쪽, 즉 한반도 중남부 지역에는 진이라는 국가가 있었다. 한반도의 중남부 지역은 기원전 10세기 무렵에 청동기 문화가 시작되었으며, 철기 문화도 북방과 큰 차이 없이 소개되었다. 생산력 발달과 함께 사회 분화도 꾸준히 진행되면서 기원전 3세기 무렵에는 여러 개의 소규모 국가들이 존재하였다. 이들은 가장 세력이 컸던 목지국의 왕을 진국의 왕으로 삼아 한 제국과 교류하였다.

고조선 북쪽에는 부여가 있었다. 부여는 송화강(쑹화강) 유역의 평야 지대에서 농경과 목축을 바탕으로 형성된 국가였다. 서쪽으로 유목 민족과 접한 부여는 한족 왕조들과 친선을 유지하였으나 유목 민족과는 자주 전쟁을 치렀다.

부여 송국리 출토 유물
한반도 서남부에는 현재 부여라는 도시가 있다. 부여는 백제의 마지막 수도였는데, 백제는 부여를 계승하였다 해서 나라이름을 남부여라 부른 적도 있다. 부여에는 기원전 10세기 전후에 발전된 농경을 바탕으로 청동기 문화가 형성되었다. 사진은 부여 송국리에서 발견된 청동기시대의 유물인 청동검, 돌화살촉, 돌칼, 옥이다.

부 여

고 구 려

▲백두산

○국내성
○졸본성

옥 저
●함흥

기원 전후의 지도

한강 유역을 중심으로 반도 서남부의 정치 세력은 마한,
반도 동남부에는 진한과 변한이란 연맹체가 구성되었다.
이들을 일컬어 삼한이라고 한다.

○ 당시 주요 도시
● 현재 주요 지명

동 해

●원산

동 예
평양 ●

○서울 ●백제국
마 한

황 해

천안● ●목지국
진 한
경주 ●사로국
●부여
변 한 ●김해
구야국

고조선이 무너진 뒤 예맥족 거주 지역에 큰 변화가 나타났다. 고조선 옛
중심지에 살던 조선인들은 한족 세력의 침입으로 대거 남쪽으로 이주하였
다. 떠나지 않은 이들은 고구려와 같이 한족 통치에 저항하면서 독자적인
정치 세력으로 성장하였다.

기원 전후 시기 한반도와 그 주변 지역에는 여러 국가가 존재하였다. 북
방에서는 부여 외에도 고구려와 옥저, 동예가 일어났고, 남쪽에서는 크고
작은 국가들이 마한, 진한, 변한의 연맹체로 새로이 결집되었다.

북방에서 일어난 국가들은 이 지역으로 세력을 확장하려던 한족 세력과
대립하거나 교섭하면서 성장하였다. 특히 고구려는 한족 세력과 여러 차
례 투쟁하면서 국가를 발전시켰다.

모두 54개국으로 이루어진 마한에서는 백제가, 각각 12개국으로 이루어
진 진한과 변한에서는 사로와 구야가 두각을 나타냈다. 이들이 훗날 한국
고대사의 주역이 될 백제와 신라, 가야였다.

세계 최대의 고인돌 왕국

영국의 스톤헨지, 칠레 이스터섬의 석상 같은 거석기념물은 옛 한국인들의 활동 무대 곳곳에서도 발견된다. 고인돌이나 선돌이 그것이다. 이 중 흔하게 발견되는 것은 고인돌이다. 그 생김새는 지역에 따라 다르지만, 기원전 15~10세기부터 만들어지기 시작한 고인돌은 기원후 2세기까지 만주와 한반도 일대 곳곳에서 등장하였다.

북방에서 발견된 고인돌은 거대한 탁자 모양인 데 비해, 한반도 중남부에서 발견된 고인돌은 바둑판 모양이다. 고인돌은 죽은 사람을 묻기 위해 만든 무덤이었다. 죽은 사람이 산 사람의 세계에 영향력을 발휘할 수 있다고 믿었던 당시 사람들에게 고인돌은 무덤이며 제단이었다.

한국에는 많은 고인돌이 집중적으로 분포해 있다. 몇몇 지역에서 발견되는 고인돌은 특히 역사적 가치가 높을 뿐만 아니라 아름답기까지 하다. 2000년에 고창, 화순, 강화의 고인돌 밀집 지대가 세계문화유산으로 지정되었다.

선돌
고인돌과 함께 청동기시대에 많이 세워진 거석기념물이다. 사진은 황해도 은천군 송봉리에 있는 선돌이다.

화순 고인돌 공원
세계문화유산으로 지정된 전라남도 화순의 고인돌 공원에는 크고 작은 고인돌이 집중적으로 모여 있다.

북방식 고인돌(위)과 남방식 고인돌(아래)
한반도와 그 주변 지역에서 발견되는 고인돌 중에는 탁자 모양의 북방식 고인돌과 바둑판 모양의 남방식 고인돌이 많다. 북방식은 무덤방이 대체로 지상에, 남방식은 무덤방이 지하에 있다.

고인돌의 껴묻거리
고인돌에서는 당시 생활상을 엿볼 수 있는 적지 않은 유물이 발견되었다. 사진은 무덤방에서 발굴된 유물로, 왼쪽부터 돌칼, 비파형 동검, 옥 장신구, 붉은 간토기다.

하늘에 제사를 지내다

항상 5월이면 파종을 마치고 신에게 제사 지낸다. 여러 사람들이 모여 춤추고 노래하며 함께 술을 마시고 즐기는 데 밤낮을 쉬지 않는다. 10월에 농사가 끝나면 또 이와 같이 한다. – 《삼국지》

기원 전후로 한반도 중남부의 삼한 사람들이 어떻게 살았는지를 중국 역사책인 《삼국지》에는 이렇게 전한다. 북방에 있던 고구려와 동예에 관한 기록에는 동맹과 무천이란 말이 등장한다. 동맹과 무천은 고구려와 동예에서 10월에 열렸던 제천 행사였다. 이 역시 삼한에서처럼 추수가 끝나면 사람들이 모여 감사의 뜻으로 제사를 올리고 축제를 열었다. 사냥이 시작되는 계절에 맞춰 "12월에 온 나라 사람들이 모여 하늘에 제사하였다……"라고 전하는 부여의 풍속도 이와 비슷하였다. ▪

　오늘날 한국인들이 '민족 최고의 명절'로 여기는 추석도 일종의 추수 감사 풍속이다. 음력 8월 15일인 추석에 한국인들은 햅쌀로 밥을 짓고 술을 만들며, 햇과일과 음식을 장만해서 추수를 감사하며 조상들께 제사를 올린다. 그리고 타지에 갔던 사람들이 고향을 찾고, 흩어져 살던 가족과 친척들이 한자리에서 만난다. 이처럼 추석은 하늘과 조상들 앞에서 가족이 다시 하나가 되는 날이기도 하다.

▪여기서 말하는 10월, 12월은 모두 음력이다. 현재 한국의 설, 추석과 같은 큰 명절은 음력으로 지낸다.

명절 풍속

수도권을 비롯한 대도시에 인구가 집중되어 있는 한국은 추석 때 민족의 대이동이라 할 만큼 고향을 찾는 이들의 발걸음으로 온 나라가 북적거린다. 사람들은 오랜만에 가족과 친척을 만나 함께 제사를 지내고 조상의 묘를 찾는다.

❶ 차례를 지내는 모습
❷ 고향을 찾는 사람들로 북적이는 고속버스터미널
❸ 송편 빚기
❹ 조상의 묘를 찾아 절하는 모습

B.C. 1세기 ~ A.D. 700

B.C. 57

현재 한국에 전하는 가장 오래된 역사책 《삼국사기》에는 기원전 57년에 신라,
기원전 37년에 고구려, 기원전 18년에 백제가 건국되었다고 전한다. 그러나
고구려가 신라와 백제보다 먼저 형성되었다는 것이 대체적인 의견이다.

A.D. 260

백제에서 16등급으로 이루어진 관등 제도와 관리들의 등급에 따라 옷 색깔을
달리한 공복 제도를 마련하였다. 통치 조직이 체계화된 셈이다.

313

로마, 기독교 공인

372

고구려에서 불교가 공인되었다. 384년에는 백제에서 불교가 공인되었는데,
비슷한 시기에 신라에도 불교가 소개되었다.

391 ~ 413

고구려의 광개토왕이 만주를 통일하고 한반도 중부까지 세력을 확장하여
대제국을 형성하였다.

427

고구려 장수왕은 수도를 고조선의 중심지인 평양으로 옮겼다.

540 ~ 576

진흥왕이 이끌던 시기 동안 신라는 세력을 크게 확장하여 훗날 통합 전쟁의 주역
이 될 수 있는 기초를 세웠다.

610

무함마드, 이슬람교 창시

612

수의 황제가 이끈 113만 대군이 고구려를 침략하였으나, 을지문덕을 중심으로
고구려 민과 군이 협력하여 이들을 모두 물리쳤다.

645

중국 역사에서 현명한 군주로 꼽히는 당 태종이 대군을 이끌고 고구려를
침략하였으나 고구려 민과 군이 물리쳤다.

II 삼국시대의 개막

기원전 1세기에 등장한 고구려와 백제, 신라는 4~5세기를 거치며 중앙집권화된 국가로 발전하였다. 북방 민족과 대결하며 성장한 고구려는 여러 차례 중국 통일 왕조의 침략을 물리쳤으며, 서남쪽의 평야를 기반으로 발전한 백제는 발전된 문화를 일본에 전해주기도 하였다. 동남쪽의 신라는 6세기 이후 세력을 확장하면서 훗날 삼국 통일의 주역이 되었다. 삼국은 저마다 주변국과 교류하며 고유한 문화를 발전시켰다.

오녀산성 현재 중국 랴오닝성 환런에 있는 산성으로, 고구려가 처음 나라를 세울 때(B.C. 37 ~ A.D. 3) 그 중심지였다.

동아시아 문화권의 형성

중국에 강력한 통일 제국이 등장하면서 중국의 거대 제국과 주변 정치 세력 사이에 책봉과 조공이란 독특한 정치 질서가 형성되었다. 중국 황제는 주변국 통치자들에게 관직이나 작위를 내려주고 (책봉), 후자는 신하의 예로 황제에게 사절을 보내고 예물을 바쳤다(조공). 예물에 대한 대가는 반드시 지불되었으며, 사절단 교환은 양측 합의하에 이루어졌다.

책봉·조공 질서가 형성되면서 안정이 유지되었다. 양측 간에 공식적·비공식적 경제·문화 교류도 활발하였다.

동아시아 지역은 다양한 문화 요소를 공유하게 되었다. 한자를 이용한 문자 생활이 자리잡았으며, 한자로 쓰인 유교 경전이나 중국 역사책을 통해 중국의 국가 운영 경험이 확산되었다. 인도에서 들어온 불경 역시 한자로 번역되어 이웃 나라에 소개되었다. 이런 일련의 과정에서 동아시아 여러 나라는 한자, 유교 정치 이념과 중국식 정치제도, 불교문화를 공유하며 하나의 문화권을 형성하였다.

월남 망국사
1905년 9월 중국 상하이에서 《월남 망국사》가 출간되었다. 베트남의 민족주의자 판보이쩌우 (1867~1940)가 청말 개혁 정치가 량치차오 (1873~1929)와 나눈 대화를 기록한 책이다. 이 책은 곧 한국에도 소개되어 큰 관심을 끌었다. 판보이쩌우는 한국 침략에 앞장선 이토 히로부미 (1841~1909, 일본 초대 총리)를 사살한 한국인 청년 안중근(1879~1910)을 존경하였다고 한다. 안중근과 량치차오, 판 보이 쩌우와 이토 히로부미는 서로 만날 기회가 없었지만, 만약 만났다면 필담으로 대화를 나누었을 것이며, 그들 사이의 심리적 거리 또한 현재 한국과 일본, 중국과 베트남 사람들보다 훨씬 가까웠을 것이다.

중국
China

한자 Chinese character

갑골문자
초기 중국인들의 문자생활을 엿볼 수 있는 갑골문자. 진·한 제국이 형성되면서 현재와 같은 한자로 통일되었다. 한자는 한족의 글자 또는 한 제국의 글자란 뜻이다. 1950년대 이래 중국에서는 몇몇 획수 많은 한자를 간략화한 '간체자'를 쓰고 있다.

베트남
Vietnam

쯔놈 Chu nom

베트남인들도 한자를 주로 썼으나, 13세기 이후 한자의 음을 빌리거나 음과 뜻을 이용하여 베트남어를 표기하는 쯔놈이 보급되었다. 20세기에 들어와 한자와 쯔놈 대신 로마자를 사용하여 표기하였다.

이 되어 정치·경제적 특권을 누린 반면, 인구의 대다수는 평민으로 생산 노동에 종사하면서 조세를 부담하였다. 그리고 개인이나 관청에 소속되어 재산처럼 취급되었던 노비와 국가에 예속된 집단 천민들이 최하층을 이루었다.

부여와 가야의 탈락

고구려와 경쟁하며 발전하던 부여는 4세기 무렵 유목 민족의 공격으로 수도가 폐허로 되고, 5만이 넘는 사람이 끌려가는 등 엄청난 타격을 입었다. 이후 왕실이 유지되기는 하였지만 강력한 중앙집권 국가로 발전하지 못한 채 고구려에 통합되었다.

가야의 몰락도 이와 비슷하였다. 가야 연맹을 주도하던 금관가야는 4세기 말~5세기 초에 고구려·신라 연합군의 공격으로 크게 패한 뒤, 국가를 보전하기도 어려운 처지였다. 지도자를 잃은 가야의 여러 국가들은 뿔뿔이 흩어지고 말았다.

부여와 가야가 탈락하고 이제 고구려와 백제, 신라 세 나라가 남았다. 북쪽의 고구려, 남쪽의 백제와 신라. 훗날 하나의 국가로 통합될 이 세 나라가 경쟁하던 시대를 한국인들은 삼국시대라고 부른다.

가야의 토기

한반도 남부의 옛 가야 지역에서 발견된 유물 중에는 이 지역이 일본과 활발히 교류하였음을 보여주는 것들이 적지 않다. 예를 들어 가야 토기와 일본 토기는 여러 가지 점에서 닮았다. 일본 역사학자들 중에는 가야가 고대 일본의 활동 무대였다고 주장하는 사람도 있으며, 일부 북한 학자들은 한반도 국가들이 일본에 각기 분국을 설치하였다고 주장하기도 한다. 대다수 학자는 양 지역 사이에 적지 않은 교류가 있었으나 두 주장 모두 납득할 만한 근거가 없다고 본다.

가야 토기

일본 토기

2

삼국, 치열한 경쟁을 벌이다

한족 세력을 몰아낸 고구려

4세기가 시작될 무렵 만주와 한반도는 격동의 소용돌이 속에 있었다. 북방에서는 유목 민족이 큰 세력을 형성하였고, 고구려와 백제는 국가 체제를 정비하면서 대외 팽창을 준비하였다.

3세기 말 통일을 이룬 중국은 4세기에 내란 상태에 빠졌다. 한족 국가가 변방에 대한 통제력을 잃자 유목 민족이 저마다 독자적인 국가를 세웠다. 옛 고조선 지역에 남아 있던 한족 세력에 대한 고구려의 공격도 본격화되었다.

고구려는 311년에 압록강 하류를 차지한 것을 시작으로 313년과 314년에 옛 고조선의 중심지였던 한반도 서북부를 완전히 장악하였다. 요하(랴오허) 동쪽[요동(랴오둥)]은 몽골 고원에서 세력을 확대해 온 선비족의 수중에 들어갔다. 동방에 대한 한족의 통치가 붕괴되었고, 요하 동쪽의 패권을 둘러싼 고구려와 유목 세력의 대결이 본격화되었다.

장군총
계단식 돌무지무덤인 장군총은 한 변의 길이가 32m, 높이가
12.5m이다. 동양의 피라미드라는 별명을 지닌 이 무덤은 규모가
커서 장군총이라 불렸지만, 고구려 장수왕의 무덤으로 추정되고
있다. 장군총이 있는 국내성(오늘날 중국 지린성 지안현)
지역에는 1만여 개의 돌무지무덤이 분포되어 있다.

함흥●

4세기 백제의 전성

한강 유역에서 일어난 백제는 4세기를 거치며 한반도
남북으로 세력을 확장하고 해외로 진출하였다.
중국 역사책에는 이 시기 백제가 요서로 진출하였으며,
남중국과 교류한 사실이 기록되어 있다.

평양성 비열홀(안변)

수곡성 **고 구 려**

칠중성 주양(춘천)

위례성

▨ 4세기 백제 최대 영역	★ 격전지
➡ 백제의 진출 방향	○ 각국의 주요 지명
◉ 백제의 군사 요지	● 현재 주요 지명

동 해

태백산

황 해

백 제

웅진성(공주)
사비성(부여)

신 라

전주

가 야

대구 금성(경주)

울산

거물성 ▲지리산

광주 금관경(김해)

탐라

백제와 고구려의 대결

고구려가 요동에서 선비족과 대결하는 사이 한강 유역에서는 백제가 눈부
시게 성장하였다. 3세기 말에 반도 중부를 장악하였던 백제는 한반도 서북
방에서 고구려와 대치하였다.

고구려의 남하 정책은 서북으로 팽창하려는 백제에게 커다란 위협이었
다. 4세기 중엽 백제와 고구려는 여러 차례 전투를 벌였다. 369년 백제군
은 고구려 왕이 이끄는 군사를 크게 물리쳤다. 371년에는 평양성 전투에서
고구려 왕을 전사시키기도 하였다.

북방을 안정시킨 백제는 남쪽으로 세력을 확대하여 반도 서남부는 물
론, 제주도에 있던 탐라국도 통합하였다. 백제와 신라 사이에 있던 가야 여
러 국가에 대한 영향력도 확대하였다.

백제는 발전된 항해술을 바탕으로 중국의 여러 지역과 활발하게 교류하
였으며, 일본에 사절단을 파견하거나 해상 교역 활동을 벌였다. 그러는 가
운데 중국식 정치제도와 불교를 받아들여 왕실의 위엄을 높이는 등 중앙
집권 국가 체제를 다져나갔다.

칠지도

길이 약 74cm의 창 모양으로 날 양쪽에
가지가 세 개씩 솟아 있어 모두 일곱
개의 가지가 펼쳐진 모양이어서
칠지도라 한다. 이 철제 칼에는 백제가
만들어 일본에 주었다는 내용의
61글자가 새겨져 있다. 칠지도를
둘러싸고 백제 왕이 하사하였다는
주장과 백제가 일본에 바쳤다는 주장이
맞서고 있다.

5세기 고구려 전성기의 세력 판도

4~6세기 동안 중국 서북방의 유목 민족들이 황허 유역으로 진출하면서
이곳을 중심으로 한 중국 북부 지역은 급격한 정치 변동이 이어졌다.
고구려는 이 같은 국제 정세를 잘 활용하면서 만주 일대를 통일하고
동북아시아의 패자로 성장하였으며, 5세기 무렵에 전성기를 맞이하였다.

▨ 3세기 고구려 영토   ▨ 최전성기 고구려 영토
➡ 고구려의 공격   ➡ 각국의 천도
● 현재 주요 도시   ○ 당시 주요 도시
⚑ 비석

읍 루 (말 갈)

부 여

동 부 여

거 란

책성

청진 ●

398 읍루 정복

410 동부여 합병

▲ 백두산

395 거란 정벌

고 구 려

현도성

385 현도군 축출

요동성

후 연

졸본성   국내성   ⚑ 광개토대왕릉비

427 평양성 천도

5세기 초, 후연 격퇴하고 요동 확보

안시성

함흥 ●

서안평

동 해

비열홀 (안변)

396 하남 위례성 공격

평양성

450 신라 독촉 수급 절단

하슬라 (강릉)

황 해

실직

481 7성 점령하고 비서 세움

춘천

신 라

475 장수왕, 개로왕 죽이고 하남 위례성 점령

위례성

475 백제 웅진성 천도

미추홀 (인천)

⚑ 중원 고구려비

대구 ●

웅진성

538 백제 사비성 천도

금

사비성

가 야

전주 ●

백 제

금관경

위기를 딛고 대제국으로 발전한 고구려

남과 북에서 적을 만난 고구려는 위기감을 느끼고 새로운 도약을 준비하였다. 국왕에게 권력을 집중시키고, 중국에서 오랜 기간 검증된 정치제도를 받아들였으며, 인재 양성을 위한 교육기관을 설치하였다. 유목 민족 및 백제와 싸워 이김으로써 고구려를 동북아의 강대국으로 거듭나게 한 광개토왕(재위 391~412) 때의 발전은 이렇게 준비되었다.

18세에 즉위한 광개토왕은 기병과 보병 수만 명을 이끌고 유목 민족과 싸워 만주를 장악하였다. 그리고 옛 고조선의 중심지 가운데 하나였으나 오랫동안 한족과 유목 세력이 번갈아 차지하였던 요동을 완전히 장악해 고구려 땅의 일부로 만들었다.

또한 고구려는 백제를 공격하여 한강 유역을 차지하였다. 백제가 가야, 왜와 손잡고 고구려에 맞서자, 고구려는 5만 대군을 신속히 남하시켜 한반도 가장 남쪽까지 세력을 확대하였다. 그 결과 백제는 한강 이북 영토를 거의 상실하였고, 금관가야(구야)를 중심으로 한 전기 가야 연맹은 해체되었으며, 신라는 고구려에 인질을 보내 충성을 서약하기에 이르렀다.

광개토왕의 뒤를 이은 장수왕 때 고구려는 전성기를 누렸다. 장수왕은 평양으로 수도를 옮기고, 인구가 많고 토지가 비옥한 한반도 남쪽으로 진출하였다. 고구려군은 백제의 수도인 한성(하남 위례성)을 공격하여 함락시켰으며, 한강을 따라 한반도 내륙 깊숙이 세력을 확장하였다.

고구려에 함께 맞선 백제와 신라

고구려의 남하로 백제는 절망적인 상황을 맞았다. 수도가 함락당하고 국왕이 처형되자, 수도를 웅진(오늘날 공주)으로 옮겨 전시체제로 나라를 유지하였다. 신라 역시 위기감을 느끼기는 마찬가지였다.

백제와 신라는 고구려의 공격에 대비해 나제동맹을 맺었다. 왕족 간의 혼인으로 동맹 관계를 더욱 다진 두 나라는, 군사 협력을 통해 여러 차례 고구려의 남하를 막아냈다. 백제와 신라는 동맹을 통한 평화 아래에서 도약할 수 있는 기초를 만들어갔다.

광개토왕릉비(중국 지린성 지안현)
414년에 세워진 이 비석은 아파트 3층 높이대(약 6.14m). 비석에는 영토를 넓혀 온 세상을 평안케 했다는 왕의 업적이 기록되어 있다. 이 무렵 고구려는 자신을 중심으로 이웃 국가와 종속적 외교 관계를 맺는 등 또 다른 세계의 중심임을 자처하였다. 광개토왕은 널리 영토를 개척한 왕이라는 뜻이다.

무령왕릉(위)
충청남도 공주시에 자리한 있는 무령왕릉은 남중국에서 유행하였던 벽돌무덤과 유사하다. 백제 무령왕(501~523)은 중앙집권을 강화하고, 중국·왜와 활발한 외교 활동을 폈다. 평야 지대에 자리잡은 백제는 화려한 귀족 문화를 꽃피웠다.

금제관식(아래)
금으로 만든 왕관 장식으로, 관을 쓴 뒤 좌우에 하나씩 꽂았다. 무령왕릉에서 출토되었다.

1,600년 전 고구려 고분과
고분 벽화를 만나다

고구려의 고분들
5세기 초까지 고구려 수도였던 국내성 부근에는 지금도 수많은 고분이 남아 있다. 사진은 환도산성에서 내려다본 모습이다.

옛 고구려 중심지인 국내성과 평양 부근에는 수많은 고분이 남아 있는데, 그 고분에 그려진 그림들을 통해 1,600년 전 고구려인들을 만날 수 있다. 고구려인들은 아주 이른 시기부터 돌무지무덤을 만들었는데, 돌을 계단식으로 쌓아올린 천추총이란 무덤은 정사각형 한 변의 길이가 자그마치 85m이다.

　4세기 중엽에는 새로운 유형의 무덤, 즉 돌로 널방을 만들고 널방벽의 한쪽에 외부로 통하는 출입구를 만든 뒤 그 위를 흙으로 덮는 굴식 돌방무덤이 등장하였다. 고구려 말까지 이어진 이 무덤에는 당시 사람들의 생활상이 엿보이는 그림이 그려져 있다.

　처음에는 돌 위에 회칠을 해서 그림을 그리다가 나중에는 표면을 평평하게 깎아낸 돌에 그림을 그리기도 하였다. 초기에는 대부분 생활 풍속을 그렸는데, 점차 도교의 신선 그림이나 불교 관련 그림이 많아졌다. 6세기 중엽 이후 벽 전체에 사신도를 하나만 그린 경우도 자주 보인다.

52

굴식 돌방무덤(평안남도 남포시 강서 덕흥리 고분) 투시도(서)

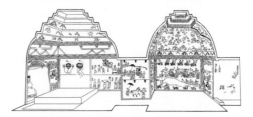

굴식 돌방무덤(평안남도 남포시 강서 덕흥리 고분) 투시도(동)

무용총 수렵도
중국 지안에 있는 무용총의 서북 벽에 그려진 그림으로, 사냥터 특유의 쫓고 쫓기는 급박한 상황이
생동감 있게 잘 표현되었다.

장천 1호분 천장 벽화(부분)
중국 지안에 있는 장천 1호분의 앞방 남쪽 천장에 그려진 보살의 모습이다.
고구려에 불교가 널리 퍼지면서 내세에서도 부처의 덕이 미치기를 바라는
마음이 표현된 것이다. 불교를 상징하는 연꽃잎에 보살의 얼굴이 그려진
것이 흥미롭다.

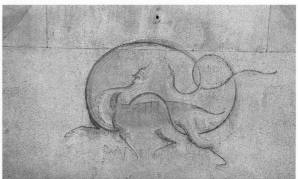

강서대묘 현무
북한의 남포시 강서구에 있는 강서대묘의 사신도 벽화 중 현무를 그린 것으로,
고구려가 도교의 영향을 받았음을 보여준다. 고구려인들은 사방(세상)을 지켜주는
상상의 동물을 신으로 여겼는데, 동쪽에 청룡, 서쪽에 백호, 남쪽에 주작, 북쪽에
현무가 그려져 있다. 현무는 거북의 몸에 뱀의 머리를 하였다.

3

고구려, 수·당의 침략을 물리치다

새로운 강자로 떠오른 신라

삼국 중 늘 주변적 위치에 있던 신라는 4~5세기 동안 국왕을 중심으로 국력 향상에 집중하면서 점차 고구려의 간섭에서 벗어났다. 6세기 이후에는 강력해진 왕권을 제도화하고 관료 조직을 정비하였으며, 화랑이라 불리는 청소년 조직을 제도화하였다. 이로써 도약을 위한 준비를 마친 것이다.

신라는 6세기 전반에 낙동강 중상류 유역을 완전히 통합하고, 동해 울릉도를 편입하였다.

신라는 진흥왕(재위 540~576) 때에 이르러 비약적으로 세력이 팽창하였다. 남쪽으로 가야를 완전히 합병하고, 북방으로는 고구려를 공격하여 영토를 넓혔다. 그리고 백제와 싸워 한반도 중부 넓은 평야 지대를 확보하였다.

넓어진 영토, 늘어난 인적 · 경제적 자원을 바탕으로 신라는 삼국 간 항쟁에서 유리한 위치에 서게 되었다. 중국과의 독자 외교를 위한 거점을 확보한 것도 또 다른 수확이었다. 그러나 신라의 팽창은 고구려와 백제의 대대적인 보복을 불러오는 계기가 되었다.

북한산 진흥왕 순수비(서울 소재)
신라가 한강 유역을 차지한 뒤 진흥왕이 직접 새 점령 지역을 둘러보고 세운 비석으로, 지나온 여러 고을에 세금을 면제해주고 죄인들을 석방하도록 하였다는 내용이 적혀 있다. 사진은 553년에서 561년 사이에 세워진 순수비로 전한다.

격동하는 동북아시아

삼국의 경쟁은 중국이나 왜의 상황에도 상당한 영향을 받았다. 중국은 남북으로 나뉘어 오랫동안 대립하였다가 통일되었으며, 바다 건너 왜는 중앙집권 체제를 정비하였다. 이로써 삼국의 대결은 동방으로 침략하려는 중국의 통일 왕조, 그들의 팽창을 견제하려는 유목 민족, 대륙과 교섭하고자 하는 일본 등 여러 국가와 정치 세력이 뒤얽힌 복잡한 양상을 띠었다.

무엇보다 가장 큰 변수는 중국의 통일 왕조 수였다. 수나라는 중국 전역을 통일한 뒤 동북방의 강국에 침략의 손길을 뻗었다. 이 같은 상황은 고구려의 공격으로 어려움을 겪고 있던 신라에 기회가 되었다. 신라는 수에 도움을 요청하였고, 수는 이를 구실로 고구려를 압박하였다. 신라와 수가 가까워지면서 이에 대응하는 고구려 중심의 동맹도 서서히 모습을 드러냈다. 수의 침략에 공동으로 맞서려는 고구려–돌궐 동맹이 형성되었고, 여기에 백제와 왜가 결집한 것이다. 그리하여 7세기 전반의 동북아시아는 신라와 수를 잇는 동서 세력과 고구려·백제를 중심으로 하는 남북 세력이 대립하는 양상으로 변모해갔다.

황룡사 9층탑 모형
경주에 있었던 높이 80m에 이르는 대형 목탑으로, 당시 신라의 팽창 의지를 잘 보여준다. 9층탑을 쌓고 부처를 진심으로 믿으면 이웃 나라의 침략을 막을 수 있다는 계시가 포함된 창건 설화처럼, 7세기 초 격동하는 국제 정세의 산물이기도 하다. 13세기에 불탄 뒤 다시 세우지 못하였다.

7세기 동북아시아 정세
신라가 세력을 확대하면서 삼국의 경쟁이 치열해졌다. 이 무렵 중국은 통일을 이루어 동북쪽으로 세력을 뻗으려 하였다. 한편, 왜는 국왕 중심의 통치 체제를 갖추고 한반도 및 중국과 교섭을 벌였다.

중국의 통일 제국과 싸워 이긴 고구려

을지문덕 기념주화(2003년 북한에서 발행)
을지문덕은 612년 수의 침략을 막아낸 고구려 최고 지휘관으로, 수의 대군을 평양성 가까운 곳으로 유인하여 전멸시켰다. 한시에도 능하여 수나라 장수 우중문에게 전한 시가 지금까지 전해온다. 을지문덕은 남북한 모두에서 존경받는다.

중국을 통일한 수는 '천하의 주인'임을 자처하며 주변 세력들에게 무조건적인 굴복을 요구하였다. 그러나 600여 년의 역사와 함께 동북 지역에서 패권을 잡았던 고구려는 이를 받아들이지 않았다. 결국 세계를 자기 발 아래 굴복시키려던 중국의 통일 제국과 독자적인 세계를 고수하려는 고구려가 충돌하였다.

수를 건국한 첫 황제 문제(재위 581~604)가 고구려를 침략하였다(598). 30만 대군이 요하를 건너 고구려 변방을 공격하였으며, 수군은 바다를 건너 고구려 수도를 압박하였다. 그러나 고구려는 이들을 쉽게 물리쳤으며, 이로 인해 수 왕조는 안팎으로 어려움을 겪었다.

두 번째 황제 양제(재위 604~618)는 113만 대군을 이끌고 또다시 고구려를 침략하였다(612). 그러나 총인구가 350만을 넘나들던 고구려는 굴복하지 않고 맞서 수의 대규모 병력을 막아냈다. 고구려를 굴복시키려는 수의

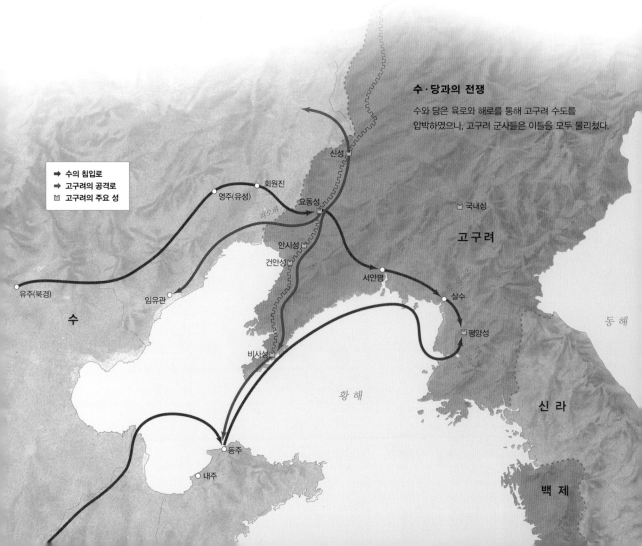

수 · 당과의 전쟁
수와 당은 육로와 해로를 통해 고구려 수도를 압박하였으나, 고구려 군사들은 이들을 모두 물리쳤다.

➡ 수의 침입로
➡ 고구려의 공격로
🏰 고구려의 주요 성

신성
회원진
영주(유성)
요동성
국내성
라오허
안시성
건안성
고 구 려
유주(북경)
임유관
서안평
살수
수
평양성
동 해
비사성
황 해
신 라
등주
내주
백 제

도발은 614년에도 이어졌다. 그러나 결국 굴복한 쪽은 고구려가 아니라 무리하게 침략한 수였다.

　이러한 수나라 말기의 혼란을 수습하고 다시 중국을 통일한 왕조가 당(618~907)이었다. 당은 건국 직후부터 고구려에 굴복을 요구하며 수시로 군사적인 위협을 하였다. 645년에 고구려는 당 태종이 이끈 군대의 침략을 받았다. 전쟁 초기에 고구려는 당에게 성 몇 개를 빼앗기는 등 어려움을 겪었다. 그러나 고구려는 끝까지 맞서 싸웠는데, 특히 안시성에서 당의 대군을 크게 물리쳤다.

　수·당과 고구려의 전쟁은 중화주의를 내세운 한족의 통일 왕조와 동북 지역의 패자임을 자임한 고구려의 대결이었다. 이 전쟁에서 고구려가 승리함으로써 고구려와 백제, 신라는 자주성과 문화적 독자성을 지킬 수 있었다. 그러나 거듭된 전쟁으로 고구려는 국력이 크게 약화되었고, 고구려와 당을 중심으로 동북아시아의 질서가 양분되면서 대규모 국제전이 일어날 가능성이 높아졌다.

대성산성
오늘날 평양은 고조선의 도읍이자 고구려 전성기의 수도였다. 이곳에는 고구려 유적들이 많이 남아 있는데, 사진은 수도를 방어하기 위해 쌓았던 산성이다.

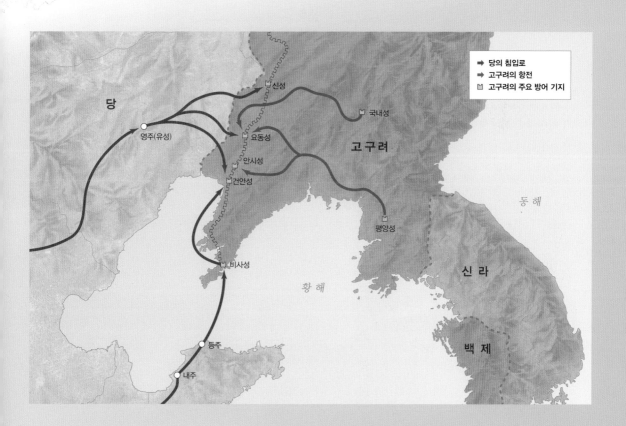

➡ 당의 침입로
➡ 고구려의 항전
▨ 고구려의 주요 방어 기지

당

영주(유성)

신성

국내성

요동성

고구려

안시성

건안성

평양성

동 해

비사성

황 해

신 라

등주

내주

백 제

4

교류의 확대로 다양한 문화를 꽃피우다

하늘 신과 땅 신을 섬기다

중국 역사책에 따르면 고구려인들은 해마다 가을이 되면 하늘에 제사를 지냈다고 한다. 또한 "왕도 동쪽에 큰 동굴이 있다. 이 동굴에서 신을 모셔다가 나무로 신상을 만들어 왕도 동쪽에 있는 압록강에서 제사를 지냈다"라는 기록도 있다. 또한 5세기 어느 고구려인의 묘비에는 "하백(물의 신)의 외손자이며 해와 달의 아들인 추모 성왕(주몽)이 북부여에서 태어나셨으니, 천하 사방은 이 나라 이 고을이 가장 성스러움을 알지니……"라고 적혀 있다.

　강물 위에서 태양빛을 받으며 제사를 지내는 장면은 하백의 딸 유화가 하늘 신의 아들 해모수를 만나 고구려를 세운 주몽을 잉태하는 모습이라 할 수 있다.

국동대혈
고구려의 옛 수도인 국내성에서 동쪽으로 17km가량 떨어진 곳에는 통천굴이라는 동굴이 있다. 고구려인들은 동맹이라는 제천 행사를 열 때 이곳에서 신을 맞이한 다음 압록강에서 제사를 올렸다고 한다.

고구려 왕실에서는 자신의 선조인 주몽을 모신 사당을 곳곳에 세우고 제사를 받들었다. 주몽은 고구려의 조상일 뿐 아니라 해와 달의 후손이며 하늘 신과 땅 신의 후손이었다.

농사가 본격화되면서 농사에 가장 큰 영향을 미치는 하늘 신에 대한 신앙은 물론 만물을 잉태하는 땅 신에 대한 신앙도 형성되었다. 그래서 통치자들은 하늘과 땅의 신 모두의 후손임을 자처하였다. 신라의 건국 이야기도 이와 비슷한데, 여기에는 하늘에서 온 남성과 우물가에서 태어난 여성이 나온다. 왕실이 신성함을 내세우면서 하늘 신과 땅 신에 대한 제사를 독점하는 일은 왕실의 권위를 높이는 데 기여하였다.

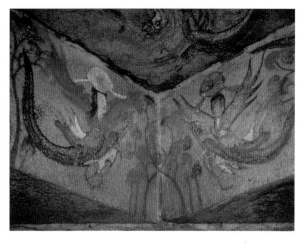

해의 신과 달의 신
중국 지린성 지안현에 있는 오회분 4호묘에 그려진 벽화의 일부다. 6세기에 만들어진 이 고분에는 도교의 신선 사상을 보여주는 다양한 형상의 신이 그려져 있다. 고구려 건국자인 주몽의 아버지 해모수는 해의 신, 어머니인 유화는 달의 신으로 여겨졌다.

새로운 종교의 유입

저마다 독자적인 신을 섬기던 여러 정치 세력을 통합하여 하나의 국가 체제를 이루기 위해서는 더욱 강력한 통치 조직과 그것을 뒷받침할 수 있는 논리가 필요하였다.

오랜 문명국이며 세계적인 제국을 건설하였던 중국은 다양한 법률 체계와 잘 짜여진 통치 조직을 가지고 있었다. 고구려와 백제, 신라는 중국과 교류하면서 이를 받아들였다. 4세기 무렵 중국식 율령과 유교 경전, 중국 역사책이 소개되었다. 삼국은 교육제도를 정비하여 이를 교육하였다.

국가 간 교류가 확대되면서 중국의 종교 문화도 널리 소개되었다. 중국 신화에 등장하는 수많은 신들이 삼국의 종교 문화를 비집고 들어왔다. 가장 중국적인 종교인 도교뿐만 아니라 인도에서 일어난 불교도 중국을 통해 고구려와 백제, 신라에 소개되었다. 고구려 고분과 벽화들은 당시 사람들의 종교 생활을 잘 말해준다.

백제 금동대향로
세상을 떠난 부왕에게 제사를 올릴 때 쓰였던 이 향로에는 불교와 도교 사상이 반영된 상징물이 섬세하게 조각되어 있다. 6세기 후반에 만든 것으로 추정되는데, 구리로 만든 뒤 그 위에 금을 입혔다. 높이 64cm, 무게 11.8kg.

몽골

고비사막

전진(4세기)
고구려

둔황

백제

신라

동해

간다라(B.C. 2세기)

델리

티베트

한(B. C. 1세기~A. D. 1세기)

황해

시안

동진(4세기)

히말라야산맥

청두

중국

닝보

산치

부다가야

인도

미얀마(5세기)

벵골만

파간

광저우

차오저우

남중국해

수코타이

시암(8세기)

베트남

인도양

위에

캄보디아

● 최초의 불교 포교 지역
➡ 불교 전래 경로

스리랑카

불교의 전래

고구려는 북중국을 통해, 백제는
남중국을 통해 불교를 받아들였다.
중국에 소개된 불교는 부처를 신앙
대상으로 섬기며, 대중의 구제를
중시하는 대승불교였다. 일본 불교는
백제와 고구려를 통해 전해졌다.

■ 전륜성왕 진리의 수레바퀴를 굴려
세계를 지배하는 이상적인 왕으로,
인도 신화에 등장한다. 많은 사람이
인도를 처음 통일한 마우리아 왕조의
아소카 왕을 현실의 전륜성왕으로 여긴다.

불교의 번성

강력해진 국가 통치 체제와 이를 뒷받침할 왕권의 신성함은 불교를 통해
재생산되었다. 불교는 4세기 중엽부터 민간에 전파되었다. 중국에서 온
승려들은 부처의 신성한 능력에 의지하여 질병을 고쳐주고, 국가의 안녕
을 기원하였다. 이처럼 부처는 나라 밖에서 온 영험 있는 신으로 소개되
었다.

불교는 국가의 후원을 받으면서 번성하였다. 고구려와 백제, 신라는 저
마다 대규모 사찰을 짓고, 자애로운 모습을 한 커다란 불상을 조각하였다.
게다가 막대한 예산을 들여 왕실의 안녕을 비는 불교 집회를 열고, 승려의
유학도 주선하였다.

6세기 신라의 정복 군주였던 진흥왕은 자신의 아들이 불교에서 말하는
이상적인 군주 전륜성왕■이라고 주장하였다. 그의 손자인 진평왕은 부처
의 아버지 정반왕, 그의 부인은 부처의 어머니 마야 부인이란 이름을 가졌
으며, 진평왕 가족들은 가장 성스러운 신분이라고 자처하였다.

여전히 민간에서는 하늘 신과 땅 신을 비롯한 수많은 신을 섬기는 토속 신앙이 성행하였다. 그러나 불교는 이들 위에 자리하는 초월적 존재로서 부처를 부각시켰으며, 왕실은 부처 가족임을 자처하거나 자기 나라가 부처의 나라라 주장하면서 왕실의 신성함을 내세웠다.

삼국과 일본의 활발한 문화 교류

수백 년에 걸친 삼국의 대결은 이웃 국가를 자기편으로 끌어들이기 위한 외교전 양상을 띠기도 하였다. 백제와 가야, 신라는 일본을 자기편으로 끌어들이기 위해 부단히 노력하였다. 대륙의 선진 문화로부터 떨어져 있던 일본도 적극적으로 이에 응하였다.

삼국과 일본 사이에는 수시로 사절단이 오갔으며, 민간 차원의 교류도 진행되었다. 때로는 삼국에서 일본으로 많은 사람들이 이주하였고, 때로는 일본에서 출발한 군대가 한반도에서 전투를 벌였다. 이 과정에서 삼국 문화가 일본에 두루 전해졌다. 일본과 긴밀한 관계를 유지하였던 백제는 학자와 기술자, 승려 등을 파견하여 활발한 문화 전파자 구실을 하였다.

삼국 문화의 일본 전파는 6세기 말에 절정을 이루었다. 신라의 팽창으로 삼국의 대결이 정점을 향해 치닫던 이 시기 백제와 고구려는 일본과 친선을 도모하였다. 강력한 왕권을 구축하려던 일본 왕실은 대륙의 선진 문물을 받아들이려 하였다. 백제를 통해 불교가 알려졌고, 삼국의 조각과 건축, 회화 등 다양한 불교 문화가 일본으로 전해졌다.

삼국의 문화는 이후에도 꾸준히 일본에 소개되었다. 그러나 7세기 후반 이후 신라와 일본의 관계가 악화되고, 일본이 당에 직접 사절단을 파견하기 시작하면서 신라와 일본의 문화 교류는 점차 줄어들었다.

백제 관음상
일본 나라(奈良)의 호류사에 있는 관음보살상으로, 나무로 만들어졌다. 7세기 작품으로 추정된다. 높이 210.8cm. 7세기에 건립된 호류사는 백제의 사찰 양식을 따르고 있다.

국보 83호 금동미륵보살 반가상
머리에 3개의 둥근 산 모양의 관을 쓰고 있는 이 미륵보살상은 구리로 만든 뒤 금을 입혔다. 삼국시대에 만든 것으로 추정된다. 높이 93.5cm.

고류사 미륵보살 반가사유상
일본 교토의 고류사에 있는 미륵보살상으로, 나무로 만들었으며 높이는 123.5cm이다. 한국의 국보 83호 금동미륵보살 반가상과 많이 닮았다.

밥과 김치,
한국인의 밥상 이야기

한국인의 주식은 쌀을 익혀 만든 밥이다. 식탁을 밥상이라 부르기도 하는데, 밥상(식탁) 위에는 밥과 함께 국, 반찬이 올라온다.

밥의 주재료는 처음에 기장이나 수수였으나 벼와 보리가 재배되면서 조금씩 달라졌다. 6세기 무렵 저수지 같은 수리 시설을 만들고 철제 농기구를 널리 사용하면서 벼농사가 크게 발달하였다. 하지만 밭농사를 주로 지었던 북부 지역에서는 여전히 기장, 수수, 보리가 중요한 농작물이었다.

추운 겨울 동안 옛 한국인들은 채소를 소금에 절였다가 먹었다. 신선도를 유지한 절인 채소는 비타민을 비롯한 다양한 영양소와 염분을 공급하는 데 없어서는 안 될 중요한 식품이었다.

장 담그는 과정

❶ 콩을 삶아서 찧은 다음 덩이를 만들어 말린 메주를 짚으로 묶어 매달아 띄운다(발효시킨다).
❷ 잘 띄운 메주에 핀 곰팡이를 제거한 뒤 소금물에 담근다.
❸ 숯과 고추를 넣고 볕이 잘 드는 곳에서 30~40일 동안 우린다.
❹ 즙액만을 떠내어 솥에서 달여 간장을 만든다.
❺ 즙액을 떠내고 남은 건더기에 보리밥과 소금을 섞어 항아리에 눌러 담는다.
❻ 한 달 정도 숙성하면 된장이 완성된다. 부정한 기운을 막기 위해 항아리에 금줄을 두르는 풍습도 있다.

❶

❷

단백질과 염분을 동시에 공급하는 된장도 매우 중요한 식품이었다. 콩의 원산지인 한반도와 만주에서는 오래전부터 삶은 콩을 발효시킨 뒤 소금에 절여 된장을 만들거나, 발효된 콩을 소금물에 우려내 간장을 만들었다. 두부 같은 콩 식품도 일찍부터 발달하였다.

옛 부여와 고구려에는 고기를 양념에 재운 다음 구워서 먹는 맥적이란 음식이 있었다. 오늘날 한국인들이 즐겨 먹는 불고기와 비슷하다. 한국인들은 농경문화와 불교의 영향으로 주로 채식을 하였으나, 14세기 이후부터는 육식을 병행하였다.

❶ **김치** 김치는 '소금에 절인 채소'란 뜻의 침채(沈菜)에서 유래하였다. 초기에는 소금이나 술지게미에 절여 신선도를 유지하였으나, 점차 양념이 첨가되고 김치의 종류도 다양해졌다. 고춧가루, 파, 마늘 등의 양념과 젓갈 또는 해산물 따위가 버무려져 발효된 오늘날과 같은 김치는 18세기 이후 등장하였다.
❷ **불고기** 오늘날 한국인들이 매우 좋아하는 음식으로, 쇠고기 등을 양념에 재워두었다가 구워 먹는다. 돼지고기를 주재료로 한 것은 돼지불고기라고 한다. 불고기판 위에 구워서 육수와 함께 먹거나 석쇠에 구워 먹는다.
❸ **비빔밥** 밥에 신선한 채소, 산나물 등을 넣고 고추장을 더하여 비빈 음식이다. 다양한 나물의 맛과 향을 느낄 수 있어 한국을 대표하는 음식으로 사랑받고 있다. 돌솥에 직접 밥을 짓고 나물을 비비는 돌솥 비빔밥으로 진화하기도 하였다.

648 ~ 926

660

660년 신라와 당이 연합하여 백제를 무너뜨린 데 이어 668년 고구려를
무너뜨렸다. 이후 백제, 고구려의 부흥 운동이 일어났으나 두 왕조는
되살아나지 못하였다.

676

신라는 백제와 고구려에 이어 신라까지 침략하려던 당과 싸워 마침내
승리하였다. 백제 영역 전부와 고구려 영토 일부를 편입시켰는데,
신라 왕실은 삼국을 통일하였다고 자부하였다.

698

옛 고구려 땅에 고구려 장수 출신인 대조영을 중심으로 발해 왕국이
세워졌다. 대조영은 고구려 계승자라 자임하면서 신라와 함께
남북국의 형세를 이루었다.

751

신라의 왕실과 불교계는 부처의 나라임을 증거하는 불국사를 아름답게
다시 짓는 공사를 시작하였다.

771

카롤루스 대제 프랑크 왕국 통일

828

황해 해상권을 장악하고 동아시아 해상무역을 주도하였던 장보고가
청해진에 무역 기지를 건설하였다.

900

견훤이 신라의 서남부를 중심으로 후백제를 세우고, 이듬해 궁예가
신라 중북부를 중심으로 후고구려를 세움으로써 신라는 후삼국으로
분열되었다.

907

당 멸망

926

9세기 후반부터 세력이 약화된 발해가 거란의 공격을 받아 멸망하였다.

III 남북국을 이룬 통일신라와 발해

신라가 백제와 고구려를 통합하고, 옛 고구려 땅에서 발해가 일어남으로써 삼국시대는 남북국시대로 이어졌다.
국가 간 치열한 경쟁이 끝나면서 사회는 안정되고 경제가 발전하였으며, 주변국들과 문화 교류도 활발하였다.
부처의 나라임을 자부하던 신라에서는 불교문화가 꽃피었으며, 고구려를 계승한 발해는 고구려와 당의 전통을
두루 수용하여 개성 있는 문화를 일구었다. 수많은 상인과 학자, 승려가 이웃 나라를 찾아 활발하게 교류하였다.

경주 인근 감포 앞바다의 대왕암. 문무 왕의 바닷속 무덤이 이곳에 있다.

세계 속의 한국
한국 속의 세계
Korea in the World, The World in Korea

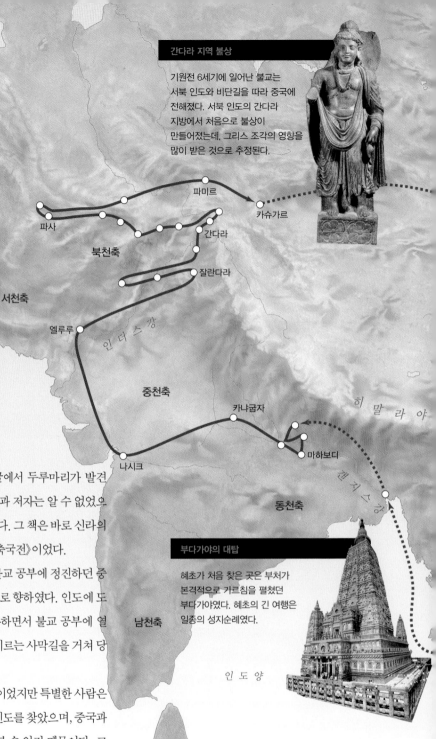

간다라 지역 불상

기원전 6세기에 일어난 불교는 서북 인도와 비단길을 따라 중국에 전해졌다. 서북 인도의 간다라 지방에서 처음으로 불상이 만들어졌는데, 그리스 조각의 영향을 많이 받은 것으로 추정된다.

대 식

파사
파미르
카슈가르
북천축
간다라
잘란다라
서천축
엘루루
인더스강
중천축
카나굽자
히 말 라 야
나시크
마하보디
동천축
갠지스강
남천축
인 도 양

세계를 향해 떠난 사람들, 그리고 석굴암

1908년에 중국 둔황의 모가오 석굴에서 두루마리가 발견되었다. 앞뒤가 떨어져나가 책제목과 저자는 알 수 없었으나 6400여 한자의 본문은 온전하였다. 그 책은 바로 신라의 승려 혜초(704~787)가 쓴 《왕오천축국전》이었다.

혜초는 16세 때 당으로 건너가 불교 공부에 정진하던 중 19세(723) 때 불교의 본고장인 인도로 향하였다. 인도에 도착하여 순례를 하고 승려들과 토론하면서 불교 공부에 열을 올렸다. 그는 인도에서 중국에 이르는 사막길을 거쳐 당으로 돌아와 수행을 계속하였다.

혜초는 진정한 의미에서 세계인이었지만 특별한 사람은 아니었다. 그에 앞서 여러 승려가 인도를 찾았으며, 중국과 일본에서 신라인들의 자취를 찾아볼 수 있기 때문이다. 그리고 신라인의 삶과 문화 속에서 다른 세계의 흔적을 찾는 것 역시 어렵지 않다. 인도 서북부에서 일어난 대승불교와 간다라 지역 불상이 중국을 거쳐 신라의 석굴암 불상에 영향을 준 것이 대표적인 사례다.

부다가야의 대탑

혜초가 처음 찾은 곳은 부처가 본격적으로 가르침을 펼쳤던 부다가야였다. 혜초의 긴 여행은 일종의 성지순례였다.

66

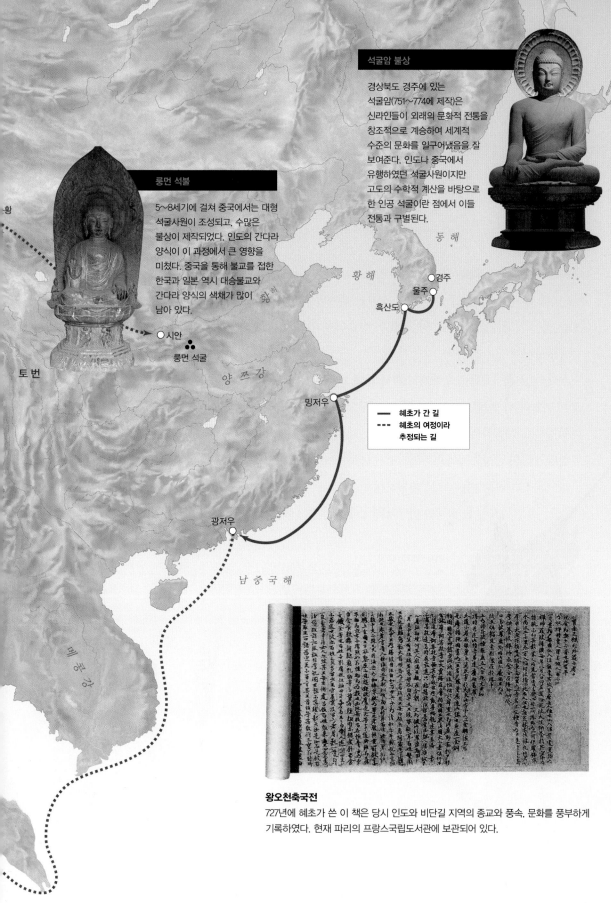

석굴암 불상

경상북도 경주에 있는 석굴암(751~774에 제작)은 신라인들이 외래의 문화적 전통을 창조적으로 계승하여 세계적 수준의 문화를 일구어냈음을 잘 보여준다. 인도나 중국에서 유행하였던 석굴사원이지만 고도의 수학적 계산을 바탕으로 한 인공 석굴이란 점에서 이들 전통과 구별된다.

룽먼 석불

5~8세기에 걸쳐 중국에서는 대형 석굴사원이 조성되고, 수많은 불상이 제작되었다. 인도의 간다라 양식이 이 과정에서 큰 영향을 미쳤다. 중국을 통해 불교를 접한 한국과 일본 역시 대승불교와 간다라 양식의 색채가 많이 남아 있다.

황

동 해

황 해

경주

울주

흑산도

토번

시안

룽먼 석굴

양 쯔 강

밍저우

―― 혜초가 간 길
---- 혜초의 여정이라
　　 추정되는 길

광저우

남 중 국 해

메 콩 강

왕오천축국전
727년에 혜초가 쓴 이 책은 당시 인도와 비단길 지역의 종교와 풍속, 문화를 풍부하게 기록하였다. 현재 파리의 프랑스국립도서관에 보관되어 있다.

1

신라, 백제와 고구려를 통합하다

군사동맹을 맺은 신라와 당

648년에 신라 사절단이 당을 찾았다. 신라는 백제와 고구려의 공격으로 어려움을 겪던 터라 당과 동맹을 맺어 어려움을 극복하고자 하였다. 사절단을 이끈 이는 훗날 태종 무열왕(재위 654~661)이 되는 김춘추였다.

신라와 당의 대표단은 수차례의 회의 끝에 '신라와 당이 동맹군을 편성하여 백제와 고구려를 차례로 무너뜨린 뒤 백제는 신라가, 고구려는 당이 차지하자'고 약속하였다. 신라는 당의 문물을 적극 받아들일 것도 약속하였다.

신라와 당의 군사동맹이 이루어지면서 동북아시아 정세는 빠르게 변하였다. 그러나 백제와 고구려는 정세 변화에 능동적으로 대처하지도, 내부 개혁을 통해 국력을 결집하지도 못하였다. 두 나라는 강력한 나당 연합군을 개별적으로 상대해야 했다.

김유신(595~673)
백제·고구려와 여러 차례 싸워 승리하였으며, 660년 이후 이어진 통일
전쟁을 이끌었다. 죽은 지 150여 년 뒤 왕으로 추대되었을 정도로
신라인들에게 오래 기억되었다. 사진은 경주에 있는 김유신 동상이다.

무열왕릉(경주 소재)
김유신과 함께 삼국 통일의 기초를 마련하였던 무열왕의 무덤이다.
무덤 앞에 그 공을 기념하는 비석을 세웠으나, 지금은 그 받침돌과
머리 부분만 남아 있다.

백제와 고구려의 멸망

660년, 신라 5만 대군과 당 13만 대군이 백제를 침략하였다. 백제는 일찍이 경험하지 못한 대규모 병력을 맞아 마지막 순간까지 장렬하게 싸웠으나, 결국 나당 동맹군에게 수도를 내주고 항복하였다.

당은 백제를 무너뜨린 뒤 신라를 침략할 속셈이었다. 그러나 신라의 강력한 저항 의지와 만만치 않은 국력을 확인하고는 계획을 바꾸었다. 게다가 고구려를 공격해야 한다는 또 다른 목표가 있었던 터였다. 백제를 무너뜨린 나당 동맹군은 이듬해부터 고구려를 공격하였다. 당의 군사는 고구려 서북쪽에서, 신라군은 남쪽에서 공격하였다. 고구려는 동맹군을 물리쳤으나 거듭되는 동맹군의 공격으로 점차 어려움에 빠졌다.

666년에 항쟁을 주도하였던 고구려 최고 권력자 연개소문이 죽었다. 지도자를 잃은 고구려는 항전의 지속 여부를 둘러싼 내부 갈등에 휘말린 데다 후계자 승계를 둘러싼 권력 다툼까지 겹치면서 혼란에 빠졌다. 이 틈을 이용하여 나당 연합군이 고구려를 공격함으로써 고구려는 결국 무너졌다(668).

7세기 동북아시아 전쟁

고구려와 당의 전쟁. 한반도 삼국의 경쟁으로 시작된 통일 전쟁은 당시 일본 왕조까지 참가한 동북아시아 대전으로 전개되었다. 663년에는 백제의 부활을 위해 싸우던 군대를 돕는다며 대규모 일본군이 참전하여 나당 동맹군과 전투를 벌였다. 전쟁에 패한 일본은 나당 동맹군의 공격을 우려하여 여러 곳에 산성을 쌓고 한때 수도를 옮기기도 하였다.

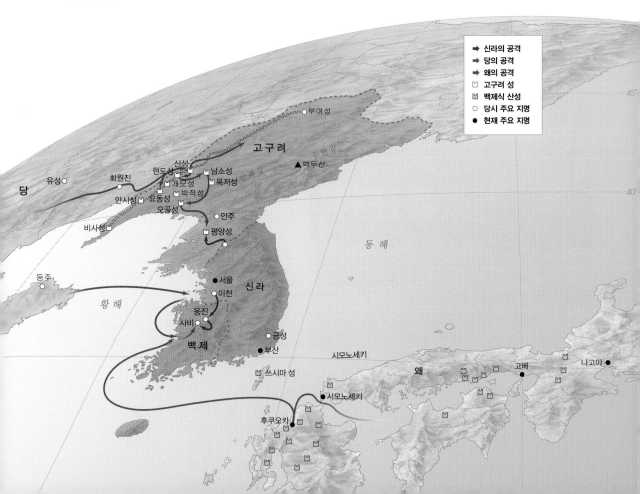

백제와 고구려의 부활을 위해 싸운 사람들

백제의 수도가 함락된 뒤, 왕이 항복하고 많은 백제인이 당으로 끌려갔다. 당군도 대부분 철수하였다. 그러나 전쟁이 끝난 것은 아니었다.

왕이 끌려간 뒤에도 백제인들은 저항을 멈추지 않았다. 새로운 왕을 추대하고 침략자들과 맞서 싸웠다. 당은 새로운 군대를 파견하였으며, 신라도 대군을 백제에 주둔시켰다. 하지만 백제인들은 200여 성을 장악할 정도로 강력한 투쟁을 벌였다.

백제 저항군의 요청으로 왜가 대군을 파견하였다. 663년 3만에 이르는 백제 – 왜 연합군은 신라 – 당 연합군과 결전을 벌였다. 전투는 후자의 승리로 끝났고, 백제 부흥 운동도 그렇게 막이 내렸다.

옛 고구려인들도 오랫동안 저항하였다. 고구려의 부활을 내걸고 여러 곳에서 싸움을 벌였으며, 여러 차례 당군을 위기에 몰아넣었다. 이에 당황한 당은 붙잡아간 옛 고구려 왕에게 행정 책임을 맡겼으나, 침략자에 대한 고구려인들의 저항을 무마할 수는 없었다. 고구려인들은 거세게 저항하였고, 당의 지배는 확고하지 못하였다. 옛 고구려 지역에서 고구려를 계승한 발해가 일어난 것은 이런 배경이 있었다.

고려영

고구려 멸망 후 20만여 명에 이르는 고구려인이 당의 변방으로 강제 이주당하였다. 그들 대부분은 엄청난 고통을 겪었으나, 고통을 극복하고 성공을 거둔 이들도 있었다. 비단길의 패권을 둘러싼 당과 이슬람 제국의 10년여에 걸친 결전을 이끈 당군의 지휘관은 고구려 출신의 고선지였다. 그리고 고구려 유민 출신인 이정기는 당의 영역인 산둥 일대에 독립 왕국을 형성하였다.

백제 멸망과 이어진 부흥 운동이 좌절된 후 수많은 백제인이 당으로 끌려갔다는 기록도 전한다. 이들의 운명도 끌려간 고구려인과 비슷하였다. 전란의 와중에 일본으로 집단 이주한 경우도 적지 않는데, 상당수가 일본에서 백제, 고구려인으로서의 정체성을 유지하면서 살았다. 사진은 중국의 베이징 도심에서 북쪽으로 20km 떨어진 곳에 위치한 고려영이다. 고구려 유민의 집단 거주지에서 유래하였다는데, 도로 안내판에 그 이름(○ 표시 부분)이 뚜렷이 적혀 있다.

문무왕 해중릉
경주의 동쪽 바다에는 살아서
"칼을 녹여 쟁기를 만들라"는 명과
함께 "바다를 지키는 용이 되겠다"고
유언한 통일 군주 문무왕의 바닷속 무덤이
있다. 문무왕은 평화를 확신하면서도 정작
죽음에 앞서서는 당의 재침략 및 옛 백제
세력과 일본의 연합 가능성에 대한
우려를 감추지 못하였던 것은 아닐까?

당과 싸워 이긴 신라

고구려가 무너진 후 옛 고구려 땅은 당에 편입되었다. 신라와 당이 초기에
약속하였던 대로 된 것이다. 하지만 당은 옛 백제 땅을 장악하는 것도 모자
라 신라까지 지배하려 들었다. 신라가 약속 위반이라며 항의하였지만 당
은 위압적인 자세를 굽히지 않으면서 조금씩 백제와 고구려 땅을 장악해
갔다. 이에 신라는 옛 백제 땅을 차례로 장악하면서 당과 싸움을 시작하였
다. 당은 사절을 보내 굴복할 것을 요구하는 한편, 대군을 파견하여 신라
를 공격하였다.

고구려가 무너진 뒤 8년 동안 신라는 당과 여러 차례 전투를 벌였다. 그
러나 신라가 20만에 이르는 당 육군을 매소성(오늘날 경기도 연천)에서 크
게 물리치고, 당의 최정예 해군을 황해에서 격파하면서 전쟁은 끝났다. 더
이상은 무리라고 생각한 당이 결국 옛 고구려 영역의 일부를 지배하는 것
에 만족하고 신라 국경에서 군사를 물린 것이다.

전쟁은 끝났다. 당과 일본이 각각 앞으로 어떤 태도를 취할지 예측할 수
없는 상황에서 평화는 유지되었다. 그러나 신라가 동북아시아 대전쟁에서
승리자였다는 점은 분명하였다.

2

통일신라와 발해, 남북국을 이루다

'통일국가'를 이룩한 신라

신라가 처음부터 삼국 통일을 의도하고 전쟁을 벌
인 것은 아니었다. 신라는 백제를 통합하고 당과 전
쟁을 벌이면서 옛 백제와 고구려인을 신라인으로 받
아들였다. 또한 백제와 고구려 지배층 일부에게 신
라 관직을 개방하고, 새롭게 편성한 군대에 두 나라
사람들을 참여시켰다. 신라 영역의 일부가 된 백제
와 고구려에는 신라와 똑같은 지방 통치 제도가 자
리잡았다.

이로부터 200여 년 동안 평화 시대가 이어졌다. 옛
삼국 주민들은 하나의 국가, 단일한 통치 체제 아래
생활하였다. 물론 백제인과 고구려인에 대한 차별은
있었다. 신라는 귀족 중심의 엄격한 신분제 사회인
데다 경주에 거주하는 소수 귀족만이 온갖 특권을
누렸다.

그러나 공동의 경험이 확대되면서 동질감이 강화
되었다. 그런 점에서 신라가 두 나라를 통합하여 200
년 이상 통일국가를 유지한 것은 한국 민족의 형성
에서 중요한 전환점이 되었으며, 신라 왕실이 '우리
가 삼국을 통일하였다'고 주장한 것도 틀린 이야기만
은 아니었다.

통일신라의 지방 통치(8∼9세기)

새로운 제도에 따라 옛 고구려·백제·신라 영역에
각각 3개의 주를 설치하고, 소경이라 불린 지방
중심지를 만들어 왕족을 보내 다스렸다.

고구려의 뒤를 이은 발해

신라 왕실이 통일을 내세우면서 새로운 통치체제를 만들 때, 만주 지역에서는 옛 고구려인들이 당에 저항하고 있었다. 당은 대규모 군대를 주둔시키고 옛 고구려인 상당수를 당의 변방으로 강제 이주시켰다. 그러나 옛 고구려 땅에 대한 당의 지배는 뿌리내리지 못하였다.

696년, 당의 지배를 받던 요서 지방에서 강제 이주된 옛 고구려인들이 당의 지배에 맞서 저항 운동을 시작하였다. 이 운동을 이끈 사람은 쑹화 강 유역에 살던 옛 고구려인 대조영이었다. 그는 진압에 나선 당군을 물리치고 옛 고구려의 중심지에 발해(698~926)를 세웠다.

발해의 건국은 흔들리던 당의 지배에 결정적 타격을 주었으며, 당의 지배에 맞서던 주민들을 하나의 정치 세력으로 모으는 데 중요한 역할을 하였다. 그리하여 발해는 건국과 동시에 국가의 틀을 빠르게 갖출 수 있었다.

발해 동모산
대조영이 처음 나라를 세운 곳으로 알려진 동모산(해발 600m)은 중국 지린성 둔화시에 있으며 성산자 산성으로 불린다.
이곳에서 동북으로 10km 떨어진 곳에는 발해의 초기 고분들이 많이 남아 있다.

해동성국 발해

9세기 무렵 발해는 정치적 안정과 경제 발전을 바탕으로 전성기를 맞았다.
이 시기 발해의 영역은 현재 한국의 북부와 중국의 동북 지방, 러시아의 연해주에 걸쳐 있었다.
한국은 발해 건국 주도 세력이 옛 고구려인이며, 발해가 고구려 계승 국가라는 점을 들어
이 지역의 역사를 한국사에 포함시킨다. 한편, 러시아에서는 말갈족이라 불린 이 지역 민족들이
건국한 최초의 국가이므로 발해사를 시베리아 소수 민족사에 접근하자는 주장을 한다.
중국 역사학자들은 현재 중국 영토 안에서 일어난 역사는 모두 중국사라며
발해를 당의 한 지방 정권으로 파악한다.

■ 초기 중심지	◎ 수도
■ 전기 중심지	◉ 5경
■ 8세기 진출영역	○ 당시 주요 지명
➡ 수도의 이동	● 현재 주요 지명
● 15부 치소(추정)	--- 현재 북한·중국·러시아 국경

회원부
● 회원부

동평부
동평부

안원부
● 안원부(이만)

철리부
● 철리부

막힐부(허얼빈)

막힐부

용천부

발해

솔빈부
● 솔빈부(우수리스크)

안변부
● 안변부(올

정리부
● 정리부(니콜라예프카)

부여부(농안) ●

천문령(길림) ●

상경 용천부(동경성)

동경 용원부(혼춘)

부여부

당

동모산 ▲
육정산 ○

현덕부

장령부 ●

중경 현덕부(화룡)

용원부

▲ 백두산

서경 압록부(임강) ○

장령부

압록부

● 성진

요동성 ○

남경 남해부(북청) ◉

남해부

서안평 ○ ○ 의주

● 원산

평양성 ○

동 해

황 해

● 해주   ● 개성

● 강릉

신 라

125°   130°

발해 석등
발해의 수도였던 상경성에 남아 있던 석등으로,
높이가 6m에 이른다. 석등에 새겨진 강하고 힘찬
연꽃무늬에서 고구려의 불교 미술 전통이 계승되고
있음을 볼 수 있다.

해동성국으로 불린 발해

고구려 옛 땅에 옛 고구려 주민들이 발해를 세우자, 동북아의 정세는 요동 쳤다. 동방에서 패권이 흔들린 당은 발해 북부에 있는 말갈족과 남쪽에 있는 신라를 끌어들여 발해를 공격하려 했다. 당과 친선을 바라던 신라는 이 제의를 받아들여 발해와 대결 정책을 폈으나 실패로 끝났다. 이후 732년에 또 다른 나당 연합군이 구성되어 발해를 공격하였다. 발해는 신라와 당에 강경하게 맞섰으며, 스스로 고구려 계승 국가임을 내세우면서 옛 고구려 영역을 통합하여 힘을 기르고, 북방의 돌궐 및 일본과 협력하면서 위기를 극복하였다.

8세기 중엽 이후 발해는 눈부시게 발전하였다. 당의 제도를 받아들인 새로운 관료 체제를 마련하고 옛 고구려보다 넓은 영역을 지배하였다. 중국인들은 발해를 가리켜 해동성국▪이라 불렀다.

발해가 성장하면서 당과 신라도 발해의 실체를 인정하였다. 발해는 당뿐만 아니라 신라와도 수시로 사절단을 주고받았다. 발해와 신라는 교역을 목적으로 발해의 수도에서 신라 국경까지 교통로를 개설하였다. 그러나 신라와 발해의 교류는 쉽게 확대되지 못하였다. 왜냐하면 신라와 발해는 당을 사이에 놓고 수시로 경쟁하였으며, 당은 두 나라의 경쟁을 부추겨 이익을 얻으려 하였기 때문이다.

상경성 제1궁전지에서 출토된 용머리
발해의 수도 상경성의 궁궐 터에서 발굴되었다. 높이 37cm.

▪ **해동성국** "중국 동쪽에 문화적으로 크게 발전한 나라"라는 뜻이다.

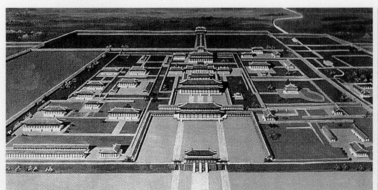

상경성 복원 모습(왼쪽)
상경성은 발해의 세 번째 왕인 문왕 때 건설되었다. 황성을 중심으로 관청과 사원이 즐비하였으며, 처음부터 철저한 계획도시로 건설되었다. 성의 둘레가 16km에 이르는데, 발해가 멸망한 후 도시는 사라지고 지금은 궁궐 터와 사원 터만 남아 있다. 당의 수도인 장안성을 본떠서 만들었다.
일본의 헤이안성 복원 모습(오른쪽)
8세기 무렵 동아시아에는 세계적 수준의 당의 문화가 주변 지역으로 확산되고 있었다. 당의 수도였던 장안의 모습은 발해와 일본에서 재현되었다.

3
불교문화가 크게 발달하다

세계로 뻗어나간 신라와 발해

신라인들은 당과 함께 전쟁을 치르면서 오랜 세월을 거쳐 확립된 중국식 정치제도를 눈여겨보았다. 황제 권력을 바탕으로 중앙집권 정책을 펴온 당의 정치제도는 강력한 왕권을 구축하고자 했던 신라 왕실의 취지와 다르지 않았다. 때문에 당의 법률제도나 행정 체계는 신라의 관료 체제 확립에 상당한 영향을 주었다.

한편, 신라는 민간 차원에서도 활발하게 당과 교류하였다. 세계적인 수준의 문명을 건설하였던 당은 수많은 사람들을 끌어들였다. 많은 신라인들이 유학이나 교역을 위해 당을 찾았다. 그들 가운데 당에 아예 눌러앉은 이들도 많았고, 또 다른 세계를 찾아 인도, 서아시아, 중앙아시아로 여행하는 이들도 있었다.

완도 청해진 목책 흔적과 장보고(?~846) 영정
당의 군인으로 활동하던 신라인 장보고는 한반도 서남부에 청해진이란 해상 활동의 근거지를 만들어 신라와 당, 일본을 연결하는 해상무역의 중심지로 육성하였다. 그리고 한때는 신라 왕실의 왕권 다툼에 관여하기도 하였다.

8~9세기 동북아시아

전쟁의 시대가 끝나자 동북아시아 각국은 활발하게 교류하였다. 일본인이
신라 배를 타고 당에 유학한 뒤 베트남에 관리로 파견되는 일도 있었고,
당에서 신라와 발해인이 학문을 교류하는 일도 있었다. 특히 중국의
해안이나 운하를 끼고 있는 도시에는 많은 신라인이 거주하면서 활발한
교역 활동을 하였다.

유리잔　　**보검**

당시의 수입품
신라 흥덕왕(재위 826~836) 때
중국과 동남아시아, 중앙아시아,
서아시아 등지에서 여러 종류의
사치품들이 수입되었다.

괘릉의 무인석상
신라 원성왕(?~798)의 무덤을
지키는 석상으로, 서아시아인의
얼굴과 닮았다. 이 시기
상인들이 중국을 왕래하였는데
이 석상을 통해 이들이 신라에
왔거나, 신라인들이 이들과
여러 형태로 교류하였음을
짐작할 수 있다.

범례
- ➡ 신라의 교역로
- ➡ 발해의 교역로
- ■ 신라방
- ■ 발해인용 숙박 시설
- ◉ 발해의 5경
- ○ 당시 주요 지명
- ● 현재 주요 지명

지명:
회원부, 동평부, 영주, 샷포로, 철리부, 솔빈부(우수리스크), 아키타, 막힐부, 상경, 니가타, 발해, 동경, 염주, 구국, 중경, 위성, 현주, 부여부, 장령부, 후쿠라, 서경, 영주, 요양, 남경(북청), 마쓰바라, 함흥, 서안평, 동 해, 헤이안쿄, 평양, 헤이조쿄, 개성 신라, 서울, 일본, 당항성, 대전, 금성, 사비, 동래, 다자이후, 등주, 적산포, 유산포, 석도, 황 해, 청해진, 밀주, 해주, 관운, 회음, 양주, 낙양, 변주, 소주, 상해, 명주, 항주, 대주, 복주, 당, 북경, 해 이 릉 강, 송 화 강, 압록강, 황하강

발해 또한 8세기 중엽 이후 60여 차례나 공식 사절단을 당에 보냈으며, 당 문화를 받아들이고 발전된 당의 국가 운영 방식을 배웠다. 많은 학생이 당에 유학하고, 외국인을 대상으로 한 과거에 합격자를 배출하기는 신라와 마찬가지였다.

신라와 발해는 다른 세계의 역사적 경험을 참고하고 다양한 사상과 종교를 받아들이면서 문화생활의 폭을 더욱 넓혀갔다. 특히 중국식 정치제도의 배경이 된 유교 이념과 중국화된 불교는 사회 전반의 변화를 이끄는 구실을 하였다.

학문과 사상을 발전시킨 유학

신라에는 독서삼품과라는 제도가 있었다. 이것은 관리가 되고자 하는 이들을 수용하여 교육시킨 다음, 학문 성적에 따라 관리로 채용하는 제도이다. 신라의 국립대학 격인 국학에서 국왕에게 충성하는 관리를 양성, 선발하기 위해 실시한 제도였던 셈이다.

신라에서 유교 경전에 대한 이해는 필수 요소로 강조되었다. 아울러 역사와 문학에 대한 식견이 뛰어나거나, 유교 외의 여러 사상에 밝은 이들을 우대하였다. 발해 역시 학교를 세우고 유교 경전과 역사, 문학을 가르쳤다.

원효(왼쪽)와 의상(오른쪽)
원효(617~686)와 의상(625~702)은 불교 경전 연구와 교육에 힘쓰면서 불교 대중화의 길을 열었다. 현존하는 오래된 사찰 가운데 상당수가 이들이 활동하던 시기에 지어졌다.

학문과 사상을 발전시키는 데 당에 유학하였던 이들의 역할이 컸다.

유교 경전과 역사에 대한 이해가 깊어지면서 유교 정치 원리에 대한 이해도 깊어졌다. 유교 이념에 바탕을 둔 중국식 정치제도가 더욱 널리 소개되었으며, 지역 명칭이 중국식으로 바뀌었다. 국왕에 대한 충성과 부모에 대한 효도를 강조하는 유교 윤리도 널리 보급되었다.

그러나 신라는 진골이라 불린 최고 귀족이 사회·경제적 특권을 누렸던 사회로, 고급 관직은 오직 그들만 차지할 수 있었다. 발해 역시 소수 고구려계 귀족들이 정치 운영을 주도하였다. 능력에 따른 관리 선발과 국왕 중심의 관료 체제가 갈수록 강화되었으나, 오랜 세월 유지되어온 귀족 중심적 원리는 여전하였다.

부도
승려의 사리를 보관하는 곳으로 승탑이라고도 한다. 사진은 강원도 진전사에 있는 도의선사의 부도이다.

불교 신앙의 대중화

당시는 유교보다 불교가 사회 전반에 더 많은 영향을 미쳤다. 유교가 주로 정치 운영에 관련된 소수의 관심사였다면, 불교는 다양한 계층 사람들의 생활 전반에 영향을 주었다.

왕실을 중심으로 알려진 불교는 7세기 이후 대중화되었다. 왕실에서는 국가의 안녕과 복을 기원하는 성대한 불교 의례가 치러졌으며, 귀족과 평

통일신라와 발해의 탑
탑은 부처의 몸에서 나온 사리를 보관하기 위해 만든 일종의 무덤이나, 부처가 영원한 삶을 누리는 존재란 점에서 보면 그의 집이기도 하다. 왼쪽은 경주에 있는 감은사탑이고, 오른쪽은 중국 지린성에 있는 발해 영광탑이다.

석굴암
8세기 신라의 정교한 건축술과 뛰어난 조각 솜씨를 보여준다. 인공 석굴을 꾸며 부처와 여러 명의 보살과
수행자, 인왕상을 사실적으로 조각하였다. 신라의 수도였던 경주 동쪽 토함산 정상 부근에 있다.

민들 사이에서 부처는 숭배의 대상으로 받아들여졌다. "부처를 믿고 의지하겠다"는 말만 해도 구원을 얻는다는 아미타 신앙이 널리 확산되었으며, 어려움에 처한 이들에게 현세의 복을 주는 관음 신앙도 유행하였다. 불교가 대중화된 데에는 대중 속으로 들어가 대중의 어려움에 귀를 기울이고자 하였던 원효나 의상 같은 승려의 역할이 컸다.

불교는 삶과 죽음에 대한 풍부한 철학적 사유를 담고 있었다. 현재의 삶 이전에 무엇이 있었으며, 죽음 다음에는 또 무엇이 오는지, 바람직한 삶이란 무엇인지, 삶과 죽음, 생명의 윤회를 뛰어넘을 수 있는 참된 깨달음은 어떻게 가능한지 등에 대한 철학적 탐구가 자리잡았다. 여러 종류의 불교 경전이 소개되고 연구되었으며, 경전 간의 차이를 뛰어넘는 부처의 참된 가르침에 대한 토론도 본격적으로 이루어졌다.

화려하게 꽃핀 불교예술

왕실과 귀족들이 불교를 적극적으로 장려하고, 불교 신앙이 대중적으로 자리잡으면서 불교예술이 크게 발달하였다. 한국의 많은 사찰과 불교 문화재가 이 무렵에 창건되거나 만들어졌다.

왕실과 귀족들이 모여 살았던 통일신라의 수도 경주는 도시 전체가 문화유산이라 할 만큼 유서 깊은 문화재가 오늘날까지 많이 남아 있다. 발해의 수도였던 상경성 자리에도 거대한 석등을 비롯한 불교 유적이 남아 있다. 경주에 있는 불국사와 석굴암은 이 시기 신라인들의 예술혼을 체험할 수 있는 대표적인 유적이다.

이불병좌상
두 부처가 나란히 앉아 있다 해서 이불병좌상이라 부르는데, 부처 옆에 보살과 승려 모습이 보인다. 《법화경》에 근거한 석가와 다보를 숭배하였던 7세기 초 고구려 불교의 모습을 보여준다. 발해의 옛 중심지였던 중국 지린성에서 발굴되어 현재 일본 도쿄대학에 보관되어 있는데, 7세기 고구려의 불교 신앙이 발해로 이어졌음을 보여주는 사례다. 높이 29cm의 석조 불상이다.

불국사,
부처님의 나라에 세워진 절

신라의 불교도들은 신라가 아주 오래전부터 부처님의 나라였다고 믿었다. 자신들이 사는 세계를 선택 받은 땅이라 여기고 그곳을 가장 이상적인 부처님의 나라로 만들고자 한 사상을 불국토 사상이라고 한다.

부처님의 나라에 세워진 절, 불국사는 6세기 법흥왕 때 건립되었다. 법흥왕 때 불교를 공인하고, 왕실이 앞장서서 불교를 장려하였다. 불국사는 통일을 이룬 신라인들의 문화적 역량과 자신감이 최고조에 이르면서 이후 8세기 중엽에 대대적으로 다시 지어졌다.

불국사에는 세 분의 부처가 모셔져 있다. 현실의 세계에 와서 대중에게 깨달음의 원형을 보여준 석가모니 부처, 대중을 구원하여 이상향으로 이끄는 아미타 부처, 진리의 등불 그 자체인 비로자나 부처다.

불국사 전경
현실 세계의 석가모니 부처를 만나기 위해서는 청운교, 백운교(사진의 맨 오른쪽)라는 구름다리를 건너야
하며, 극락세계를 지키는 아미타 부처를 만나려면 칠보교와 연화교(사진의 왼쪽)를 오르도록 설계되었다.

불국사 배치도

경주 동쪽 토함산 자락에 있는 불국사는 석굴암과 함께 세워졌으며 지금보다 훨씬 규모가 큰 사찰이었으나 전란으로 많이 소실되었다.

사진에서 한가운데 위치한 건물이 석가모니를 모신 대웅전, 그 오른쪽 건물이 아미타 부처를 모신 극락전이다.

❶ **일주문** 사찰에 들어가는 첫 번째 문이다. 부처님 앞에 서기 전에 세속의 번뇌를 씻고 진리를 생각하자는 뜻으로 세운다.

❷ **천왕문** 부처님의 나라를 지키는 사천왕이 있다. 깨우침을 막는 마음의 번뇌를 물리치자는 상징적인 의미도 있다.

❸ **연화교, 칠보교** 극락전에 이르는 계단으로 연꽃무늬가 새겨져 있다.

❹ **청운교, 백운교** 흰 구름, 푸른 구름이 머무는 계단으로 대웅전의 천상세계로 안내하는 통로이다.

❺ **부처(석가모니)** 사찰의 중심에 위치한 대웅전에 모셔져 있다('대웅'은 위대한 영웅 석가모니를 말한다).

석가탑(왼쪽)

정식 명칭은 불국사 3층석탑으로, 단정하고 꾸밈없는 신라 탑의 모범을 보여준다. 이 탑 속에 지금까지 전하는 인쇄물 가운데 가장 오래된 《다라니경》이 있었다.

다보탑(오른쪽)

화려한 탑의 대명사로 손꼽히며, 위로 올라갈수록 4각, 8각, 원형으로 변하는 모습을 표현하여 수련을 통해 도를 완성해가는 과정을 묘사하였다. 그 아름다운 모습에 한 일본인은 "돌을 떡 주무르듯 하였다"며 감탄하였다고 한다.

4

남북국시대가 저물어가다

번영하는 수도, 굶주리는 사람들

왕이 여러 신하들과 더불어 월상루라는 누각에 올라 금성(경주) 시내를 굽어보니 수도
에 민가가 즐비하고 노랫소리가 끊이지 않았다. 왕이 시중에게 "내가 들으니 지금 민가
에서는 지붕을 기와로 덮고 짚을 쓰지 않으며, 밥을 짓되 숯을 쓰고 나무를 쓰지 않는다
고 하는데 과연 그러한가?" 하고 물으니, 시중 민공이란 사람이 "신도 역시 그렇게 들었
습니다"라고 대답하였다. ─《삼국사기》

주령구
안압지에서 출토된 14면체 주사위로,
각 면마다 놀이를 하면서 받는 벌칙이
새겨져 있다. 높이 4.8cm.

기와집이 즐비하고, 연기가 날까봐 숯으로 밥을 해 먹었다는 수도의 삶. 모두
가 그런 삶을 살았던 것은 아니었다.

손순에게 아이가 하나 있었다. 아이는 자주 할머니의 밥을 빼앗아 먹었다. 참다못한 손
순 부부는 아이를 산으로 데려가 땅에 묻으려 하였다. 한참 땅을 파는데, 땅속에서 돌로
만든 종이 나왔다. 그 종을 쳐보니 매우 아름다운 소리를 내었다. ─《삼국유사》

이 이야기의 주인공도 수도인 금성 사람이었다.

안압지(경주 소재)
궁성 안에 인공 연못을 파고 산을 만들어 화초와 진기한 동물을
길렀다고 전해지는 왕실의 공원이다. 멀리 보이는 임해전이란
정자에서는 왕족과 귀족의 연회가 자주 열렸다.

귀족들 사이의 격화된 투쟁

인구 100만을 넘나들었다는 신라의 수도 금성. 그러나 번영은 귀족들에게나 어울리는 이야기였다. 유난히 폐쇄적인 신분제도 아래에서 귀족들은 높은 관직을 독차지하고 넓은 영지와 많은 노비를 거느렸다. 그리고 이 같은 엄청난 경제력을 통해 해외에서 수많은 사치품을 사들였다.

인구의 대다수는 지방에서 농사를 짓는 평민들이었다. 생산력이 낮았던 시절, 열심히 농사를 지어도 살림은 풍족하지 못하였다. 국가에서는 마을마다 연령별 인구수, 경작지 면적과 가축 수, 특산물까지 상세하게 조사하여 엄격하게 조세를 거두었다.

무거운 조세 부담에 농민들의 생활은 어려웠다. 여기에 귀족들의 농민 수탈은 갈수록 정도를 넘어섰다. 국제무역이 확대되면서 사치품 수요가 크게 늘고, 정치권력을 놓고 귀족들의 싸움이 격화되었기 때문이다.

780년에 국왕(혜공왕)이 피살되자 왕의 먼 친척이 그 자리를 차지하였다. 귀족들의 왕위 다툼이 시작된 것이다. 이로부터 155년 동안 왕의 자리를 차지한 사람이 무려 20명이었다.

대결에서 승리하려는 귀족은 농민 수탈을 일삼았고, 몰락하는 민중은 저항하였다. 귀족들이 죽고 죽이는 싸움을 하는 동안 중앙 권력은 무너져 내렸다. 이제 중앙의 지도력에 도전하는 새로운 세력이 등장할 터였다.

신라 촌락 문서
일본 왕실의 보물을 모아둔 정창원(쇼소인)에서 1933년 발견된 신라의 촌락 문서다. 7세기를 전후하여 신라의 촌락 규모와 경제상황, 국가의 조세 행정을 알 수 있다.

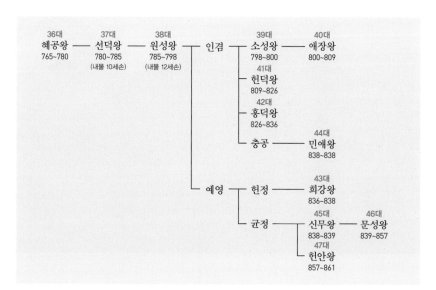

왕위 계승도
귀족들 간의 왕위 다툼으로 새로운 왕실이 성립된 780년 이후 아버지에서 아들로 이어지는 일반적인 왕위 계승이 잘 이루어지지 않았다. 어렵사리 오른 왕위에 오래 있지 못한 경우도 많았다. 왕위를 둘러싼 귀족들 간의 투쟁은 신라 사회를 극단적으로 분열시켰다.

붕괴의 시작은 새로운 출발로 이어지고

822년, 귀족 김헌창이 신라 서쪽에서 봉기하였다. 왕을 죽이고 자신이 왕이 되고자 함이 아니었다. 그는 신라를 대체할 새로운 나라를 세우겠다고 선언하였다. 이로부터 16년 뒤, 서남해 해상 세력이었던 장보고 군대가 왕의 군대를 물리치고 새로운 왕을 즉위시켰다.

김헌창도, 장보고 세력도 결국 제압되었다. 그러나 9세기 중엽 이후, 신라 왕조의 지방 통제는 무너졌다. 수도에서 떨어진 곳에서는 호족이라 불리는 지방 세력이 독자적으로 농민을 지배하면서 독립할 기회를 노렸다. 해상 활동을 통해 부를 축적한 이들이나 지방의 군인들도 마찬가지였다.

중앙에서는 상황을 추스르고 분열을 막아보고자 개혁을 시도하였다. 그러나 개혁을 주창하였던 이들은 특권을 지키려는 귀족들의 반발에 부딪혔다. 개혁은 실패로 끝났고, 이를 주장한 이들은 중앙 정계를 떠났다.

다른 한편 "누구나 부처가 될 수 있다"라며 귀족들의 특권, 심지어 왕실의 존엄성조차 흠집 내는 새로운 불교 사상이 보급되었다. "신라의 운이 다했으니 새로운 곳에서 새로운 국가가 일어날 것"이라는 예언도 유행하였다. 신라를 대신할 새로운 세계가 열리고 있었다.

최치원(857~?)
신라의 귀족 출신으로 당에 유학하여 과거에 합격한 뒤 여러 해 동안 당에서 관리 생활을 하였다. 신라로 돌아와 정치 개혁에 나섰으나 특권을 지키려는 귀족들의 저항에 부딪혀 관직에서 물러났다. 문학적 자질이 뛰어나 아름다운 글을 여러 편 남겼다.

호족의 성
신라 말에 등장한 호족 세력은 독자적으로 농민을 지배하면서 자기 영역을 지키고자 성을 쌓고 상당수 병력을 보유하였다. 넓은 장원과 많은 사병을 거느린 귀족들도 적지 않았다. 그러나 이들이 연합해서 특정 세력을 후원하거나 통일 왕국의 일원으로 참여하였다는 점에서, 지방 세력의 대두가 봉건제의 확립으로 이어졌던 유럽이나 일본과는 뚜렷이 구별된다. 그 이유는 지역 내 문화적 차이가 그리 크지 않았고, 오랜 세월 동안 중앙집권화가 꾸준히 진척되었기 때문이다. 사진은 견훤이 쌓았다고 전해지는 경상북도 상주시에 있는 견훤산성이다.

역사 속으로 사라진 발해

926년에 몽골 고원에서 유목 생활을 하던 거란족의 공격으로 북방의 대제국 발해가 무너졌다. 925년 12월에 시작된 전투는 이듬해 1월에 끝났다. 한 달여를 채 끌지 않은 전투 끝에 230여 년 역사를 가진 발해가 스러진 것이다. "우리 선조들은 싸우지도 않고 이겼다"는 거란 역사가들의 기록이 딱 맞는 셈이다.

발해가 그토록 맥없이 스러진 이유는 알 길이 없다. 그때 일을 적은 기록이 거의 없기 때문이다. 심지어 화산 폭발로 붕괴되었다는 설도 있다. 그러나 "발해 사람들의 분열을 틈타 출격하였기에……"라는 거란족의 또 다른 기록이 눈길을 끈다. 상경성의 크고 화려함과 대조되는 발해의 촌락 생활도 연상된다. 지배층과 피지배층의 차이, 중앙과 지방의 차이로 인한 갈등이 심화되었을 때 신흥 강국을 만난 것은 아니었을까?

발해가 스러진 뒤 많은 발해인이 남쪽으로 내려왔고, 이들을 통해 발해의 역사는 한국사로 이어졌다. 그러나 다른 곳으로 강제 이주되었던 많은 사람과 옛 발해 땅에 남기를 선택한 더 많은 사람은 남쪽의 역사와 거리를 두게 되었다.

대조영

발해가 망한 후 발해의 옛 중심지는 폐허로 변하였다. 발해인이 쓴 역사도 전해지지 못하였다. 그러나 오늘날 대다수 한국인들은 발해가 고구려를 계승하였고, 주민 상당수가 고려로 합류하였다는 점에서, 발해사를 한국 역사의 일부로 받아들인다. 사진은 2006~2007년 인기리에 방영된 드라마 〈대조영〉 포스터다.

상경성터

상경성(오늘날 중국 헤이룽장성 닝안시)은 발해의 마지막 수도였는데, 이곳에서 7개의 궁전과 여러 절터가 발견되었다. 발해는 스러지고 없지만 궁궐터에 남은 건물의 주춧돌로 미루어 이곳에 웅장한 규모의 궁전이 있었음을 상상할 수 있다.

기와집 모양의 뼈 그릇
중국에서는 찰흙을 구워서 만든 기와로 지붕을
얹었다. 기원전 15세기 무렵 처음 등장한 기와집은
기원 전후로 크게 발달하였다. 한국에서는 기원을
전후하여 기와집이 등장하였다.
사진은 경주 북군동에서 출토된 신라시대의 유물로,
죽은 사람을 화장한 뒤 뼈를 담았던 그릇이다.

기와집과 초가집,
그리고 온돌과 마루

8세기 금성(경주)은 바둑판 모양으로 질서 정연하게 구획된 도시였다. 금성에는 황금으로 치장하였다
는 화려한 저택(금입택)이 즐비하였으며, "절들이 별처럼 흩어져 있고, 탑들은 기러기가 줄지어 나는
듯"하였다(《삼국사기》). 이 모든 건축물들은 지붕을 기와로 얹었다는 기록도 전해진다.

금성에 부호들만 살지 않았다면 모든 집이 기와집이 아니었을지도 모른다. 신분이 낮은 사람들은
기와를 구하기가 쉽지 않았기에 해마다 추수를 마치면 볏짚을 엮어 지붕을 얹었다. 이 같은 초가집은
1960년대까지 한국 농촌에서 흔히 볼 수 있었다.

기와집이든 초가집이든 한국의 전통 가옥은 대부분 온돌과 마루를 갖추었다. 온돌은 난방 시설로,
20세기 초 한국을 방문한 어느 외국인은 "한국인들은 밤마다 펄펄 끓는 바닥 위에서 빵처럼 구워지는 게
습관이 되어 있다"며 신기하게 여겼다. 한국인들은 아궁이를 통해 데워진 온돌에서 발산되는 열기로 추
운 겨울을 보냈다. 마루는 방들을 연결해주는 통로 구실을 할 뿐만 아니라 방과 방 사이에 마루를 놓음
으로써 바람이 잘 통해 더위를 이기는 데 그만이었다.

온돌은 추운 북부 지방에서, 마루는 따뜻한 남부 지방에서 주로 발견되었다. 삼국이 하나로 통합되고,
사람과 문물의 교류가 활발해지면서부터 남쪽에서 유래한 마루와 북쪽에서 유래한 온돌이 점차 한국
가옥의 공통 요소로 자리잡게 되었다.

❶❷ 기와집과 초가집 한국의 전통 가옥은 대부분 기와집이거나 초가집이다. 일부 부유층만 기와집에서 살았을 뿐 대다수 한국인의 조상들은 초가집에서 생활하였다. **❸ 기와** 삼국시대부터는 기와집을 흔히 볼 수 있었다. 기와는 대부분 찰흙을 구워 만들었는데, 둥근 모양의 수키와와 평평한 암키와를 순서대로 배열하여 지붕을 얹었다. 지붕이 끝나는 곳의 마지막 기와를 막새라고 하며, 수키와 끝을 수막새, 암키와 끝을 암막새라고 한다.
❹ 온돌과 마루 한국은 대륙성 기후로 겨울에는 춥고 여름에는 덥다. 온돌과 마루는 추위와 더위를 나는 데 매우 유용하다. 한옥 대부분은 온돌과 마루를 갖추고 있다.

한국의 전통 부엌

부뚜막 모형
부뚜막에는 무쇠로 만든 솥을 걸어 음식을 만들거나 물을 데우는 데 사용하였다. 사진은 고구려 때 부뚜막 모형으로, 부뚜막과 온돌, 굴뚝의 구조를 잘 보여준다. 평안북도 운산에서 발굴. 길이 66.7cm.

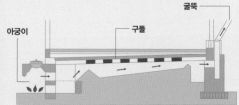

온돌의 구조
온돌은 아궁이에서 불을 때면 그 열이 방바닥 밑에 깔린 돌(구들장)을 덥히고, 돌이 방출한 열이 방 전체를 덥히는 난방법이다. 아궁이에서 발생한 열과 연기는 여러 통로를 거치며 구들장을 데운 다음 굴뚝으로 빠져나간다.

900 ~ 1135

918
개성 부근의 지방 세력이었던 왕건이 고구려 계승을 내세우며 고려왕조를
열었다.

936
고려는 신라와 후백제를 통합하여 분열 시대를 끝냈다. 그리고 옛 발해 주민의
상당수를 받아들였으며, 북방으로 영토를 넓혔다.

958
중국의 관리 선발 제도인 과거제도를 도입하여 능력이 존중받는 시대가
시작되고 있음을 보여주었다.

962
오토 1세, 신성 로마 황제 대관

992
국립대학이라 할 수 있는 국자감을 설치하여 유교 경전과 문학은 물론,
여러 종류의 기술학과 외국어를 가르쳤다.

993
고려가 거란과 전쟁을 벌였다. 거란은 이 해를 시작으로 모두 세 차례 고려를
침략하였으나, 고려는 잘 막아냈다.

1037
셀주크튀르크 건국

1086
불교 경전과 연구서 등을 수집하여 체계적으로 분류한 뒤
목판으로 인쇄하였다(초조대장경).

1127
금의 중국 북부 차지, 북송 멸망

IV 통일국가 고려의 등장

고려의 건국과 후삼국 통일은 새로운 정치 세력이 등장하여 새로운 국가 체제를 만들어가는 과정이자 한층 더 개방적인 사회로 발전하는 과정이었다. 시험을 통해 관리를 선발하는 과거제도가 도입되고, 교육제도가 한층 조직화되었다. 고려는 중국에서 한족과 북방 민족이 대립하는 상황을 주시하면서 균형 잡힌 외교 활동을 벌였으며, 활발한 교류를 통해 신문물의 수용과 경제 교류에 힘썼다. 적지 않은 아라비아인들이 고려를 찾았는데, 이들을 통해 'Corea'라는 이름이 더 넓은 세계에 알려졌다.

개성의 고려 성균관 개성에 있는 성균관 건물로, 이곳에서 뛰어난 유학자와 개혁적인 신진 관리가 배출되었다. 17세기 때 고쳐 지은 이 건물은 현재 고려박물관으로 사용되고 있다.

벽란나루와
고려의 황도 개경

고려시대의 노래를 소개하는 책에는 이런 이야기가 전한다. 예성 강 포구를 자주 찾았던 중국 송나라 상인이 있었다. 어느 날 그곳 에서 아름다운 고려 여인을 만났다. 이 여인을 뒤로 한 채 차마 떠 날 수 없었던 상인은 여인의 남편을 찾아가 내기바둑을 청하였다. 상인은 많은 재물과 여인을 걸었던 바둑내기에서 이겼다. 결국 그 남편은 자신의 부인을 외국 배에 실어 보내며 구슬피 노래를 불렀 다고 한다.

고려의 중심지 개경은 '황제가 사는 도시, 황도'로 불렸으며, 황도 에 걸맞게 도시 구획이 잘 되어 있었다. 개경은 인구 50만이 넘는 대 도시로 많은 귀족이 모여 살았던 탓에 최고의 상권이 형성되었다.

또한 개경의 길목에 위치한 벽란나루는 최고의 국제무역항으로 자 리잡았다. 수많은 고려인이 이곳에서 배를 이용해 외국으로 갔으며, 외 국 상인들이 이곳을 거쳐 고려를 찾았다. 벽란나루에서 개경에 이르는 길 목마다 상가들이 즐비하였고 아예 이곳에 머물러 사는 외국인도 많았다.

요

고려의 주요 생산품
왼쪽부터 국화 무늬 나전칠기, 당초 무늬 3단합, 새 무늬 병, 청자 칠보 무늬 투각 향로이다.

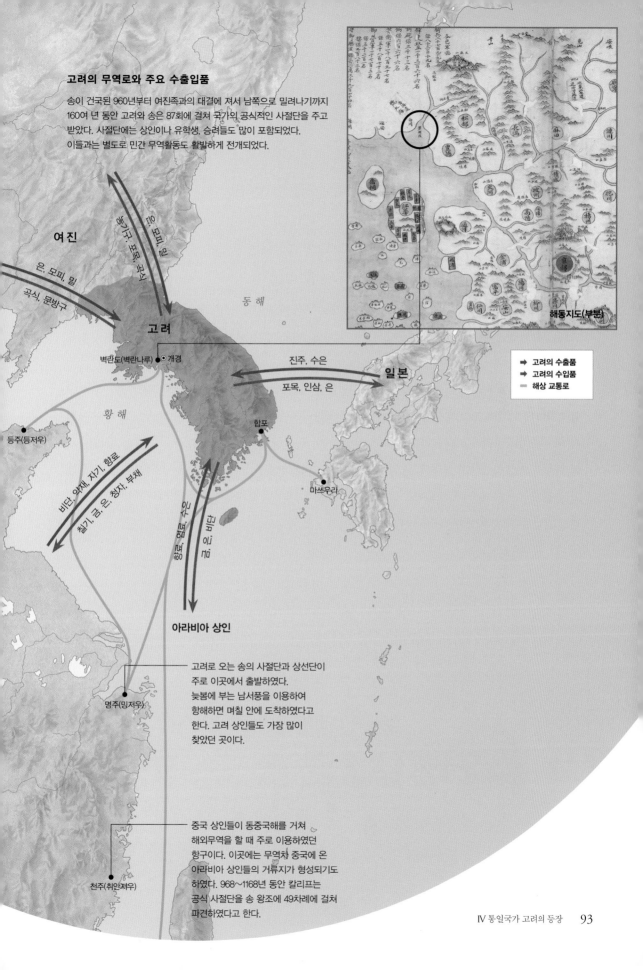

고려의 무역로와 주요 수출입품

송이 건국된 960년부터 여진족과의 대결에 져서 남쪽으로 밀려나기까지
160여 년 동안 고려와 송은 87회에 걸쳐 국가의 공식적인 사절단을 주고
받았다. 사절단에는 상인이나 유학생, 승려들도 많이 포함되었다.
이들과는 별도로 민간 무역활동도 활발하게 전개되었다.

해동지도(부분)

여진

은, 모피, 밀

곡식, 문방구

여기구, 보물, 곡식

말, 모피, 밀

동 해

고 려

벽란도(벽란나루)   ◎ 개경

진주, 수은

포목, 인삼, 은

일 본

황 해

등주(등저우)

비단, 약재, 자기, 향료

칠기, 금, 은, 청자, 부채

유황, 향료

수은, 진주, 밀

함포

마쓰우라

아라비아 상인

고려로 오는 송의 사절단과 상선단이
주로 이곳에서 출발하였다.
늦봄에 부는 남서풍을 이용하여
항해하면 며칠 안에 도착하였다고
한다. 고려 상인들도 가장 많이
찾았던 곳이다.

명주(밍저우)

중국 상인들이 동중국해를 거쳐
해외무역을 할 때 주로 이용하였던
항구이다. 이곳에는 무역차 중국에 온
아라비아 상인들의 거류지가 형성되기도
하였다. 968~1168년 동안 칼리프는
공식 사절단을 송 왕조에 49차례에 걸쳐
파견하였다고 한다.

천주(취안저우)

➡ 고려의 수출품
➡ 고려의 수입품
━ 해상 교통로

1

고려, 후삼국을 통일하다

후삼국시대의 개막

신라는 호족이 독자적인 세력을 형성하면서 아래로부터 해체되었다. 차츰 몇몇 강력한 세력을 중심으로 통합되었는데, 이들을 통합하여 새로운 국가를 세우는 데 성공한 이가 견훤(867~935)과 궁예(?~918)였다.

견훤과 궁예는 각기 신라가 옛 백제·고구려인들을 차별하는 데다 중앙 귀족들이 지방 주민들을 수탈하였다며 백제와 고구려 부활을 외쳤다. 그래서 나라 이름을 후백제, 후고구려라 칭하고 지역 차별의 폐지에 앞장서겠다고 다짐하였다. 특히 궁예는 미륵 부처로 자처하며 고통받는 민중을 향하여 지상 천국을 건설하겠다고 설파해 큰 인기를 끌었다. 훗날 궁예를 몰아내고 고려 왕조(918~1392)를 세운 왕건도 고구려 계승과 조세제도 개선을 약속하였다. 이처럼 삼국을 통일한 신라의 주민 통합이 실패로 끝난 결과가 후삼국시대로 나타난 것이다.

왕건릉
고려를 세운 왕건(877~943)은 송악(오늘날 개성)의 호족으로, 궁예와
더불어 후고구려의 기틀을 닦았다. 사진은 현재 개성에 남아 있는
왕건의 무덤으로 잘 보존된 몇 안 되는 고려시대 왕릉이다.

다시 통일의 길에 나선 견훤과 왕건

신라는 국가를 유지하는 것조차 힘겨웠다. 견훤이 이끄는 후백제와 왕건이 이끄는 고려는 갈수록 세력을 확장하였으며, 양국의 군사 충돌도 자주 일어났다.

치열하게 대립하던 견훤과 왕건은 옛 백제나 고구려의 왕들과 달리 통일에 대한 의지가 강하였다. 견훤은 대동강까지 진격하여 옛 고구려 땅을 되찾겠다고 수시로 이야기하였고, 왕건도 신라의 삼국 통일처럼 자신이 후삼국을 통일하겠다고 여러 차례 다짐하였다.

이것은 옛 전성기의 백제나 고구려, 신라가 적극적으로 상대국을 통일 대상으로 여기지 않았던 사실과 뚜렷이 대비되었다. 신라가 삼국을 통일한 지 200여 년이 지나면서 옛 삼국의 주민은 하나여야 한다는 생각이 은연중에 성장하였기 때문이다.

고려는 북방의 발해도 통일 대상으로 여겼다. 발해를 경쟁 상대로 파악하였던 신라 왕실과 달리, 고려는 발해를 고구려 계승 국가로 보고 친척의 나라로 받아들였다. 발해가 무너진 뒤 고려는 발해 유민들을 수용하였던 데 반해, 발해를 멸망시킨 거란에게는 적대적으로 대하면서 옛 고구려 땅을 되찾고자 하였다.

통일을 완수한 고려

통일을 지향하며 전개된 후백제와 고려의 대결은 흐지부지 끝났다. 후백제의 왕 견훤이 자기 아들에게 밀려난 것이 발단이 되었다. 견훤은 고려에 도움을 요청하였고, 견훤을 앞세운 고려군이 진격하자 후백제는 스스로 무너졌다.

고려의 승리는 오랫동안 준비된 것이자 예견된 것이었다. 후백제의 견훤과 후고구려를 세웠다가 밀려난 궁예는 강력한 군주권을 강조하였다. 그러나 왕건은 자신을 낮추고, 호족들을 후하게 대접하여 자기편으로 끌어들이기 위해 노력하였다. 호족들에게 출신 지역의 특권을 인정해주면서 중앙 관직을 나누어주어 마찰이 일어나지 않도록

고려 금동대탑
구리로 만들어 금물을 씌운 금동탑으로, 원래 7층으로 추정되는데 현재 남아 있는 5층만으로도 155cm 높이에 이르러 금동탑 가운데 큰 규모를 자랑한다. 고려가 후삼국을 통일한 기념으로 창건한 개태사에 있던 탑으로 알려져 있다.

하는 한편, 힘 있는 호족과 혼인 관계를 맺거나 자신과 같은 왕씨 성을 내려 친척으로 삼았다.

왕건 자신이 중앙의 차별에 반대한 호족이었다는 점도 한몫하였다. 호족들은 중앙의 소수 귀족들만이 특권을 누리는 사회가 아닌 개방적인 사회를 요구하였고, 자신들의 뜻을 실현해줄 지도자로 호족의 처지를 잘 아는 왕건을 선택하였던 것이다.

왕건이 실시한 정책들, 즉 부당하게 노비가 된 사람을 조사하여 원래 신분을 회복시켜주고, 조세를 수확의 1/10로 제한하여 불법적인 수탈을 막아내는 조치는 농민들의 지지를 받았다.

935년, 고려는 천년 왕국 신라로부터 항복을 받았다. 그리고 이듬해 후백제를 공격하여 통일 전쟁을 끝냄으로써 후삼국을 통일하였다.

후삼국 통일은 고려 왕조의 영토 확장 그 이상을 뜻하였다. 부당한 수탈에 저항한 농민들과 차별에 반대하여 일어난 호족들이 평화와 안정, 개방적인 사회를 바라는 염원을 바탕으로 이루어낸 새로운 사회 통합 과정이었던 것이다.

차별적 질서와 부당한 수탈이 완전히 없어지지 않았으나, 신라가 호족들에 의해 분할되었다가 고려로 재통합되는 과정은 이전보다 훨씬 개방적인 새 사회의 탄생 과정이었다.

금산사 미륵전(김제 소재)
후삼국의 성립에서 고려의 통일로 이어지는 과정은 중앙 권력의 잘못된 통치에 대한 민중의 반발에서 출발하였다. 당시 신라에는 "미륵 부처가 현세에 내려와 새로운 세상을 만들 것"이라는 미륵 신앙이 널리 퍼졌다. 사진은 미륵 신앙의 중심지 중 하나였던 금산사 미륵전이다. 후백제의 수도였던 완산에서 멀지 않은 이곳은 견훤이 권력 투쟁에서 밀려나 갇혀 있다가 고려로 탈출을 시도한 곳이기도 하다.

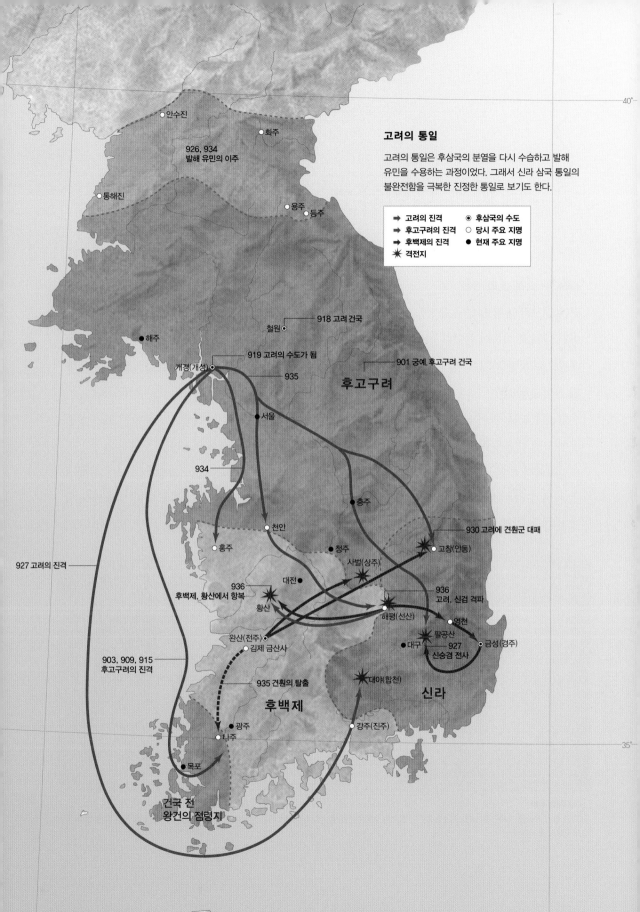

고려의 통일

안수진

화주

926, 934
발해 유민의 이주

통해진

용주 등주

고려의 통일

고려의 통일은 후삼국의 분열을 다시 수습하고 발해
유민을 수용하는 과정이었다. 그래서 신라 삼국 통일의
불완전함을 극복한 진정한 통일로 보기도 한다.

➡ 고려의 진격   ◉ 후삼국의 수도
➡ 후고구려의 진격   ○ 당시 주요 지명
➡ 후백제의 진격   ● 현재 주요 지명
✴ 격전지

해주

철원 ── 918 고려 건국

개경(개성)

── 919 고려의 수도가 됨

── 935

── 901 궁예, 후고구려 건국

후고구려

서울

934

충주

── 930 고려에 견훤군 대패

천안

홍주   청주

사벌(상주)   고창(안동)

927 고려의 진격

대전●

936   936
후백제, 황산에서 항복   고려, 신검 격파

황산   해평(선산)   영천

완산(전주)   팔공산   금성(경주)

김제 금산사   ● 대구   927
신숭겸 전사

903, 909, 915
후고구려의 진격

935 견훤의 탈출   대야(합천)

광주   **신라**

후백제

강주(진주)

목포

**건국 전
왕건의 점령지**

탐라

125°   130°

2

과거제도를 도입하고 관료제를 발전시키다

신라 말 고려 초의 '3최'

신라 말 '3최'라 불릴 만큼 유명한 인물들이 있었다. 최치원, 최승우, 최언위가 그들로, 모두 당대의 뛰어난 학자로 이름이 높았다. 이 세 사람은 중국에 유학하여 빼어난 글솜씨를 자랑하였고, 외국인을 대상으로 치른 과거에 합격하여 당에서 관리 생활을 하였다. 그래서 그들의 귀국 소식은 많은 사람의 관심을 끌었다.

그러나 그들 중 어느 누구도 그리던 고국에서 성공하지 못하였다. 신라에서는 진골이란 최고 신분만이 고급 관직을 독점할 수 있었기에, 그들의 역할은 처음부터 제한되어 있었다.

신라에서 개혁 정치를 시도하였던 최치원은 관직을 버리고 세상을 등졌고, 최승우는 아예 후백제로 들어가 신라와 대결하는 편에 섰다. 낮은 관직에 머물렀던 최언위는 신라가 무너진 뒤에야 자신의 뜻을 펼 수 있었다.

고려시대 홍패
과거 합격 사실을 기록한 증서다. 붉은색 종이에 합격자 이름과 등급을 적었다. 고려 때는 홍패를 합격자의 집으로 직접 보내 가문의 영예를 과시하도록 하였다.

최언위는 훗날 고려가 새로운 국가 체제를 마련하는 데 적지 않게 기여하였다. 새 왕조 고려에는 최언위처럼 엄격한 신분 제한으로 자기 역량을 충분히 발휘하지 못하였던 옛 신라 출신의 관료 지식인이 많았다.

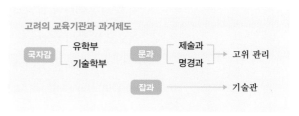

고려의 교육기관과 과거제도

국자감과 과거제도
국자감은 유교 경전, 역사, 문학을 가르치는 유학부와 법률, 수학, 의학, 외국어 등을 가르치는 기술학부로 이루어졌다. 관리 선발 시험 역시 이원화되어 고위 관리가 되려는 이는 문과에, 기술관이 되려는 이는 잡과에 응시하였다. 문과는 한문 구사 능력, 유교 경전에 대한 이해 정도를 시험하였다.

새로운 관리 임용 제도의 도입

신라가 후삼국으로 분열되고 고려에 의해 다시 통일되는 과정은 새로운 정치 세력이 등장하여 새로운 국가 체제를 만들어내는 과정이었다.

이제 국가는 왕이나 몇몇 중앙 귀족들만의 것이 될 수 없었다. 지방을 실질적으로 장악하고 통일 전쟁에서 크고 작은 공을 세운 많은 호족들이 정치에 참가하였다. 그들 가운데 상당수는 공신으로, 어떤 이들은 호족이라는 이유만으로 중앙의 관직을 받았다. 그리고 자신의 출신 지역에서 폭넓은 자치권을 누렸다.

그러나 10세기 말 과거제도라는 새로운 관리 임용 제도가 도입되면서 분위기가 바뀌었다. 시험을 통해 능력이 입증된 사람에게 관직 진출의 기

아집도 대련(부분)
고려는 문인 관료가 중심이 된 사회였고, 이들을 통해 유교 윤리와 중국 문화가 점차 확산되었다. 그림은 문인 관료들이 정원에 모여서 글을 짓고 그림을 감상하는 모습을 그린 14세기 작품이다. 크기 139.0 x 78.0cm.

회를 제공하였던 과거제도는 지위의 세습이 당연시되던 사회 풍토를 극적으로 바꾸어놓았다.

신분제 사회인 고려에서 누구나 과거시험을 치를 수는 없었지만 과거제가 자리잡으면서 능력을 중시하는 흐름이 뚜렷해졌다. 고려의 귀족은 누구라도 관직을 유지해야만 특권층이 될 수 있고, 과거가 가장 중요한 관리 채용 방식이었다는 점에서 볼 때, 고려는 이전과는 분명히 다른 사회였다.

천 년 통치의 기틀 마련

소수 왕족이 권력을 독점하였던 옛 신라의 통치 조직은 완전히 새롭게 바뀌었다. 체제 개편의 선두에 선 이들은 중국에 유학한 경험이 있거나, 국내에서 체계적으로 공부한 사람들이었다. 중국 역사에 대한 이해와 정치 운영의 논리를 제공한 유교 정치 이념에 대한 이해를 기반으로 새 왕조는 이후 천년을 이어갈 새로운 제도의 틀을 마련하였다.

10세기 말부터 수십 년에 걸쳐 마련된 새 제도에는 정책을 심의하고 결정하는 부서, 결정된 정책을 집행하는 여러 전문 부서와 특별 관청, 이를

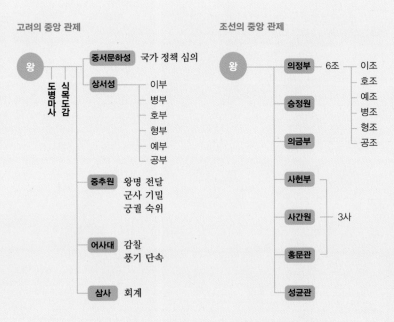

고려의 통치제도
고려의 중앙 정치 기구는 당의 3성 6부제에서 많은 영향을 받았다. 고급 관리들이 합의하여 의사를 결정하고, 이를 6개 분야로 나누어 집행하는 제도는 고려와 그 뒤를 이은 조선왕조에서도 유지되었다. 행정을 6개 부서로 나누어 분담하는 제도의 기원은 《주례(周禮)》라는 유교 경전에서 찾을 수 있다.

고려의 중앙 관제

- 왕
  - 도병마사
  - 식목도감
  - 중서문하성 — 국가 정책 심의
  - 상서성
    - 이부
    - 병부
    - 호부
    - 형부
    - 예부
    - 공부
  - 중추원 — 왕명 전달 / 군사 기밀 / 궁궐 숙위
  - 어사대 — 감찰 / 풍기 단속
  - 삼사 — 회계

조선의 중앙 관제

- 왕
  - 의정부 — 6조
    - 이조
    - 호조
    - 예조
    - 병조
    - 형조
    - 공조
  - 승정원
  - 의금부
  - 사헌부 ┐
  - 사간원 ├ 3사
  - 홍문관 ┘
  - 성균관

운영하는 관리의 잘잘못과 집행 결과를 감시하는 기구 등이 포함되었다. 하늘의 뜻을 대행하는 자로서 왕권의 신성함을 인정하는 한편, 왕의 도덕성과 왕을 올바르게 인도해야 할 관리들의 권능도 강조되었다.

중국식 정치제도와 중국의 법률 체계가 널리 도입되면서 유교 이념에 걸맞게 사회 풍속을 개조하자는 주장이 등장하였다. 그러나 고유문화를 강조하면서 전통을 창조적으로 계승하자는 목소리도 높았다. 가장 인기 있던 불교는 왕실의 적극적인 후원을 받았고 승려가 왕의 고문으로 정치에 참여하기도 하였다. 관리들 중에는 도가 사상에 심취한 이들도 있었으며, 토속신앙이나 자연현상이 인간의 길흉화복과 관계가 깊다는 풍수지리설, 무격신앙 등도 생활에 크고 작은 영향을 미쳤다. 중국화를 둘러싼 논의가 활발한 가운데 고려 사회는 다양한 문화와 종교 전통이 공존하였다.

의천(1055~1101)
문종 임금의 넷째 아들로 11세에 스님이 되었다. 불교 경전의 수집과 연구에 많은 공을 세웠으며, 해동 천태종을 창시하여 불교계 통합에 앞장섰다.

개성 영통사
고려시대 절은 왕과 귀족들이 소원을 비는 장소였다. 귀족들은 곳곳에 자기 집안의 절을 짓곤 하였는데, 개경 주위에는 300여 개의 절이 있었다고 한다. 영통사는 현종 때(1027) 창건되었으며, 대각국사 의천이 이곳에서 해동 천태종을 열었다. 화재로 소실되었다가 2005년에 지금의 모습으로 복원되었다.

청자,
그리고 도자기 엑스포

구름 위를 나는 학 무늬 상감청자 병
12세기, 높이 42.1cm.

비 갠 뒤의 하늘, 그 미묘한 아름다움으로 비유되는 고려청자의 그윽한 빛깔은 한국인의 큰 자랑거리다. 도자기는 중국 한나라 때 처음 만들기 시작하여 동아시아와 세계 곳곳에서 널리 유행하였다. 도자기를 뜻하는 영어 'china'에서 알 수 있듯이 맨 처음 청자를 만든 곳도 중국이다.

한국인이 처음 청자를 만든 것은 9~10세기로, 신라시대에서 고려시대로 넘어갈 무렵이다. 11~12세기에 고려의 도공들은 우아한 선과 독특한 문양, 비색이라 불리는 아름다운 빛깔로 청자의 새로운 장을 열었다.

12~13세기에는 상감청자라 불리는 고려인들만의 독특한 자기 문화가 발

도자기 엑스포
세계적 도자 문화를 이룩하였던 한국에서는 해마다 여러
나라의 도자기들을 접할 수 있는 도자기 엑스포가 열린다.

참외 모양 청자 병
12세기, 높이 22.7cm.

모란넝쿨 무늬 분청사기 항아리
15세기, 높이 45.0cm.

백자 병
15~16세기, 높이 36.2cm.

전하였다. 상감은 초벌구이한 자기의 표면에 무늬를 새겨서 그 속에 다른 흙을 넣은 뒤 다시 굽는 방식이다. 그 무늬로는 수많은 학이 비상하는 푸른 하늘과 흰 구름 등 다양하다.

고려 왕조와 함께 청자의 시대도 막을 내렸다. 하지만 도자기 기술은 끊기지 않고 이어져 분청사기, 백자, 청화백자 등을 빚어냈다.

17세기 한·중·일 도자 문화 비교

한국은 9~17세기 동안 중국과 함께 도자기 문화를 이끌었다. 16세기 말 일본의 조선 침략으로 많은 조선의 도공들이 일본에 끌려간 이후, 일본에서도 도자기 생산이 활발하였다.
18세기 이후 일본은 중국을 제치고 화려한 채색 도자기를 앞세워 유럽 수출을 주도하였다.

구름과 용 무늬 청화백자 항아리
한국, 17세기, 높이 36cm.

석류 무늬 접시
일본, 17세기, 입지름 30cm.

화초·풀과 벌레·꽃과 새 무늬 병
중국, 16~17세기, 높이 55.3cm.

3

격동하는 동북아시아, 실리 외교를 펼치다

중앙집권 정책의 강화

고려가 후삼국을 다시 통일할 무렵, 고려 국경 밖은 격동의 소용돌이 속에 있었다. 강력한 권위를 누렸던 당 제국(618~907)이 붕괴된 뒤, 초원 지대의 유목 민족들이 저마다 독립국가를 이룩하고 남방의 농경 지역으로 진출하기 시작한 것이다.

그중에서도 몽골 고원 동쪽의 거란족과 비단길의 길목에 자리잡고 있던 탕구트족이 대표적이었다. 특히 발해를 무너뜨려 동방으로 진출한 거란족은 송과 전쟁을 벌이고 고려를 침략하려 들었다. 거란의 발해 병합, 거란과 송의 전쟁 등은 고려에 심각한 위기감을 안겨주었다. 건국 초기 고려의 군사 체제는 이 같은 상황을 반영하였고, 국가 체제의 정비도 이와 무관하지 않았다. 오늘날 북한 수도인 평양이 국방 도시로 재건되었으며, 북쪽 변경에 여러 군사시설이 세워졌다. 국왕의 지휘하에 강력한 군대가 육성되었으며, 호족들의 자치를 부정하지 않는 범위 안에서 중앙집권 정책이 강력하게 추진되었다.

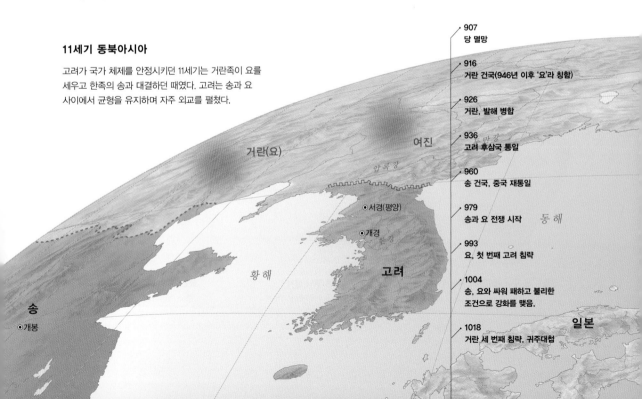

11세기 동북아시아

고려가 국가 체제를 안정시키던 11세기는 거란족이 요를 세우고 한족의 송과 대결하던 때였다. 고려는 송과 요 사이에서 균형을 유지하며 자주 외교를 펼쳤다.

907
당 멸망

916
거란 건국(946년 이후 '요'라 칭함)

926
거란, 발해 병합

936
고려 후삼국 통일

960
송 건국, 중국 재통일

979
송과 요 전쟁 시작

993
요, 첫 번째 고려 침략

1004
송, 요와 싸워 패하고 불리한
조건으로 강화를 맺음.

1018
거란 세 번째 침략, 귀주대첩

거란(요)

여진

서경(평양)

개경

황해

고려

동 해

일본

송
개봉

거란과 치른 30년 전쟁

993년, 거란(요)은 대군을 이끌고 고려를 침략하였다. 고려가 송과 연합하여 자신들을 공격해올까 두려워 선제공격을 감행한 것이다.

고려는 군대를 앞세워 침략군을 막는 한편, 외교 담판을 통해 전쟁을 끝내고자 하였다. 요는 고려가 되찾은 옛 고구려 땅을 돌려줄 것을 요구하였다. 그러나 담판에 나선 고려의 서희는 '고려는 고구려 계승국이므로 옛 고구려 땅에서 일어난 요의 영역의 상당 부분이 오히려 고려의 영토'라고 주장하였다.

협상은 어렵지 않게 끝났다. 고려는 요에 적대 행위를 하지 않겠다고 약속하였고, 요는 고려가 북방으로 영토를 넓혀 요와 국교를 수립하는 데 동의하였기 때문이다. 고려는 요의 침략이라는 위기 상황에서 오히려 영토 확장을 이끌어낸 협상을 벌였던 것이다.

1차전 이후 고려와 요는 서로 적대하지 않았다. 그러나 고려는 요와 대결하던 송과 정치·경제적 교류를 계속하였다. 송 역시 고려와 교류하면서 군사 지원을 받으려 하였기에 양국의 교류는 계속되었다.

고려와 송의 교류를 탐탁지 않게 여기던 요는 1010년에 40만 대군을 이끌고 고려를 또다시 침략하였다. 1018년에는 10만 대군을 앞세워 세 번째 침략하였다. 고려는 요와 친교를 두터이 하겠다고 약속하면서도 군사적 압력에 대해서는 단호히 맞섰다. 특히 요의 세 번째 침략 때는 준비된 고려 군사들이 침략자를 거의 전멸시키며 대승을 거두었다.

황제 국가 고려

11세기를 거란족과 싸우며 보낸 고려는 12세기를 여진족과 대결하면서 맞았다. 이 무렵 중국의 동북방을 통일한 여진족은 농경 민족을 향해 세력 팽창을 꾀하였고, 고려와 송이 이에 맞서는 형국이었다.

여진족이 세운 금도 송과 대결하기에 앞서 고려를 제압하려

용이 조각된 청동 범종
12~13세기에 만들어진 고려시대 종으로, 종을 매다는 부분에 왕을 상징하는 용이 정교하게 조각되어 있다. 높이 40cm, 입지름 26.4cm이다.

들었다. 고려는 금을 적대하지 않겠다고 약속하였지만, 송과 관계를 끊으라는 요구는 거절하였다. 송은 고려와 군사동맹을 원하였고, 고려는 송과 문화·경제 교류에 적극 나섰다. 물론 고려와 금의 교류도 이어졌다.

삼각 균형이 이루어졌던 13세기까지 고려인들은 양자 사이에서 자주적이고 실리적인 외교를 펼쳤다. 고려인들은 스스로 중국과 독자적인 문명 세계임을 자부하였다. 그래서 중국 여러 왕조처럼 자신들의 왕을 황제, 그 아들들을 왕이라 칭하였다. 또 황제가 사는 도시를 황도라 불렀으며, 중국 황제가 사용하는 용어와 관례를 그대로 적용하였다.

세계에 알려진 Corea

국제 관계가 안정되면서 고려와 송, 요 사이의 경제·문화 교류가 활발하게 이루어졌다. 고려의 수도인 개경에는 요와 송에서 온 사절단의 발길이 이어졌고, 고려에서 보낸 사절단이 두 나라를 수시로 방문하였다. 고려는 특히 송과 활발하게 교류하였는데, 수많은 상인과 유학생, 승려 들이 송으로 건너갔다. 동남아시아와 아라비아 상인들도 개경을 드나들었다.

고려는 송에 주로 금, 은, 인삼, 칠기 등을 수출하였고, 송으로부터 비

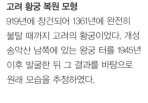

고려 황궁 복원 모형
919년에 창건되어 1361년에 완전히 불탈 때까지 고려의 황궁이었다. 개성 송악산 남쪽에 있는 왕궁 터를 1945년 이후 발굴한 뒤 그 결과를 바탕으로 원래 모습을 추정하였다.

단과 서적, 약재를 사들였다. 아라비아 상인들을 통해서는 수은, 향료 등을 사들였다.

외국 상인들 중에는 아예 개경에 상주하면서 상업 활동을 하는 이들도 있었다. 여러 나라 상인이 드나들던 벽란나루는 국제적 항구로 발전하였으며, 수도인 개경은 대도시로 성장하였다. 이 과정에서 고려라는 이름이 아시아의 여러 나라로 널리 알려졌으며, 서양인들에게 오늘날 한국이 Corea▪로 불리게 된 것도 이때 이후의 일이다.

▪ 한국의 외국어 표기에는 Corea, Korea 등이 있다. 14세기의 서아시아인들 책에 나오는 'Kao-li'에서 유래된 것으로 보이는데, 16세기 중엽 이후 출간된 유럽의 항해 지도와 여행기에는 'Core' 또는 'Corea'라는 명칭이 본격적으로 등장한다. Korea는 19세기 말 영어권에서 주로 사용되었다.

고려의 배

고려 때 조세의 해상 운송이 상시적으로 이루어졌으며, 국제 교역도 바닷길을 통해 이루어졌다. 기록에 따르면 10세기 무렵 이미 300톤 급의 배를 갖춘 함대가 만들어졌으며, 13세기 여·몽 연합군이 일본을 침략하였을 때 "배 위에서 말을 달릴 만한 큰" 선박 900척을 4개월 만에 만들었다고 한다. 함대에 처음으로 화포를 배치한 사람도 고려인이었다.

배의 모습이 새겨진 청동거울
거울 윗부분에 황비창천(밝게 빛나고 크게 열릴 하늘)이라는 글자와 함께 돛을 올린 배가 거친 파도를 헤치며 항해하는 모습이 새겨져 있다. 중국 송~금나라 때 이러한 거울이 많이 제작되었는데, 비슷한 시기에 고려에서도 많이 만들어진 것으로 보아 고려와 중국 사이에 해상 교류가 활발하였음을 짐작할 수 있다.

고려의 먹
고려의 종이와 먹은 송에서 매우 인기 있는 상품이었다.
사진은 청주의 명암동에서 발견된 먹으로, 단양의 질 좋은 먹이란 뜻의 '丹山烏玉(단산오옥)'이 쓰여 있다.

복원된 고려의 배

부처님 믿고 공자님 따르고

늦은 여름이 이미 지나고 가을도 거의 반이나 되었는데, 비가 오지 않아 걱정이다. 내가 백성을 잘못 이끌고 정치를 잘하지 못하였기 때문인가? 상 주고 벌주는 일이 적절치 못해서인가? 감옥을 열어 죄수들을 석방하고, 호화로운 정전(正殿)을 피하여 나랏일을 보고, 식사 때 반찬 가짓수를 줄이며 사원에 정성껏 기도하고 산천에 제사를 지냈으나, 아직 비가 내리지 않고 가뭄이 더욱 심해졌다. 내가 덕이 없어서 이런 가뭄을 만났으니 노인을 존경하는 행사를 거행하며 농사를 걱정하는 나의 마음을 표시하려고 한다. —《고려사》

개성 황궁 서쪽에 있던 고려 첨성대다. 높이
3m가량 되는 돌기둥 위에 약 3m²의 돌판이
있는데, 이 위에 돌난간이 있었던 것으로 추정된다.
하늘의 뜻을 읽고 민에게 알리는 일은 군주가
해야 할 중요한 일이었다.

이 이야기는 991년에 있었던 일을 기록한 것이다. 고려 때
는 자연재해가 닥치면 왕이 나서서 자신의 부덕함을 뉘우치
고 새 정치를 다짐하였다. 이 같은 모습은 대표적인 유교 경전
《서경(書經)》에서 유래한다.

옛 중국의 역사서이면서 유교 정치의 기본 원칙을 제시한 이
책은 "왕은 천명을 받은 존재로, 하늘과 민 사이에서 하늘의 도
를 실현하여 민을 행복하게 할 의무가 있다"며 만일 "이 의무를
저버리면 하늘이 여러 자연재앙을 통해 주의를 준다"고 밝혔다.
자연현상 하나하나에도 의미를 부여하며 왕 자신과 정치를 성
찰하려는 모습을 엿볼 수 있다.

《고려사》는 가뭄이 그치길 비는 행사가 다양하게 이루어졌다
고 전한다. 불교의 승려들은 사원에서 기도를 올리고, 도교의 수
도사들은 초제(재초)라는 종교 의례를 치르거나 이름난 산과 내
를 찾아 토속 신께 비를 기원하였다.

고려 때 "집 안에서는 부처님, 집 밖에서는 공자님"이란 말에
서 보여주듯이 국가 운영의 이론적 기초는 유교 정치 이념에 뿌
리를 두되, 불교를 배척하지 않았다. 나라를 제대로 다스리기 위
해서는 유교와 불교, 도교가 솥의 세 발과 같이 어느 한쪽에 치
우쳐서는 안 된다고 하였다. 이처럼 고려시대에는 유교 정치를
추구하면서도 다른 길을 배제하지 않는 개방적인 삶의 태도를
중시하였다.

미륵하생경변상도(부분, 위)
왕과 관리들이 미륵불을 향해 예배 드리는 모습이 보인다.
14세기. 크기 176.0×91.0cm.

공민왕릉 천장의 별자리 그림(아래)
고려 때는 하늘과 별자리에 제사 지내는 모습을 종종
볼 수 있었다. 이 같은 의례를 재초라 불렀는데,
북두칠성은 대표적인 신앙 대상이었다.

◀ 성황당
고려는 불교, 유교, 도교, 그리고 다양한 민간신앙이 공존한 다종교 사회였다. 마을이나
공동체마다 수호신이 있었고, 이를 숭배하는 성황 신앙이 있었다. 또한 무당의 신령스러운
힘에 기대거나 산, 강 등 자연을 믿음의 대상으로 삼기도 하였다. 사진은 수호신(성황신)을
모신 성황당이다.

1135 ~ 1380

1145
김부식 등이 《삼국사기》를 완성하였다. 현재 전하는 역사책 가운데 가장
오래되었으며 한국 고대사 연구에 귀중한 자료다.

1170
무신들이 봉기하여 문관을 제거하고 권력을 장악하였다. 이후 100여 년 동안
군인 독재가 이어졌다.

1206
칭기즈칸, 몽골 통일

1231
몽골이 고려를 침략하였다. 이로부터 40여 년 동안 고려는 여섯 차례에 걸친
몽골의 침략으로 수난을 겪었다.

1270
고려가 몽골과 강화를 맺음으로써 80여 년 동안 고려는 원의 간섭에 시달렸다.

1279
남송 멸망

1285
일연이 《삼국유사》를 편찬하였다. 이 책은 삼국의 종교와 문화를 두루
소개하였는데, 특히 고조선의 역사를 기록하였다.

1308
국립대학 이름을 성균관으로 바꾸고 유학 교육을 강화하였다. 이 무렵부터
성리학이 널리 소개되었다.

1337
백년전쟁 시작(~1453)

1351
공민왕이 즉위하였다. 공민왕은 원에 맞서 자주성을 되찾기 위한 운동을
성공적으로 수행하였다.

1377
현존하는 세계 최고의 금속 활자본인 《직지》가 인쇄되었다.

V 외세와 싸우며 형성된 새로운 역사 인식

13세기 초 고려는 세계를 무자비하게 휩쓸던 몽골의 침략을 받았다. 40년간의 항쟁과 80년간 몽골의 간섭으로 고려는 많은 어려움을 겪었다. 고구려를 계승하였다거나, 백제와 신라 출신임을 내세웠던 고려인들은 이제 모두의 공동 조상을 찾으려고 애썼다. 몽골 앞에서 그 차이는 너무 작았으며, 이를 뛰어넘어 단결하려는 의지가 높았기 때문이다. 고려인들은 최초의 국가 고조선을 새롭게 발견하였으며, 고려를 중국만큼이나 일찍부터 고유한 문화를 발전시킨 나라로 여겼다.

팔만대장경판을 보관하고 있는 경판고 몽골과 맞서 싸우던 어려운 시기, 많은 고려인은 부처의 힘으로 어려움을 극복하기 위해 불경을 적을 목판을 만들었다. 사진은 경상남도 합천 해인사에 있는 목판보관소(경판고)로, 800여 년 동안 목판이 변형되지 않았을 만큼 과학적으로 설계되었다.

몽골제국과 고려의
문화 교류

1206년에 칭기즈 칸은 여러 유목 민족을 통합하여 몽골제국을 세웠다. 칭기즈 칸의 군대는 거칠 것 없이 유라시아를 침략하였다. 고려도 약 40년 동안 몽골군의 침략에 저항하면서 고난을 겪었다. 세계는 몽골의 군사력 아래에서 하나가 되었고, 고려는 독립을 유지하면서 몽골제국의 일부로 편입되었다.

유라시아 대륙은 교역을 통해 하나의 질서를 이루었으며, 모든 교역로의 출발점이자 종착지였던 원제국의 수도는 최고의 국제도시가 되었다. 원의 수도에는 피부색과 얼굴 생김새가 다른 사람들이 서로 부대끼는 가운데 다양한 문화가 융합되면서 새로운 문화 전통이 만들어졌다. 고려인들도 자신의 문화를 가지고 이 대열에 합류하였으며, 원의 문화 전통이 고려에 전해져 또 다른 전통으로 뿌리내리기도 하였다.

목화
원에 사절단으로 파견되었던 문익점이 목화씨를 가져왔다. 목화 재배에 성공한 뒤 우연히 국내에서 만난 몽골 출신 승려의 도움을 받아 실을 뽑고 옷감 짜는 기술을 습득하였다. 조선시대에 이르러 널리 생산된 면직물은 조선과 거래하였던 일본인들이 갖고 싶어한 상품 가운데 하나였다.

원

흑해

아랄 해

카스피 해

페르시아 만

족두리와 연지
전통 결혼식에서 신부가 머리에 쓰는 족두리는 몽골 여인의 외출용 모자에서 유래하였다. 또, 신부의 뺨에 연지를 찍는 풍습도 몽골에서 유래하였다.

아라비아 해

몽골풍과 고려양

고려와 원의 교류가 활발해지면서 고려에는 다양한 외래문화가 소개되었다. 몽골풍이라 불리는 몽골 옷과 머리모양이 유행하였고, 몽골어에서 유래한 말도 생겨났다. 몽골의 종교 전통이 소개되면서 새로운 예술 양식도 나타났다. 반대의 경우도 적지 않아서, 원 제국의 수도였던 베이징에는 고려의 풍속이 유행하여 고려양이라는 말이 생겨날 정도였다.

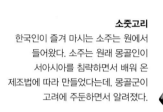

소줏고리
한국인이 즐겨 마시는 소주는 원에서 들어왔다. 소주는 원래 몽골인이 서아시아를 침략하면서 배워 온 제조법에 따라 만들었다는데, 몽골군이 고려에 주둔하면서 알려졌다.

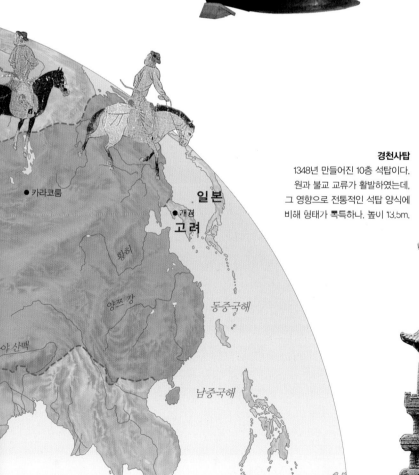

경천사탑
1348년 만들어진 10층 석탑이다. 원과 불교 교류가 활발하였는데, 그 영향으로 전통적인 석탑 양식에 비해 형태가 톡특하나. 높이 13.5m.

1

"삼한에서 천민을 없애자"

중미정의 슬픈 사연

중미정이란 아름다운 정자가 있었다. …… 이 정자를 처음 만들 때, 일터에 동원된 백성들은 모두 각자 먹을 것을 준비해야 했다. 한 일꾼이 매우 가난하여 음식을 준비하지 못해서 다른 사람의 밥을 얻어먹었다. 하루는 그의 아내가 음식을 가지고 와서 남편에게 "친한 사람과 함께 드세요"라고 말하였다. 남편이 물었다. "집이 가난한데 어떻게 장만하였는가? 다른 남자와 가까이하였는가, 아니면 남의 것을 훔쳐 왔는가?" "얼굴이 추하니 누가 가까이하겠으며, 성질이 옹졸하니 어찌 도둑질하겠소. 다만 머리카락을 잘라 팔아서 사 가지고 왔소." 아내가 말하며 머리를 보였다. 그 일꾼은 목이 메어 먹지 못하고, 이를 본 다른 사람들도 함께 슬퍼하였다. — 《고려사절요》

농민들은 해마다 수확의 1/10을 세금으로 냈으며 특산물을 집집마다 모아서 냈다. 또 대가 없는 노동력 제공을 강요받았다. 생산력이 낮았던 당시에 농민들의 살림살이는 늘 빠듯하였고, 흉년이 들면 살림이 순식간에 거덜 났다.

고려의 귀족과 농민
1350년 작품인 〈미륵하생경변상도〉에 묘사된 농민과 귀족, 왕실의 모습이다.

그런데 이들보다 못한 사회 최하층에는 노비로 불리는 사람들이 있었다. 조상이 노비였기에 그 신분을 물려받거나, 가난을 견디지 못해 어쩔 수 없이 노비가 된 사람도 있었다. 이들은 모두 인간 대접을 받지 못하였다. 왕실의 번영과 귀족들의 풍요는 이들의 희생 위에서 이루어진 것이었다.

흔들리는 귀족 정치

11세기 이후 평화가 자리잡으면서 사회가 안정되었다. 이 과정에서 수도와 그 주변에 거주하는 일부 가문이 점차 권력과 경제력을 독점하였다.

수도에 거주하는 귀족들은 풍요로운 삶을 누렸으나, 지방 출신 인사들의 중앙 정계 진출은 갈수록 어려워졌다. 문신 관료의 지위는 안정된 반면 무신들의 역할은 무시되었다. 소수의 권력 독점은 부패를 가져왔고, 민중에 대한 수탈도 갈수록 심해졌다.

1135년, 제2의 도시였던 서경(오늘날 평양) 출신의 인사들이 수도 이전과 전면적인 정치 혁신을 요구하며 봉기하였다. 중앙 권력의 타도를 내걸었던 이 운동에 민중이 대거 참여하였으며, 항쟁은 1년 이상 고려 서북지역을 휩쓸었다.

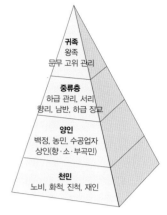

고려시대의 신분 구성
관직을 매개로 귀족이 특권을 유지하고 신분 이동이 어느 정도 가능하였다는 점에서 고려의 신분제는 신라보다 개방적이었다. 그러나 노비와 같이 관청이나 개인의 소유물처럼 취급되었던 사람들도 매우 많았다.

공민왕릉의 문인석과 무인석(북한 개성 소재)
고려, 조선시대 고위 관리는 유교 경전과 역사, 문학을 공부하며 국가의 주요 정책을 입안하고 추진하는 문신과 군 지휘관이라 할 수 있는 무신으로 구성되었다. 유교적 도덕 정치를 강조하였던 고려와 조선왕조에서 문신은 늘 정치의 중심에 있었던 데 반해 무신이 최고위층에 진출하는 것은 거의 불가능하였다.

1170년, 차별 대우를 부당하게 여긴 무신들의 정변으로 고려 사회의 귀족 질서는 큰 타격을 입었다. 고급 군인들이 문신 관료를 죽이고 국왕까지 폐위시킨 것이다. 병사나 하급 장교들도 정변에 적극 가담하였다. 그들은 군인이기 이전에 국가의 수탈에 시달리는 민중이었던 것이다.

100년에 걸친 무신 집권

정변이 성공한 뒤에도 세상은 소용돌이쳤다. 권력을 장악한 무신들 사이에 권력을 독점하기 위한 싸움이 수시로 벌어졌고, 무신 정권에 맞선 봉기가 곳곳에서 일어났다.

무신 정권이 형성되었음에도 불구하고 권력이 분할되거나 서양과 같은 봉건제도가 자리잡지는 않았다. 오랫동안 국왕 중심의 중앙집권적 통치가 지속된 데다 이민족과 거듭된 전쟁을 치름으로써 무력이 수도에 집중되어 있었기 때문이다.

경쟁에서 승리한 군인은 사병을 양성하고 관리 인사권을 장악함으로써 권력을 유지하였다. 그러나 왕실은 계속 이어졌고, 신분제도를 비롯하여 고려 전기에 만들어진 여러 제도도 크게 달라지지 않았다.

그러나 힘이 숭상받는 시대가 열리면서 귀족 가문 출신이 아니어도 기회가 주어졌다. 신분 이동이 그 어느 때보다 활발하였으며, 노비 출신의 군인이 최고 권력자가 되는 경우도 있었다.

변혁을 위해 일어난 민중

거듭된 권력투쟁으로 국가의 통제력이 크게 약화된 12세기, 부당한 차별과 수탈에 고통받던 민중들이 개혁을 요구하며 들고일어났다. 신분 이동이 활발하였던 사회 분위기에 고무된 바도 있었다.

1170년대 이후 전국 수십 곳에서 민중 봉기가 잇달아 일어났다. 부당한 조세 수탈에 항의하여 관리를 처형하거나, 차별 대우에 대한 시정을 요구하며 중앙정부를 향하여 진격한 일도 있었다. 특히 비인간적인 대접을 받

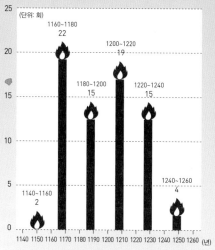

민중 봉기

개경의 귀족 중심 사회에 대한 반발은
계층을 뛰어넘어 전국으로 확산되었다.

12~13세기 농민·천민의 봉기
1170년대부터 본격화된 민중 봉기는 고려가 훗날
몽골의 침략을 받던 1230년대까지 계속되었다.

던 노비들이 격렬하게 저항하였다. 그중에서도 "왕이나 귀족, 재상이나 장
군의 씨가 따로 없다. …… 삼한에서 천민을 없애자"라며 수도 개경을 뒤
엎으려 했던 만적의 경우는 절정에 이르렀다.

옛 신라와 백제 중심지에서는 신라, 백제 왕조 부흥을 주장하는 운동이
일어났다. 고려 왕조 자체를 부정하였던 이 운동은, 스스로 고구려를 계승
하였다고 주장하면서 수도에 거주하는 귀족을 중심으로 정치를 운영한 결
과에서 비롯되었다.

민중들의 항쟁은 결국 실패로 끝났다. 그러나 거듭된 항쟁은 부당한 수
탈과 신분·지역 차별을 상당 부분 완화시키는 역할을 하였다.

2

새로운 역사 인식이 자리잡다

삼국사기와 삼국유사

한국 고대사 연구는 고려 때 쓰인 두 권의 역사책에 절대적으로 의존한다. 12세기 중엽 김부식이 편찬 책임을 맡았던 《삼국사기》와 13세기 말 일연이 집필한 《삼국유사》가 그것이다.

두 책 모두 고려에 앞선 왕조, 즉 신라와 고구려, 백제 이야기를 담았다. 그런데 두 책은 지향하는 가치와 다루는 범위에서 차이가 크다. 《삼국사기》는 역사가 유교적 가치의 실현에 기여해야 한다는 가치관을 바탕에 두었다. 《삼국유사》는 불교를 비롯한 다양한 전통에 관심을 기울인다. 전자가 세 왕조의 역사로 시종하는 데 비해, 후자는 통일신라와 공존하였던 발해의 역사를 기억하고 세 왕조보다 선행한 국가, 특히 고조선 건국 이야기를 기록하였다.

100여 년 사이에 중요한 역사 인식의 차이가 생긴 것일까? 자신의 뿌리를 찾고자 하는 마음이 더욱 커지고, 그래서 신화와 역사의 경계 지점까지 역사 탐구가 확대되었다고 보면 지나친 과장일까?

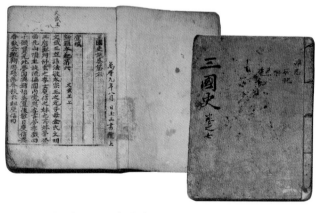 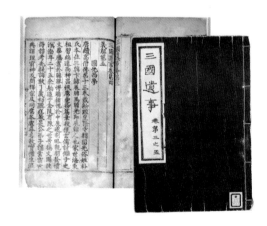

삼국사기(왼쪽)와 삼국유사(오른쪽)
《삼국사기》는 대표적인 유학자의 저술로, 중국 사서의 형식을 빌린 정통 왕조사다. 반면에 《삼국유사》는 정통 역사서를 보완하는 형식을 띠며 자유롭게 집필되었다. 전자가 합리주의를 견지하였다면, 후자는 전하는 이야기를 그대로 소개하여 종종 신비적 경향을 띠기도 한다.

몽골족의 침략

일연이 《삼국유사》를 집필하기 50여 년 전, 세계를 휩쓸던 몽골족이 쳐들어왔다. 고려군은 국경의 여러 성에서 강력히 저항하였다. 그러나 국경을 우회한 몽골군이 수도를 포위하고 항복을 강요하자, 무신들이 이끌던 정부는 굴복하였다.

전쟁은 그렇게 끝나는 듯하였다. 그러나 몽골족은 터무니없는 요구를 거듭하였고, 이에 고려인들은 분개하였다. 마침내 고려 정부는 수도를 강화도로 옮기고 계속 싸울 것을 다짐하였다. 몽골군이 다시 쳐들어왔다. 정부가 강화도를 지키는 데 골몰하는 동안 몽골군은 육지에서 약탈과 살육을 일삼고, 수많은 사람을 끌고 가 노비로 만들었다.

민중들은 스스로 목숨을 지켜야 했다. 생존이 위협당하는 절박한 상황에서 수많은 민중이 자발적으로 전투에 나섰다. 끝까지 맞서다 민간인과 군인 전원이 학살당하는 비극도 있었지만, 민중들이 기념비적인 승리를 거둔 경우도 적지 않았다. 특히 처인성과 충주성에서는 가장 차별받던 최하층민들이 몽골 군대를 크게 무찔러 철수시키기도 하였다.

몽골족의 동아시아 침략

13세기 초 몽골족은 부족을 통일한 뒤 초원과 농경 지대를 아우르는 대제국을 건설하였다. 금과 송이 몽골에 짓밟혔고, 고려와 일본도 침략의 손길에서 벗어나지 못하였다.

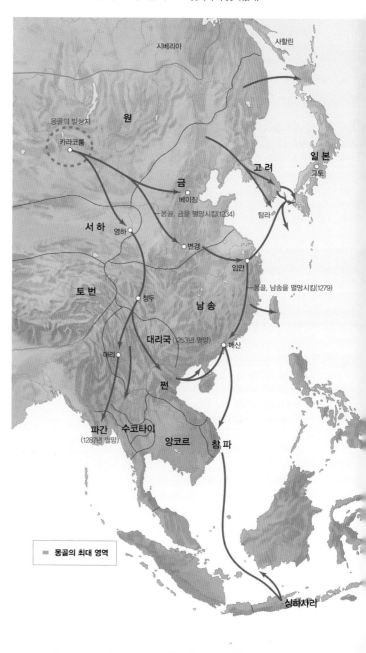

1206
몽골족 통일

1219~1225
몽골, 서아시아와 중앙아시아 원정

1231
몽골의 1차 고려 침략

1236
몽골, 폴란드에서 유럽 연합군 격파

1259
고려와 몽골의 강화 성립

1274
몽골의 1차 일본 침략

1281
몽골의 2차 일본 침략

이어지는 수난

1259년, 고려와 몽골은 전쟁을 끝내기로 약속하였다. 원제국을 선포한 몽골의 새 통치자 쿠빌라이는 고려의 독립을 약속하였고, 원의 도움을 받은 고려 왕실은 원래 수도였던 개경으로 돌아왔다.

그러나 100여 년 동안 권력을 누려온 무신들 상당수가 강력히 반발하였다. 이들은 새로운 왕을 추대하고 몽골과 계속 싸우자고 주장하였다. 새로 조직된 정부군이 원군과 함께 이들을 진압하였다.

전쟁은 끝났으나 고려는 새로운 수난 시대로 접어들었다. 원은 일본 침략을 위한 준비를 고려에 요구하면서 수많은 고려인을 부당한 침략 전쟁으로 내몰았다. 또한 고려 영토의 상당 부분을 불법적으로 지배하고 해마다 엄청난 공물을 요구하였다. 심지어 공녀라는 이름으로 고려의 젊은 여성을 요구하였다.

고려의 독립을 인정하겠다던 원의 약속도 춤을 췄다. 고려를 원의 한 지방으로 편입시키려는 시도도 있었고, 고려 왕이 원의 뜻에 따라 즉위와 폐위를 반복하기도 하였다.

고려인들은 수십 년에 걸친 외세의 침략과 연이은 수난으로 고통받으면서 새로운 역사 인식을 갖게 되었다.

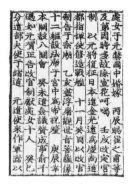

공녀
여러 해 동안 계속되었던 몽골의 공녀 요구는 고려의 혼인풍속을 바꾸어놓았다. 고려 말기에 공녀를 기피하려고 13~14세의 여자아이를 9~10세 된 남자아이와 혼인시키는 조혼 풍습이 생겨났다. 사진은 《고려사》에 실려 있는 공녀에 관한 기록이다.

몽고습래회사
고려는 몽골의 일본 침략에 두 차례나 동원되었다. 1274년과 1281년 두 차례 걸쳐 여·몽 연합군이 조직되어 일본의 규슈 지방을 침략하였지만 갑작스런 폭풍우로 병력 대부분을 잃고 되돌아왔다. 사진은 몽골군과 싸우는 일본 무사들의 모습을 그린 당시 일본 그림이다.

몽골과의 전쟁이 남긴 것

《삼국사기》를 쓴 김부식은 단군과 고조선에 대한 인식이 없었다. 그가 살았던 시기의 고려인들은 저마다 신라, 백제, 고구려인의 후손이라는 생각이 컸다. 고려 왕실에서는 공공연하게 고구려를 계승하였다고 주장하였으며, 옛 신라와 백제 땅에서는 무너진 왕조를 다시 일으키려는 운동이 일어났다. 그러나 고려인들은 몽골의 침략에 맞서면서 서로 다른 역사 계승 의식을 점차 거두어들였다. 몽골의 침략 앞에서 서로의 차이는 너무나 작았고, 그 차이를 뛰어넘어야만 몽골과 싸울 수 있었기 때문이다.

1280년대에 쓰인 《삼국유사》는 단군의 고조선 건국을 역사의 시작으로 삼고 삼국은 모두 고조선을 계승하였다는 역사 인식을 내세웠다.

신라가 백제와 고구려를 통합한 때로부터 600여 년이 지난 시점에 비로소 이 땅의 주민들은 한 핏줄이란 생각을 갖게 되었던 것이다. 고려의 뒤를 이을 새 왕조의 이름이 조선으로 정해진 것은 우연이 아니었다.

이제현과 문익점

원의 수도였던 대도(오늘날 중국의 베이징)에는 다양한 지역의 언어들이 공존하였다. 한반도와 중국 왕조의 관계도 이때 가장 가까웠다. 많은 고려인이 그곳에서 살았고, 고려에 와서 자리잡은 몽골인들도 적지 않았다.

이제현은 원 제국 전성기에 대도에서 여러 해를 보내면서 원의 여러 지역을 방문하였다. 중국의 발전된 문명을 접하면서도 중국과 풍속 및 언어가 뚜렷이 달랐던 고려의 독자성을 강조하였다. 중국 학자들과의 활발한 교류를 통해 송나라 때 체계화된 성리학을 고려에 소개하였다. 고려 말에 활동한 신진 관료 상당수가 그에게서 학문을 배웠다.

문익점은 원에 파견된 사절단 가운데 한 사람이었다. 일이 잘못되어 원의 변방으로 귀양 갔던 문익점은 유배에서 풀려 귀국할 때 목화씨를 가지고 왔다. 어렵사리 목화 재배에 성공한 문익점은 국내에서 활동하던 몽골 승려의 도움으로 실을 뽑고 옷감 짜는 기술을 습득하여 의생활의 혁명을 가져왔다.

이제현(1287~1367)

문익점(1329~1398)

직지와 고인쇄 박물관

아주 오래전에는 남의 책을 빌려서 일일이 옮겨 적어야 자신의 곁에 두고 볼 수 있었다. 책을 만드는 사람도 몇 권이 되든 한 자 한 자 손으로 직접 써야만 했다. 인쇄술은 이 같은 불편을 해소해주었다.

초기에 등장한 목판 인쇄는 두루마리 형식의 긴 내용이나 책의 두 쪽 정도를 나무판에 새긴 다음 인쇄하는 것이었다. 이 방법은 책을 여러 권 찍어내는 데 효과적이었으나, 나무판에 글자를 새기는 일이 쉽지 않아 20~30벌을 인쇄할 경우 차라리 옮겨 적는 편이 나았다.

인쇄술은 금속활자가 발명되면서 비약적으로 발전하였다. 금속활자 인쇄본은 납 또는 구리 같은 금속으로 만든 활자를 글의 내용에 따라 배열한 다음 인쇄한 것이다. 인쇄 부수가 많든 적든 상관없었다.

한국은 8세기 중엽부터 목판 인쇄술이 발달하였으며, 13세기에는 세계 최초로 금속활자를 만들어 상용화하였다. 금속활자로 인쇄된 책 가운데 현존하는 가장 오래된 것은 1377년에 간행된 《직지》이다. 승려가 되고자 하는 이들이 마음속에 새겨두어야 할 말을 모아놓은 이 책은 청주의 흥덕사에서 간행되었다. 현재 이 절이 있던 자리에는 고인쇄 박물관이 들어서서 당시의 인쇄 방법을 재현하고 있다.

금속활자
고려시대 금속활자 '顚(전)'자(왼쪽)와 '復(복)'자(오른쪽).

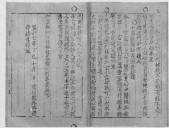

직지 활판과 영인본
《직지》는 승려 백운(1298~1374)
이 1372년에 펴낸 책으로, 현재
프랑스국립도서관에 보관되어 있다.

팔만대장경 판목
불교 서적을 체계적으로 분류하고 정리한 일종의 불교 총서이다. 이것은 고려는 물론 중국과 일본에서
모아들인 불교 서적을 체계적으로 이해할 수 있는 연구 수준과 우수한 인쇄 기술이 빚어낸 성과였다. 목판
한 장에 책 두 쪽이 새겨져 있는데, 경판의 수는 무려 8만 1,258매에 이르며, 글자 수는 약 5,200만 자이다.
부처의 힘으로 몽골을 물리치려 했던 종교적 열정이 이 거대한 역사를 만들어낸 것이었다. 경판과 경판을
보관하고 있는 건물은 각각 유네스코 세계기록유산과 세계문화유산으로 등록되어 있다.

금속활자 인쇄 과정

목판 인쇄술은 책을 여러 권 찍을 때 주로 사용된 반면, 금속활자는 미리 활자를 만들어두어 여러 종류의 책자를 소량으로 찍는 데 유용하였다.
금속활자는 당시 대부분 사찰이나 국가에서 책을 펴낼 때 사용하였는데, 대중적인 지식의 확대로까지 직접 이어지지 못하였다.

❶ 글자본 선정하기 　 ❷ 자본 붙이기 　 ❸ 이미지 만들기 　 ❹ 주형틀 완성하기

❺ 쇳물 붓기 　 ❻ 완성된 금속활자 　 ❼ 조판하기 　 ❽ 인쇄하기

3

떠오르는 개혁 세력, 새로운 세상을 꿈꾸다

반원의 깃발을 든 공민왕

1351년, 원 왕실에서는 공민왕을 새로운 왕으로 결정하였다. 원에서 10여 년 동안 생활하던 공민왕은 원의 공주를 아내로 맞아 함께 고려로 돌아왔다.

이로부터 4년 뒤, 공민왕을 왕으로 만들어준 원에서 사신이 왔다. 원 지배하의 중국 곳곳에서 민중들이 봉기하였으니, 고려 군사를 보내라는 것이었다. 공민왕은 고민에 빠졌다. 과연 군사를 보내지 않고도 괜찮을까 걱정되었기 때문이다. 그는 10여 년간 원에 있으면서 원 제국에 대한 고려 민중의 거센 저항을 똑똑히 보았다.

고려는 결국 원에 군사를 보냈다. 얻은 것도 있었다. 짧은 참전을 통해 원의 허실을 알 수 있었다. 공민왕은 이듬해 원에 반대하는 운동을 앞장서서 이끌었다. 국내에 설치된 원의 내정간섭 기관을 폐쇄하였으며, 고려의 북방에 있던 원의 군사 거점을 공격하고, 100여 년 동안 원이 직접 지배하였던 고려의 동북 지역을 되찾았다. 몽골 풍속도 금지하였다.

천산대렵도
공민왕이 직접 그렸다고 추정되는 사냥 그림이다. 사냥하는 사람이 몽골 풍속인 변발을 하고 있다. 고려와 몽골의 관계가 긴밀해지면서 이 같은 몽골 풍속이 고려에도 크게 유행하였다.

공민왕의 영토 회복

몽골은 고려의 독립을 유지하는 데 동의하였지만, 이후 정동행성을 통해 내정간섭을 일삼았고, 일부 지역을 직접 다스렸다. 서경의 동녕부, 영흥의 쌍성총관부, 제주의 탐라총관부는 이들의 통치기관이었다. 동녕부와 탐라총관부는 곧 폐지되고 주변 영토도 회복하였으나, 쌍성총관부는 공민왕이 공격하여 100년 만에 되찾았다. 이때 훗날 조선의 첫 왕이 된 이성계 가문이 고려에 협력하면서 이름을 알리게 되었다.

- - - - 공민왕 즉위 당시 국경선
- ⌒⌒⌒⌒ 천리장성
- 1350년대에 넓힌 영토
- 1370년대에 넓힌 영토

이에 원은 강력히 반발하였으며, 군대를 파견하여 고려 왕을 교체하려 하였다. 공민왕은 국내의 친원 세력을 제거하는 한편, 침략해온 적과 싸워 승리를 거두었다. 원 간섭기 80여 년은 이렇게 끝나고 있었다.

흔들리는 개혁, 이어지는 홍건적과 왜구의 침략

공민왕은 친원 세력을 없애고 나서 개혁의 칼끝을 사회·경제적 폐단에 겨누었다. 원의 압박이 거세었던 80여 년간 사회적 모순은 깊어만 갔다. 관리들은 민중의 삶은 아랑곳하지 않고 원의 눈치만 보았다. 원에 적극 협력한 사람들은 무소불위의 권력을 누렸으며, 특권과 비리가 판쳤다. 토지는 점차 소수에게 독점되었고, 살림살이가 어려워진 농민들은 어쩔 수 없이 자청하여 귀족의 노비가 됨으로써 삶을 이었다. 국가에 세금을 내거나 군역을 담당할 양인 신분은 갈수록 줄었다. 민들의 삶은 파괴되었고, 국가는 껍데기만 남았다.

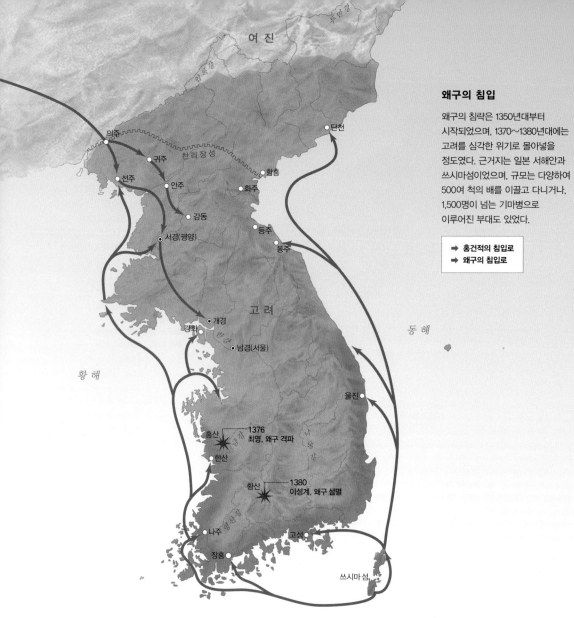

여진

두만강

압록강

의주

귀주

천리장성

선주

안주

단천

강동

서경(평양)

화주

함흥

등주

동주

고려

개경

강화

남경(서울)

동 해

울진

황 해

홍산 ─ 1376
최영, 왜구 격파

한산

황산 ─ 1380
이성계, 왜구 섬멸

나주

고성

장흥

쓰시마 섬

왜구의 침입

왜구의 침략은 1350년대부터 시작되었으며, 1370~1380년대에는 고려를 심각한 위기로 몰아넣을 정도였다. 근거지는 일본 서해안과 쓰시마섬이었으며, 규모는 다양하여 500여 척의 배를 이끌고 다니거나, 1,500명이 넘는 기마병으로 이루어진 부대도 있었다.

➡ **홍건적의 침입로**
➡ **왜구의 침입로**

총통
화약 무기인 화포는 왜구를 바다에서 막는 데 꼭 필요하였다. 사진은 왜구의 침략으로 어려움을 겪던 때 최무선(1325~1395)이 최초로 만든 대장군포라는 화포이다.

공민왕은 넓은 토지와 수많은 노비를 거느린 귀족들을 향해 칼을 빼들었다. 개혁의 핵심은 "토지를 원주인에게 돌려주고, 부당하게 노비가 된 사람을 해방시켜라"는 것이었다. 이 일에 승려 신돈이 앞장섰다. 전민변정도감을 중심으로 토지와 노비 재조사 작업이 본격화되자, 수많은 사람이 "성인이 났다"며 새로운 세상의 도래를 꿈꾸었다. 그러나 수구 세력의 반발은 거세었고, 개혁 진영의 힘은 약하였다.

거듭되는 이민족의 침략도 개혁을 꾸준히 추진하는 데 걸림돌이 되었다. 홍건적이라 불린 한족 유랑민 집단이 두 차례나 국경을 넘어와 나라 곳곳을 약탈하였고, 왜구라 불린 일본 해적의 침략은 고려 말기 내내 심각한 영향을 미쳤다. 약탈이 이어지면서 수많은 사람이 죽고, 해안 지방이 황폐해졌다. 바닷길을 통한 조세 운송이 어려워지면서 국가 재정도 심각한 타격을 입었다.

변혁을 꿈꾸는 사람들

공민왕은 살해당하였다. 이후 개혁은 뿌리부터 부정당하였다. 토지 개혁과 노비제 혁신은 원점으로 돌아갔다. 중국에서는 한족이 명을 건국하고 전 중국을 통일하였지만, 몽골 고원으로 쫓겨난 원과 관계를 강화해야 한다는 주장도 여전하였다. 왜구의 침탈은 갈수록 기승을 부렸다.

그러나 더 깊어진 어둠을 뚫고 변혁을 꿈꾸는 이들이 있었다. 공민왕 때 개혁을 뒷받침하였던 신진 관리들이었다.

그들 대부분은 지방 중소 지주 출신으로, 성리학을 공부하여 새로운 사회경제 구상을 내놓았다. 방대해진 사원 경제뿐만 아니라 불교 교리에 대해서도 비판하였다. 또한 국가 기구가 일부 귀족의 돈벌이 수단으로 활용되는 데 분노하면서 국가가 대다수 민중의 생활을 개선하는, 좀 더 공적인 역할을 담당해야 한다고 생각하였다.

그러나 오랫동안 특권을 누려온 귀족 세력은 너무나 강하였으며, 개혁을 위한 노력은 여러 차례 좌절되었다. 그때마다 개혁을 앞장서서 이끌었던 이들은 모진 고난을 겪었다.

수월관음도
관음보살을 그린 이 그림은 고려 말 귀족 사회의 한 상징이라 할 만큼 화려함과 섬세함의 극치를 보여준다. 1310년 작품으로 크기는 419.5×254.2cm.

한국인에게 불교란 무엇인가?

해마다 음력 4월 8일이면 한국의 모든 사찰은 수많은 사람으로 붐비며, 연꽃 모양의 등불(연등)이 온 세상을 환히 비춘다. 음력 4월 8일은 석가모니가 탄생한 날로, 밤도 낮처럼 환하다.

깨달음에 이른 이, 부처. 그의 지혜는 어둠을 비추는 등불과 같다. 사람들은 연등을 밝히면서 자신의 마음을 비추어줄 지혜를 얻기를 소망하며, 진흙 속에 살면서도 깨끗함을 잃지 않는 연꽃 같은 삶을 꿈꾼다.

고려 때 개경에만 300여 개의 사찰이 있었다고 한다. 사람들은 해마다 연등을 밝히고 절을 찾아 탑을 돌았다. 소원 성취와 함께 자신을 밝힐 지혜를 갖게 되길 빌었다. 연꽃 모양의 등을 달았다 해서 연등회라 불리는 행사는 6세기에도 있었다고 한다. 옛 인도인들이 신을 위하여 불을 밝힌 데서 유래한 이 풍속은 불교와 함께 전해져 고려 최고의 명절로 여겨졌으며, 오늘날에도 전해온다.

송광사(순천 소재)
고려 후기의 대표적인 승려인 지눌(1158~1210)이 이곳에서 조계종을 일으켰다. 이때 일어난 조계종은 오늘날 한국 불교계를 대표할 만한 종파로 자리잡았다. 지눌 이후 국왕의 스승이라 할 수 있는 국사 16명이 배출되었다. 이곳에는 지정 문화재가 많다.

❶ **소망을 적은 기와** 건강과 성취를 기원하는 내용이 적힌 이 한 장 한 장의 기와가 모여 새로운 사찰이 만들어진다.
❷ **부처님 오신 날** 불교를 믿는 이들에게는 뜻깊고 즐거운 기념일이다. 한국에서는 이날을 공휴일로 지정하여 공공기관과 대다수 기업이 휴무한다.
❸ **연등 행렬** '부처님 오신 날'을 전후하여 모든 사찰에서는 연등을 걸고, 많은 시민과 불교도가 손에 손에 연등을 들고 거리 행진을 하는 등 다양한 행사가 열린다.
❹ **탑돌이** 탑은 세상을 떠난 부처가 머무르는 집과 같다. 사람들은 탑 주위를 돌며 그의 덕을 추모하고 소망을 기원한다.

    2015년 발표한 정부 통계에 따르면, 한국 전체 인구의 약 44%가 종교를 가지고 있다. 그중 불교도는 15.5%로, 개신교에 1위 자리를 내주었지만 여전히 높은 비중을 차지한다.

    그러나 한국인들에게 불교는 신도 비율 그 이상의 의미가 있다. 국보와 보물 같은 국가 지정 문화재에서 불교 유산이 차지하는 비율은 50% 이상이다. 불교가 한국의 정신문화에 미친 영향도 이보다 결코 작지 않다.

1380 ~ 1474

1392
변방의 군인이었던 이성계가 새로운 왕이 되고 나라 이름을 조선으로 바꾸었다.

1394
새 왕조는 한양(오늘날 서울)을 새 수도로 삼고 유교 이념을 담은 계획도시로
건설하였다.

1404
일본의 쇼군 요시미츠가 국왕 자격으로 사절단을 보냈다. 이를 계기로 중앙정부
차원의 국교가 수립되었다.

1405 ~ 1433
정화가 이끈 명의 대함대가 7차례에 걸쳐 남중국해, 인도양 일대 원정

1434 ~ 1450
두만강 하류에 6개의 군사 도시(6진)을 건설하였는데, 현재 한국 국경은 대체로
이 무렵 확정되었다.

1444
천체 운행의 원리를 규명하고, 중국, 이슬람 역법을 연구하여 조선에 맞는
역법서를 처음으로 펴냈다.

1446
한글이 공식적으로 발표되어 조선 말과 중국에서 유래한 뜻글자인 한자의
차이를 극복하는 계기가 되었다.

1453
오스만제국, 콘스탄티노플 점령

1474
꾸준히 진행된 법전 편찬이 《경국대전》 완성으로 결실을 맺었다. 이로써
조선은 유교적 법치국가의 틀을 갖추게 되었다.

VI 조선의 건국, 새로운 전통의 시작

변방의 군인이었던 이성계와 지방 출신의 하급 관리였던 정도전을 중심으로 새 왕조가 창건되었다. 새로운 정치 세력은 민을 나라의 근본으로 삼고 민을 위한 정치를 하겠다고 다짐하였다. 새 수도 한양은 유교 이념을 구현한 계획도시로 건설되었다. 두만강과 압록강을 경계로 하는 현재 국경의 대강이 이때 형성되었으며, 이웃 국가와 자신을 구분하는 독자적인 역사, 정치 공동체란 자의식도 높아졌다. 독자적인 역법과 문자를 제정한 것도 이런 연유에서였다.

서울에 있는 경복궁 근정전 조선 초부터 역대 국왕의 즉위식이나 중요한 국가 의례가 열렸던 곳이다.

한국 최초의 역서,
칠정산을 만들다

오늘날 만국이 공통으로 사용하는 그레고리 달력은 1582년에 교황 그레고리우스 13세가 만든 것으로, 한국은 1896년부터 사용하였다.

아주 오래전 한국인들은 중국에서 역서를 빌려다 사용하였는데, 중국과 경도, 위도가 달라서 일식이나 월식 같은 천체 운행을 정확히 예측할 수 없었다.

그러다가 1442년(세종 25)에 《칠정산》이 간행되었다. 이 책은 칠정(해와 달, 수성, 금성, 화성, 목성, 토성)의 움직임을 계산함으로써 일식과 월식은 물론 날씨의 변화를 알 수 있도록 하였다. 한국인들이 독자적으로 달력을 만들 수 있음을 보여준 것이었다.

당시로서는 현재 수준에 육박하는 역서를 만들 수 있던 곳이 중국이나 이슬람 세계 정도였음을 볼 때, 《칠정산》은 중국과 이슬람의 역서를 모두 소화하고, 천체 운행을 오랫동안 관측한 결과를 반영해서 만든 한국 최초의 역서였다. 이 밖에도 15세기에 만들어진 다양한 관측 시설은 한국인에게 커다란 자부심을 주고 있다.

일성정시의
낮에는 해, 밤에는
별을 관측하여 시간을
측정하였던 기구로
1437년에 제작하였다.

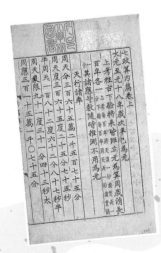

칠정산
중국에서 들여온 역법은
중국(베이징)에서 보이는 천문
현상을 기준으로 한 것이었으나,
《칠정산》은 조선의 수도인 한양의
위도를 기준으로 삼았다.

천상열차분야지도
돌에 새긴 전통적인 천문도로, 조선 태조 때 만들어졌다. 가로 122.8cm, 세로 200.9cm 크기로 위쪽에는 별자리 그림이, 아래쪽에는 당시의 우주관과 천문도의 내력, 참여한 관리들 명단이 기록되어 있다.

앙부일구
조선시대를 대표할 만한 오목 해시계로 1434년에 만들어져 오랫동안 널리 활용되었다.

혼천의
1443년에 만든 기구로, 해, 달, 별의 운행을 관측하는 데 사용하였다.

1

새 나라 조선, 한양을 새 수도로 삼다

이성계와 정도전의 만남

신진 관료층이 변혁을 꿈꿀 무렵 군인 세력이 유력한 정치집단으로 등장하였다. 외적의 침략이 거듭되면서 국가에서는 지방 유력인사에게 군인직을 수여하고, 군인이 사병을 거느리는 일도 허용하였기 때문이다.

지방 유력자들 상당수가 관직을 얻었으며, 이들 중 일부는 적지 않은 사병을 거느렸다. 대표적인 인물이 이성계였다. 고려 동북 지방 출신이었던 그는 뛰어난 능력과 많은 사병을 바탕으로 여러 차례 외적과 싸워 승리하였다.

이성계는 수많은 전투에서 큰 공을 세웠으나 변방 출신이라는 한계를 넘지는 못하였다. 변방의 장수였던 이성계와 함께 변혁을 추구한 이가 정도전이었다. 정도전은 신진 관리로 개혁을 앞장서 이끌다가 수구 세력에 의해 쫓겨났다.

이성계(1335~1408)
오늘날 함흥 부근의 지방 세력으로 적지 않은 사병을 거느렸다. 왜구와 홍건적의 침략을 물리쳐 국민의 기대를 받았으며, 조선 왕조 첫 임금이 되었으나, 아들들이 왕위 다툼을 벌이면서 자리에서 물러났다.

함흥 본궁
왕의 자리에서 물러난 이성계는 자신의 출신지인 함흥으로 돌아가 생활하였다. 사진은 함흥에 있는 이성계 궁궐이다.

두 사람을 중심으로 군인 세력과 신진 관리층이 점차 결집되었다. 1388년, 이성계는 정변을 일으켜 권력을 장악하였다(위화도회군). 그리고 토지 개혁을 실시하여 구 귀족 세력의 경제 기반을 허물었다. 구세력이 거세게 저항하였으나, 정변을 일으킨 집단의 확고한 군사력과 개혁 집단에 대한 민들의 지지는 이를 막아내는 데 충분하였다.

나라 이름은 조선으로, 새 수도는 한양으로

1392년, 정변의 주역들은 이성계를 새로운 왕으로 추대하였다. 왕건이 고려를 건국한 지 475년 되던 해였다.

왕이 된 이성계(태조, 재위 1392~1398)는 이웃 국가들에 자신의 즉위 사실을 알렸다. 그리고 새 나라 이름을 조선으로 정하였다. 고조선을 계승하고 중국만큼 역사가 오래되었으며, 일찍부터 유교적인 가치를 알고 실천한 국가임을 내세우기 위해서였다. 새 왕조는 고조선의 건국자로 알려진 단군과 유교적 가르침을 실천한 기자를 모신 사당을 여러 곳에 세웠다.

도성도 북한산 앞에 자리를 튼 궁궐의 서쪽에는 땅과 곡식의 신에게 제사를 지내는 사직단이, 동쪽에는 왕실 조상들에게 제사할 종묘가 세워졌다. 도시를 둘러싼 도성이 만들어졌으며, 도성을 들고나는 문에는 유교적 가치를 담은 문 이름이 붙여졌다. 왕조 창건자들은 신과 조상이 지켜주는 이곳에서 유교적 가치를 실현하는 새로운 정치를 다짐하였을 것이다.
❶ **사직단** 땅의 신과 곡식의 신에게 제사 지내는 곳이다. 사진은 서울 사직단 모습.
❷ **경복궁** 조선왕조의 공식 궁궐로 지어졌다. 사진은 16세기에 불탄 뒤 19세기에 다시 지은 경복궁 근정전이다.
❸ **종묘** 왕실 조상의 위패를 모셔두고 제사 지내는 곳이다. 세계문화유산으로 등재되었다.
❹ **사대문** 유교의 생활윤리를 담아 네 개의 문 이름을 지었다. 사진은 예를 숭상한다는 뜻의 숭례문으로 남문이다. 동문은 흥인지문, 서문은 돈의문, 북문은 숙정문이다.

1394년에 한양(오늘날 한국의 수도인 서울)으로 수도 이전이 이루어졌다. 한양은 한반도 중앙에 자리하였으며, 수륙 교통이 원활하다는 장점을 가졌다. 이곳에서 새 왕조는 자신의 통치 이념을 과시할 완전히 새로운 계획 도시를 건설하였다.

불교에서 유교로

조선의 첫 국왕이 된 이성계와 그의 아들(태종, 재위 1400~1418) 대 이후 500년을 이어갈 새 왕조의 제도적 기틀이 마련되었다. 유교 이념이 그 기초가 되었다.

유교 이념에 따르면 "왕은 하늘을 대신하는 사람"으로 절대적 충성의 대상이다. 그러나 왕은 "민을 나라의 근본으로 삼고, 올바른 정치를 위해 노력해야 한다"라는 의무가 요구되었다. 왕권의 신성불가침과 국왕의 도덕적 의무가 동시에 강조된 것이다.

관리들의 발언권이 폭넓게 제도화됨으로써 고급 관리들의 회의 기구에는 상당한 자율성이 주어졌으며, 왕과 대신들의 행동을 견제할 수 있는 기구도 설치되었다.

유학 경전과 역사에 대한 연구 및 교육을 위해 중앙과 지방의 교육시설이 새롭게 정비되고, 민들에게 유교 윤리를 보급하기 위한 정책이 꾸준히 추진되었다. 유교 이념의 강조는 불교에 대한 비판과 동시에 진행되었다. 불교 교리에 대한 비판과 더불어 많은 사원을 폐쇄하였으며, 승려들의 활

성균관
유교 이념에 따른 정치는 유교적 소양을 갖춘 관리를 통해 이루어졌다. 국립대학격인 성균관은 서울에만 있었으나, 고을마다 중등교육기관을 두어 운영하였다. 교육은 지방관의 업무 가운데 가장 중요하였다. 사진은 현재 서울에 있는 성균관으로, 공자를 제사 지내던 곳, 수업하던 곳, 교사와 학생이 머물던 숙소 등이 남아 있다.

경국대전
1474년에 완성되었다. 고려 말 조선 초에 실시된 여러 조치를 종합하여 통치의 규범을 성문화하였다. 행정법과 형법은 물론 여러 법률이 6개의 범주로 정리되어 있다. 이렇게 정해진 법은 대대로 존중되었다는 점에서 조선은 법치를 지향한 나라였다.

노상알현도

양반은 지주로서, 관직을 독점하는 계층으로서 부와 권세를 누렸다. 인구의 대다수인 평민은 농업과 상공업에 종사하면서 여러 형태의 조세를 부담하고, 병역의 의무를 졌다. 최하층 신분으로는 노비를 비롯한 천인 계층이 있었는데, 이들은 거의 인간 대접을 받지 못하였다. 관청의 하급 관리와 양반의 후손이면서도 정식 부인의 소생이 아닌 서자는 중인이란 또 다른 계층을 구성하였다. 그림은 김득신(1754~1822)의 작품으로, 길에서 우연히 마주친 양반과 평민 부부의 모습을 통해 조선시대의 신분 질서를 잘 보여준다.

동을 제약하였다. 불교가 여전히 대다수 사람들의 신앙생활을 지배하였지만, 불교에서 유교로의 문화적 전환은 피할 수 없게 되었다.

유교 정치의 담당자 '양반'

새 왕조의 지배 엘리트들은 과거라는 시험을 통해 충원되었다. 군인직을 선발하는 무과와 기술관을 선발하는 잡과도 있었으나, 고급 관리가 되기 위해 치르는 문과가 가장 중요시되었다.

고급 관리가 되고자 하는 사람은 유교 경전과 중국 역사를 잘 알아야 했으며, 한자를 사용해 자신의 주장을 자유롭게 표현할 수 있어야 했다. 제도상 천인을 제외하곤 누구나 과거에 응시할 수 있었다. 그러나 오랜 기간 학업에 매진할 수 있을 정도의 경제력을 가진 관리 집안의 독점물이 되었기에, 관직과 부 역시 대대로 이들 가문에만 독점되었다. 이들을 양반이라고 한다.

공부는 관료가 되기 위한 준비 과정이었고, 관료로서의 양반은 유교의 가르침을 실현하는 사람이었다. 스스로 사대부(학자이자 관리란 뜻)라 불렀던 양반들은 국왕을 바른길로 이끌고, 민들을 바르게 가르치는 정치의 한 주체라는 자부심을 가졌다.

'실록'이라는 이름의 역사책

조선왕조실록
실록이라는 이름의 역사책은 중국과 일본, 베트남에서도 볼 수 있다.
그러나 《조선왕조실록》처럼 엄격한 과정을 거쳐 방대하게 만들어진
것은 거의 없다. 1997년 유네스코 세계기록문화유산에 등재되었다.

조선시대에 그림자처럼 왕을 따라다니는 관리가 있었다. 이 사람은 왕의 거처 옆방
에서 숙직하였고, 왕이 참가하는 모든 회의에 참석하였다. 왕이 비밀리에 누구를 만
나거나 사냥터를 갈 때조차 반드시 동행하였다.

　왕의 옆자리를 번갈아 지키며 왕에게 일어난 일과 왕이 한 이야기를 꼼꼼히 기록
하던 이 사람을 사관이라 불렀다. 관직은 정7품부터 정9품까지 그리 높지 않았으며,

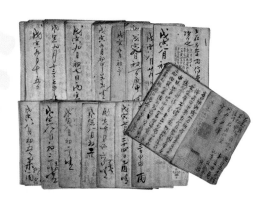

인조 무인 사초
인조 16년(1638)에 사관이 작성하여 집에 보관하였던
가장사초의 원본이다. 가장사초는 퇴근한 사관이 집에서
차분히 기억을 더듬으며 기록한 것으로, 중간 중간에 자신의
논평을 싣기도 하였다.

조선왕조실록 CD
1996년에 《조선왕조실록》 전체를 한글로 번역해 디지털화했다.
2007년부터 인터넷을 통해 한자 원문과 한글 번역본, 원문
이미지를 무료로 볼 수 있다. 조선왕조실록 홈페이지 주소는
sillok.history.go.kr이다.

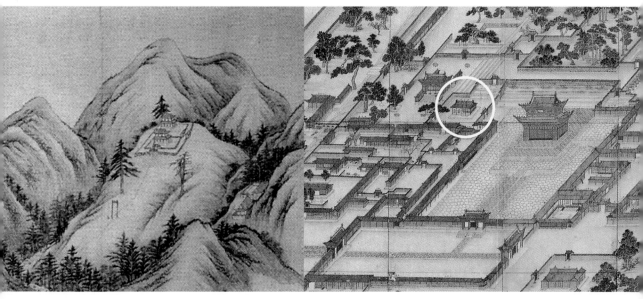

오대산 사고
완성된 실록은 전화에 대비하여 산속 깊은 곳에 보관하였다. 그림은 강원도 오대산의 험한 산중에 있었던 실록 보관소(사고) 모습으로, 1788년에 김홍도가 그렸다.

궐내각사(동궐도의 부분)
사관은 늘 왕의 집무실과 가장 가까운 곳에 있었다. 그림은 1820년대 창덕궁 모습으로, 역사 편찬을 담당한 사관은 왕실의 공식 행사가 이루어지는 인정전 바로 옆 건물(○ 표시 부분)에서 업무를 보았다.

8명의 사관들이 작성한 기록을 사초라 하였다. 사관의 활동은 철저하게 보장되었으며, 그가 기록한 사초는 대신들은 물론 왕도 볼 수 없었다. 사초 정리는 왕이 죽은 뒤에 이루어졌다.

왕이 죽으면 최고위 관리가 역사 편찬 책임자로 지정되어 사관들과 함께 사초를 비롯한 다양한 정부 기록을 수집해 분류하고 중요 내용을 선별한 다음, 시간 순서대로 사실을 기록하였다. 이처럼 재위 기간에 있었던 일을 시간 순서대로 정리한 역사책을 실록이라고 한다.

엄격한 절차에 따라 만들어진 방대한 실록은 5부씩 만들어져 궁궐에 1부 보관하고, 나머지는 네 곳의 산악 지대에 분산하여 보관하였다. 초기에는 4부씩 만들었으나 4부 가운데 3부가 불타버린 16세기 말 일본의 침략 전쟁 이후 5부씩 만들었다.

조선왕조의 시작인 태조부터 25대 국왕인 철종 때까지 472년간(1392~1863)의 일을 기록한 《조선왕조실록》은 1,893권 888책(한자로 총 6,400만 자)의 방대한 양이다.

실록은 아주 제한된 경우에만 볼 수 있었다. 그렇다면 왜 만들었을까? 그리고 조선왕조 내내 같은 일이 반복된 이유는 무엇일까? 조선시대 사람들이 '역사 앞에 부끄럽지 않은 삶'을 소중히 여겼기 때문이 아닐까?

2
두만강과 압록강을 새로운 국경으로 만들다

조공 – 책봉 관계를 이어간 조선과 명

1434년은 조선의 국경이 두만강 하류로 확장되기 시작한 중요한 해다. 당시의 상황은 《조선왕조실록》 세종 16년 편에 자세히 기록되었는데, 이 책에는 1434년 대신 "선덕(宣德, 명 선종의 연호) 9년, 세종 16년……"이라고 적혀 있다.

한국인이 1434년과 같은 서력기원을 사용하기 시작한 때는 19세기 말이며, 1962년 이후 제도화되었다. 1890년대 이전까지는 중국 황제의 연호 또는 조선 국왕의 칭호와 연도를 함께 사용하였다.

조선에서는 해마다 몇 차례씩 사절단을 통해 명의 황제에게 선물을 보냈다. 명은 그 선물의 값어치를 감안하여 조선이 원하는 물품을 제공하였다. 또 조선에서는 왕이 바뀌면 명에 알렸고, 명은 사절단을 보내 새 왕에 대한 임명 의식을 치렀다. 조선이 명의 연호를 사용하고, 이 같은 방식으로 사절단을 주고받는 관계를 조공 – 책봉 관계라고 한다. 그러나 명 황제와 조선 왕의 군신 관계는 다분히 의례적이어서 명이 조선의 왕위 계승에 개입하거나 내정에 관여하는 경우는 거의 없었다. 스스로 중국

평양의 숭녕전
유교의 기본 정신을 정립한 전설적인 인물 기자를 모신 사당이다. 공자보다 앞선 시대의 인물인 기자가 조선을 문명화하였다고 믿었던 조선의 사대부들은 이 땅이 일찍부터 유교 문화가 발달한 또 다른 중화 세계라고 생각하였다.

6진

온성
경원
종성 경흥
회령

여 진

두만강

▲백두산

부령

4군

여연

우예
자성 무창

압록강

함경도

함흥부 ●

동 해

평안도

평양부 ●

조 선

강원도

황해도

개성부 ●
경기도
한성부 ●

황 해

충청도

경상도

경주부 ●

전주부 ●

전라도

일 본

15세기 조선의 국경

명은 건국과 동시에 주변 국가에 사절단을 보내 조공 – 책봉 관계를 새롭게 구축하려 하였다. 그리고 이에 동의하는 국가에 무역허가증을 발급하여 공적인 무역 기회를 부여하였다. 일본도 이때 명과 조공 – 책봉 관계를 맺고 명 중심의 동북아시아 질서에 참가하였다.

4군 6진

조선 세종 때 북방의 영토 개척을 위해 새롭게 만든 행정 구역과 군사 시설이다. 4개의 행정 구역(4군)은 압록강 중류에 만들어져 남쪽의 주민이 이주해왔으며, 6개의 군사 시설(6진)은 두만강 중하류에 마련되어 국경을 분명히 하였다.

에 뒤지지 않는 오랜 역사와 전통을 가졌다고 믿었던 조선인들은 대결을 피하기 위해 최대한 노력하는 한편, 굴종을 요구해오면 언제든지 맞설 준비가 되어 있었다.

북방 영토의 개척

조공 – 책봉 질서가 형성된 후에도 조선과 명 사이에는 긴장감이 감돌거나 전쟁 직전까지 치닫는 상황이 있었다.

명의 권력이 미치지 못하는 만주 일대의 귀속 여부가 자주 그 원인이 되었다. 고려를 계승한 조선은 이 지역을 되찾겠다는 의지를 분명히 하였다. 그러나 명은 옛 원의 영역을 모두 자신의 지배 아래 두려고 하였다.

명과 전쟁을 벌이지 않으면서 남하를 시도하는 여진족을 통합하는 것은 조선왕조의 오랜 과제였다. 1434년(세종 16), 조선은 두만강을 건너와 약탈을 일삼는 여진족의 죄를 규탄한 뒤 "조상에게 물려받은 땅에서 한 치도 물러서서는 안 된다"며 여진족과의 전쟁을 선언하였다.

혼일강리역대국도지도(1402)
여러 나라에서 제작된 지도를
종합하여 만들었던 당시로서는
우수한 세계 지도이다. 100여 개의
유럽 지명과 35개의 아프리카 지명이
소개되어 있으며, 조선이 일본보다
4배 정도 크게 그려져 있다.

이로부터 16년 동안 조선의 군민은 농경지를 개척하여 마을을 이루고 마을을 보호하는 성을 쌓았으며, 곳곳에 방어 시설을 만들었다. 압록강 유역에서 국경을 매듭지은 것도 이 무렵이었다.

성을 새로 쌓고 군사를 주둔시키는 것으로만 끝나지 않았다. 가장 중요한 일은 많은 사람이 이곳에서 사는 것이었다. 이웃 고을의 주민은 물론, 멀리 남부 지방 주민들도 이곳으로 이주시켰다.

국가에서는 이주를 장려하기 위해 농사 지을 땅을 제공하고, 일정 기간 세금을 줄여주었다. 그러나 새로운 곳에서 농경지를 만들며 새 삶을 시작한다는 것은 큰 부담이었고, 국가의 이주 사업은 큰 성과를 거두지 못하였다. 목표를 채우기 위해 주민들을 강제로 이주시키는 일도 있었다.

변경의 삶은 무척 어려웠다. 조세 부담에서 다른 지역과 큰 차이가 없는데다 국방과 관련된 추가 부담이 자주 발목을 잡았기 때문이다. 간혹 여진족의 침략으로 삶의 기반이 송두리째 파괴되는 일도 있었다. 압록강과 두만강 유역의 개척은 초기 이주민들의 희생으로 이루어진 것이었다.

뚜렷해진 국경 개념

두만강과 압록강을 따라 만들어진 방어 시설은 조선과 여진족의 왕래를 차단하는 경계선이 되었다. 아울러 조선인 스스로 문명국이란 자부심을 갖고 야만으로 여긴 여진족을 자신들과 구분짓는 심리적 구분선이기도 하였다.

이 무렵 남방에서도 국경 개념이 뚜렷해졌다. 고려와 조선 왕조는 바다를 건너온 해적(왜구)와 싸우는 데 상당한 노력을 들였으며, 1419년에는 조선 수군이 해적의 근거지인 쓰시마섬을 공격하였다.

이후 일본인의 합법적 교역을 보장하자 해적은 사라졌다. 약간의 조건이 걸려 있었지만, 일본인이 왕래하고 조선에 머물면서 교역하는 것도 허용되었다.

14세기 말 15세기 초, 지금의 한국 국경선이 거의 확정되었다. 조선인들은 스스로 중국과 자신을 구별하였으며, 여진족·일본과 자신을 구분하는 자의식을 만들어갔다. 바다와 강을 경계로 하는 국경 개념이 뚜렷해진 것도 이 무렵이었다.

조 선 속 의 일 본 , 왜 관

1404년, 조선과 일본이 정식으로 국교를 맺었다. 일본의 쇼군 요시미츠가 국왕 자격으로 사절단을 보냈으며, 조선 왕도 통신사를 일본에 보냈다. 수도 한양에는 일본 사절단이 묵는 숙소로 동평관을 두었다. 사절단이 오갈 때마다 국가 차원의 공적인 무역도 이루어졌다.

조선 왕은 일본의 지방 영주들과 개별적인 관계를 맺기도 하였다. 즉 쓰시마번을 비롯하여 몇몇 영주에게 조선의 관직을 주었고 조선과의 교역을 허락하였다.

오늘날 부산(부산포)과 울산(염포), 진해(내이포, 제포)에는 일본인이 거주하는 마을인 왜관이 있었다. 1494년 기록에 따르면 세 곳에 거주하는 일본인이 3,105명으로 조사되었는데, 실제로는 이보다 더 많았다. 왜관의 일본인은 일본에서 가져온 물품을 팔고, 일본으로 가져갈 물품을 사들였다. 조선에서 생산되는 면화와 비단, 쌀과 콩은 일본인에게, 일본에서 건너온 금과 구리, 목재와 후추는 조선인에게 인기를 끌었다.

일본인이 왜관 밖으로 나가는 것은 제한되었으나 조선인이 왜관에 들어가는 것은 허용되었다. 그래서 왜관을 통해 조선은 일본과 일상적으로 만났으며, 일본인을 통해 또 다른 세계를 만날 수 있었다.

오른쪽은 1783년 동래 출신 화가인 변박이 그린 부산의 왜관 모습이다. 1876년 강화도조약 이후 일본은 이곳을 중심으로 일본 세력을 확장하였다.

왜관도(부분)

3
한글이 탄생하다

나라말이 중국과 달라

우리나라 말과 중국 문자인 한자는 어울리지 않아, 가엾은 백성들이 말하고 싶은 바를 충분히 표현하지 못한다. 내

이를 가엾게 여겨 새로 28글자를 만드니, 부지런히 익혀 생활을 편하게 하라.

조선의 네 번째 왕 세종이 훗날 한글로 불릴 훈민정음(백성을 가르치는 바른 소리라는 뜻)을 발표하

면서 한 이야기다.

조선 말과 중국 말은 전혀 다르다. 그러나 조선 사람들은 한글이 발명될 때까지 중국 한자를 빌려

썼다. 말 생활과 글 생활이 전혀 달랐던 것이다. 게다가 한자는 글자 수가 많고 배우기가 어려워 사용

하는 데 무척 어려웠다.

반면에 한글은 배우기가 아주 쉬웠다. 새 글자는 한자처럼 뜻글자가 아닌 소리를 표현하는 글자였

다. 그래서 28글자를 조합하면 말을 그대로 글로 적을 수 있었다. 게다가 28글자는 다양하게 조합할

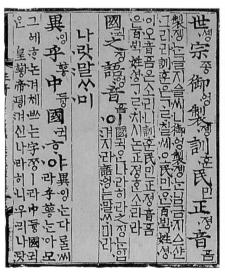

훈민정음 해례본
새 문자를 만들면서 글자의
원리와 용례를 자세하게 설명한
책이다. 새 문자를 만든 까닭을
백성들의 생활을 편리하도록
하기 위해서라고 밝힌 사실에서
당시의 통치자들이 민본 정치
이상을 크게 의식하였음을
알 수 있다.

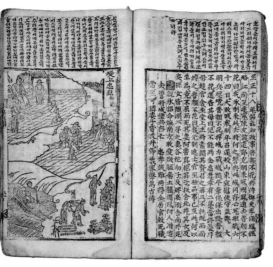

수 있어 표현할 수 없는 소리가 없을 정도로 과학적인 글자였다. 말과 글이 비로소 일치하였으며, 누구든지 자신의 뜻을 편하게 전할 수 있었다.

새로운 문자의 보급

새 문자가 모든 사람의 환영을 받았던 것은 아니었다. 일부 관료들은 "정치란 유교의 가르침을 실현하는 것인데, 새 문자는 한자로 된 유교 경전을 공부하는 데 손해가 될 뿐"이라며 반대하였다. 많은 관리가 새 문자를 의도적으로 무시하였으며, 왕이 죽자 새 글자 보급에 앞장섰던 관청을 폐지하였다. 적어도 지배층에게는 19세기까지 한자만이 진짜 글자였다.

그러나 배우기 쉽고 쓰기 쉬운 새 문자는 점점 더 많은 사람에게 알려졌다. 처음에는 궁녀와 하급 관리들이 사용하였으나, 점차 시장 상인과 농민들에게 확대되었다. 특히 체계적인 한자 교육에서 소외되어 있던 여성들에게 큰 인기를 끌었다. 새 문자를 연구하고 보급하려는 움직임도 일어났다. 16세기가 지나면서 새 문자는 민중의 문자로 뚜렷이 자리잡았다.

어떤 소리든 그대로 적을 수 있는 새 문자는 고유문화의 발전에 크게 기여하였다. 오랫동안 입으로 전해지던 노래들이 새 문자로 정리되었으며, 생활 속에서 우러나오는 자연스런 감정을 있는 그대로 표현한 문학작품이

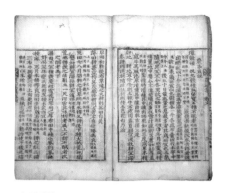

농사직설
1429년 정초 등이 왕명에 따라 간행하여 지방관과 서울의 고위 관리들에게 배포하였다. 농사 경험이 풍부한 이들에게서 들은 농사 지식을 모아 정리한 책으로, 지방관의 권농 정책에 활용하도록 하였다.

많이 탄생하였다. 새 문자의 창제는 실로 말과 글이 다른 이웃 나라와 뚜렷이 구분되는 독자적인 문화를 만드는 데 중요한 기초가 되었다.

"민은 나라의 근본"

새 문자를 만든 세종은 "민은 나라의 근본이므로 민을 사랑하고 위하는 정치를 해야 한다"고 수차례 강조하였다. 이 당시 '민을 위하는 정치'가 민이 주인인 민주정치를 뜻하는 것은 아니었다. 대다수 민들은 신분제와 과도한 조세 수탈로 어려움을 겪었다. 그러나 '민을 위한 정치'가 정치 이상으로 강조되면서 과도한 수탈은 억제되고, 민의 생활을 개선하기 위한 정책적 노력도 뒷받침되었다.

15세기 전반기에는 민들의 창조적 활동을 바탕으로 기술적 진보가 잇따랐다. 밭농사에서 1년 2작, 2년 3작과 같은 선진적인 농법이 자리잡았고, 논농사에서는 모내기법이 확산되면서 벼 – 보리 2모작도 시도되었다. 수공업의 기술 발전도 두드러졌다. 도자기·선박 제조 기술과 금속활자를 이용한 인쇄술이 좋은 사례다.

몽유도원도(꿈에 본 이상향)
세종의 아들 안평대군의 꿈 이야기를 그린 것이다. 세종 때는 국가의 문화·예술 정책이 체계화되었는데,
이 그림은 회화를 담당한 관청인 도화서의 화원 안견이 그렸다. 1477년 작품으로 크기는 38.7×106.5cm.

과학 기술의 발달을 뒷받침하는 국가 정책도 본격화되었다. 정부는 선진 농법을 확산하고자 농서를 편찬하여 보급하였다. 세계 최초로 측우기를 만들어 사용하였으며, 기상관측 결과를 철저하게 관리하였다. 다양한 천체 관측기구와 철저한 관측을 바탕으로 한 달력도 만들었다. 국내에서 나는 약재를 중심으로 질병의 종류와 치료법을 정리한 의학 서적도 발간하였다.

'민이 나라의 근본'이란 정치 이상이 늘 지켜진 것은 아니었다. 그러나 정치는 '민을 위한, 민의 생활을 편리하게 하는, 민의 생활을 보살피는' 것이 되어야 한다는 이상을 아무도 부정할 수는 없었다. 훈민정음 창제처럼 민의 생활과 처지에 바탕을 둔 새로운 문화 창조와 과학 기술의 발전은 15세기 민본 이념이 가져다준 선물이었다.

측우기
1442년에 강우량 측정과 관련된 제도를 마련하고 이듬해 측우기를 만들어 서울과 지방 관청에 설치하였다. 사진은 현재 서울기상청에 있는 측우기로, 1770년 5월에 만들었다는 내용이 새겨져 있다.

15세기 조선의 과학 기술

15세기 조선의 과학 기술은 세계적인 수준이었다. 13~14세기 동안 원과 교류하면서 다양한 문화를 수용하였으며, 15세기에 이르러 집권 체제가 안정적으로 운영되었기 때문이다. 15세기에는 국가는 정치, 경제, 문화적 통합 능력을 전제로 여러 분야에서 사회 발전을 촉진시키는 데 앞장섰다. 기술 발전과 경제성장, 인구 증가도 이루어졌다. 그러나 유교 이념을 바탕으로 한 집권 체제는 그 틀을 벗어난 사유와 실천을 가로막아 변화의 걸림돌이 되기도 하였다. 새로운 과학 기술이 꾸준히 발전하지 못한 것도 이 때문이었다.

백자 대접
조선시대에는 청자보다 수준 높은 기술을 필요로 하는 백자가 많이 만들어졌다. 사진은 15~16세기에 만든 것으로 높이는 11.8cm이다.

자격루
시각을 자동으로 알려주는 물시계로, 장영실이 만들었다. 세종 때 만든 자격루는 모두 소실되고, 1536년에 만든 것의 일부만 오늘날에 전한다.

신기전
1451년에 발명된 화약무기로, 한 번에 100발의 화살을 날릴 수 있었다. 뛰어난 화포와 거북선이라 불린 철갑선도 이 무렵에 등장하였다.

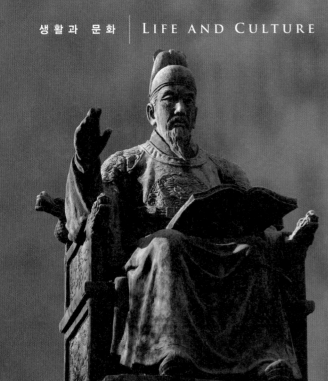

세종대왕 동상
한글 사용은 대다수 한국인들의 문맹 퇴치에 결정적 공헌을 하였다.
사진은 훈민정음을 창제한 세종대왕의 동상. 그의 공을 기리기 위해
유네스코는 1990년 이후 세계 각국에서 문맹 퇴치 사업에 공이 큰
개인이나 단체를 뽑아 매년 King Sejong Prize를 시상한다.

아름답고
과학적인 글자, 한글

한글은 누가 어떤 원리로 만들었는지를 알 수 있는 세계 역사상 유례를 찾기 어려운 문자다. 그리고 한
국말을 거의 완벽하게 표현할 수 있는 대단히 과학적인 문자다. 말과 글이 달랐던 한국인들은 7세기 무
렵부터 한자를 이용해 한국어를 표기하였다. 동아시아에는 13~14세기 들어 한자를 이용해 자국어를 표
기하는 움직임이 크게 확산되었는데, 한글의 탄생
은 이 시기 다른 나라 음운학의 성과를 폭넓게 흡
수함으로써 이루어졌다.

한글은 한국어를 소리나는 대로 적을 수 있는
표음문자의 일종으로, 처음에는 28자였으나 현재
는 24자로 소리를 표현한다. 24자는 모음 10자와
자음 14자로 이루어져 있다.

한글의 아름다움
한글은 매우 아름다운 꼴을 갖추고 있어, 그 아름다움을 표현하는 예술(서예)도
발달하였다. 최근에는 한글의 글꼴을 활용한 다양한 상품이 선보이고 있다.

한글은 자음과 모음을 순서대로 이어 붙이는 방

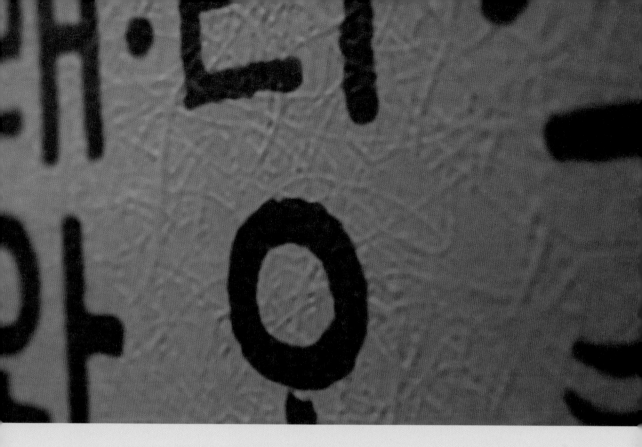

식이 아니라, 자음과 모음을 하나의 음절 단위로 묶어 표기한다. 초성으로 쓸 수 있는 글자가 19개, 중성 21개, 종성 27개로 산술적으로 계산하면 19 × 21 × 27 = 10,773개의 소리를 표현할 수 있다.

Vowels Korean phonemes and English phonetic signs	ㅏ	ㅓ	ㅗ	ㅜ	ㅡ	ㅣ	ㅐ	ㅔ	ㅚ	ㅟ									
	a	eo	o	u	eu	i	ae	e	oe	wi									
Consonants Korean phonemes and English phonetic signs	ㄱ	ㄴ	ㄷ	ㄹ	ㅁ	ㅂ	ㅅ	ㅇ	ㅈ	ㅊ	ㅋ	ㅌ	ㅍ	ㅎ					
	g	n	d	r	m	b	s	ng	j	ch	k	t	p	h					
	k		t	l		p													

Initial 19 Korean phonemes and English phonetic signs	ㄱ	ㄲ	ㄴ	ㄷ	ㄸ	ㄹ	ㅁ	ㅂ	ㅃ	ㅅ	ㅆ	ㅇ	ㅈ	ㅉ	ㅊ	ㅋ	ㅌ	ㅍ	ㅎ
	g	kk	n	d	tt	r	m	b	pp	s	ss	ng	j	jj	ch	k	t	p	h
	k			t		l		p											
Middle 21 Korean phonemes and English phonetic signs	ㅏ	ㅐ	ㅑ	ㅒ	ㅓ	ㅔ	ㅕ	ㅖ	ㅗ	ㅘ	ㅙ	ㅚ	ㅛ	ㅜ	ㅝ	ㅞ	ㅟ	ㅠ	ㅡ	ㅢ	ㅣ
	a	ae	ya	yae	eo	e	yeo	ye	o	wa	wae	oe	yo	u	wo	we	wi	yu	eu	ui	i
Final 27 Korean phonemes and English phonetic signs	ㄱ	ㄲ	ㄳ	ㄴ	ㄵ	ㄶ	ㄷ	ㄹ	ㄺ	ㄻ	ㄼ	ㄽ	ㄾ	ㄿ	ㅀ	ㅁ	ㅂ	ㅄ	ㅅ	ㅆ	ㅇ ㅈ ㅊ ㅋ ㅌ ㅍ ㅎ
	g	kk	ks	n	nj	nh	d	r	lg	lm	lp	l	lt	lp	lh	m	b	ps	s	ss	ng j ch k t p h
	k	k			n	n	t	l	k	m	p	ls		p	l		p				

ㅅ + ㅔ + ㅈ + ㅗ + ㅇ = 세종
initial sounds | middle sounds | initial sounds | middle sounds | final sounds
s   e   j   o   ng = Sejong

한국 Hanguk 서울 Seoul 한겨레 hangyeore

1474 ~ 1650

1492
<u>콜럼버스, 서인도 제도 도착</u>

1519
유교적 이상 정치를 추구하던 조광조가 특권층의 공격을 받아 세상을 떠났다.

1519 ~ 1522
마젤란이 세계일주 항해 마침. 이후 에스파냐의 아시아 진출이 본격화됨.

1543
백운동서원이 세워졌다. 훗날 소수서원으로 발전하였는데, 유교 교육과
양반들의 지역 자치에 서원의 역할이 매우 컸다.

1570
사림 세력이 동인과 서인으로 나뉘었다. 이후 오랫동안 조선은 여러 붕당이
서로 견제하면서 중앙 정치를 이끌었다.

1592 ~ 1598
조선을 침략한 일본과 7년 전쟁을 벌여 침략자를 물리치는 데 성공하였다.

1607
일본의 사과를 받고 국교를 다시 회복하였다.

1623
명과 북방 여진족 사이에 중립 외교를 펴던 광해군이 명과의 의리를 강조한
사림에게 쫓겨났다.

1636
중국 동북방을 통일하였던 여진족이 청을 세운 뒤 조선을 침략하였다.

1644
<u>청, 베이징 점령. 명 멸망</u>

VII 유교 문화의 확산

"왕이 왕답고 신하가 신하답다면, 부모가 부모답고 자식이 자식답다면 사회는 저절로 아름다워진다."
16세기 이래 조선은 빠르게 유교화되었다. 새로 중앙 정계에 진출한 사림은 유교 이념에 따른 이상 정치를 내세우며 정치
혁신을 꾀하였다. 유교 경전 연구는 물론, 유교 이념을 생활화할 의례 연구도 깊어졌다. 국왕에 대한 충성과
부모에 대한 효도, 남성에 대한 여성의 봉사와 헌신을 강조한 유교 윤리가 생활 원리로 자리잡았다. 또한 오랑캐라 여긴
청의 중국 지배를 지켜보면서 유일한 유교 문명의 계승자라는 자의식을 갖게 되었다.

종묘(서울 소재) 왕실 조상의 위패를 모셔두고 제사지내는 곳이다.

전쟁에 휩싸인
동북아시아

1592년 4월, 15만여 명의 일본군이 조선을 침략하였다. 조선군
은 사활을 걸고 침략자들에 맞섰으며, 안보에 위협을 느낀 명도
대군을 보내 일본군과 대결하였다. 세 나라 모두 전쟁에 휩싸인
것이다.

일본이 전쟁 초기에 일방적인 승리를 거두면서 조선의 국토는
순식간에 짓밟혔다. 그러나 조선 수군이 바다를 장악함으로써 일
본군에게 결정적 타격을 입혔다.

일본이 거둔 초기의 승리는 조총이라는 신무기의 역할이 컸다.
포르투갈 상인을 통해 일본에 들어온 조총은 처음에는 저격용이
었다. 그러나 훈련된 조총 부대를 선두에 배치하고 집단적으로 사
격하는 전술이 자리잡으면서 가공할 무기가 되었다.

조선 수군은 우수한 대포가 있었기에 승리할 수 있었다. 조선
의 화포는 강력한 파괴력을 가졌을 뿐만 아니라 조총보다 사정거
리가 훨씬 멀었다. 그리고 화포를 발사할 때 발생하는 강한 반동
을 이겨낼 수 있는 우수한 조선 기술이 이를 뒷받침하였다.

조선과 일본의 7년 전쟁은 서구의 전투 기술로 새롭게 무장한
일본과 우수한 과학기술 전통을 가진 조선의 전쟁이었으며, 어느
한쪽도 완벽하게 승리를 거두지 못한 채 끝났다.

화차(신기전기)

조총
심지에 불을 붙여 실탄을 발사하여 화승총이라고도
한다. 1543년 일본에 처음 소개되어 일본의 통일
전쟁에서 중요한 역할을 하였다.

판옥선
1555년경에 만든 조선시대 수군의 대표적
전투선. 2층을 널따란 판자로 지붕을
만들어 그 위에 전투병이 올라타 높은
위치에서 싸울 수 있는 구조로 되어
있다. 200명 가까이 탑승 가능하며,
2층에 화포를 설치해 멀리까지 발사할
수 있었다. 도요토미의 군대가 쳐들어온
임진왜란 당시 거북선과 더불어 조선의
바다를 지킨 일등 공신이었다.

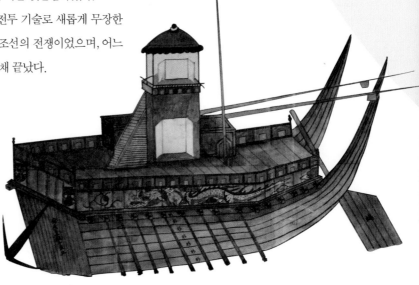

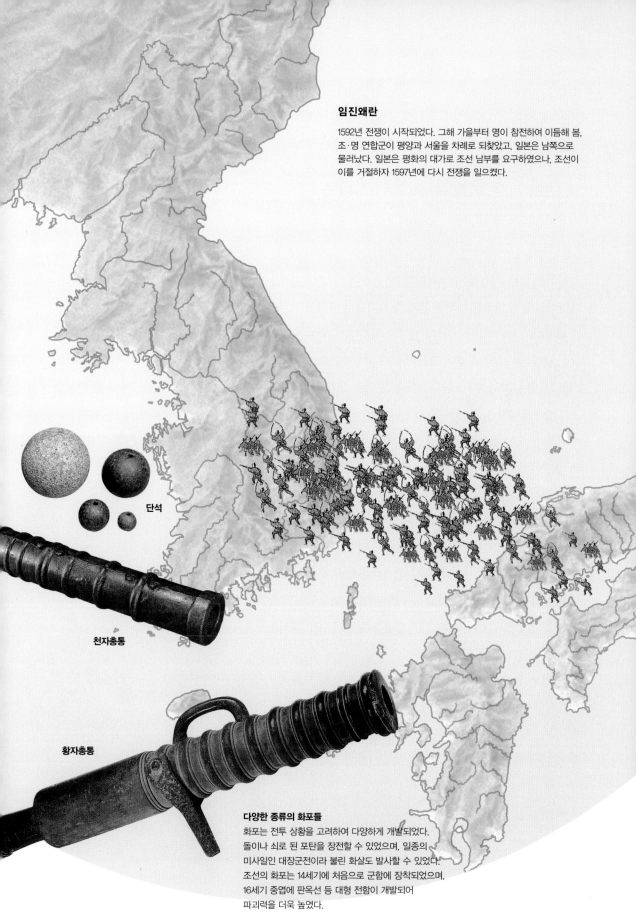

임진왜란

1592년 전쟁이 시작되었다. 그해 가을부터 명이 참전하여 이듬해 봄,
조·명 연합군이 평양과 서울을 차례로 되찾았고, 일본은 남쪽으로
물러났다. 일본은 평화의 대가로 조선 남부를 요구하였으나, 조선이
이를 거절하자 1597년에 다시 전쟁을 일으켰다.

단석

천자총통

황자총통

다양한 종류의 화포들

화포는 전투 상황을 고려하여 다양하게 개발되었다.
돌이나 쇠로 된 포탄을 장전할 수 있었으며, 일종의
미사일인 대장군전이라 불린 화살도 발사할 수 있었다.
조선의 화포는 14세기에 처음으로 군함에 장착되었으며,
16세기 중엽에 판옥선 등 대형 전함이 개발되어
파괴력을 더욱 높였다.

1
사림, 유교적 이상 정치를 꿈꾸다

사림이라 불린 사람들은 누구인가?

양반이라 불린 이들은 대부분 관리가 되기를 소망하였다. 그래서 평생을 과거 공부를 하는 이들도 적지 않았다. 하지만 이들이 단지 관리가 되기 위해 공부한 것은 아니었다. 남을 다스리는 것보다 더 중요한 것이 자기 마음을 다스리는 것이라 생각하였고, 자신과 집안을 잘 다스릴 줄 알아야만 나라를 다스릴 수 있다고 여겼다. 그래서 수양하는 삶, 소신을 지키며 사는 삶은 이들에게 관리로서의 삶 이상으로 중요하였다.

고려 말 조선 초 정치 상황은 이들에게 어려운 선택을 여러 차례 강요하였다. 이성계는 고려 왕실의 신하에서 새 왕조의 창건자로 모습을 바꾸었고, 세종의 둘째 아들은 왕위에 있는 조카를 쫓아내고 스스로 왕(세조, 재위 1455~1468)이 되었다. 중종(재위 1506~1544)은 형을 밀어내고 왕의 자리에 앉았다. 어떤 이들은 왕조의 창건자나 왕위 찬탈의 조력자가 되어 새 조정의 관리로 복무하였지만, 그때마다 "충신은 두 임금을 섬기지 않는다"는 신념을 지키기 위해 관직을 떠난 이들도 있었다.

새 왕조 창건에 참여하지 않거나 비정상적 왕위 교체에 반대하였던 이들은 고향에 머물며 학문을 연구하고 후학을 기르며 도덕적인 삶을 탐구하고 실천하였다. 이들처럼 명분을 중요시하던 재야의 지식인들을 사림이라고 한다.

고사관수도
조선 전기의 문인 화가였던 강희안의 작품이다. 바위에 엎드려 흐르는 물을 바라보며 명상에 잠긴 선비의 모습을 먹만 사용하여 묘사하였다. 복잡한 세상일을 잊고 자연과 하나 되는 삶을 꿈꾸었던 당시 선비들의 마음을 읽을 수 있다. 크기 23.4×15.7cm.

사림의 관직 진출

새 왕조가 창건된 지 수십 년, 왕조 창건에 앞장섰던 이들은 새로운 권력 집단으로 자리잡았다. 세조의 집권을 도운 이들이 더욱 그러하였다. 그들은 여러 차례 큰 상을 받아 경제적으로 부유하였다. 일부는 높은 관직을 독차지하고 왕의 권위를 넘나들었다. 이들을 훈구파라고 한다.

일부 집단이 권력을 독점하는 동안 견제되지 않은 권력은 타락하였으며, 왕권과 신권의 조화도 흔들렸다. 국왕은 신진 세력을 등용하여 이들을 견제하고자 하였다. 재야 학자들 사이에서도 정치 참여를 통해 잘못된 현실을 개혁해야 한다는 주장이 나왔다.

15세기 후반부터 정치 개혁을 주장하는 재야 학자들이 중앙 정계에 진출하였다. 성종(재위 1469~1494) 때 김종직을 비롯한 경상도 지역의 사림들이 처음으로 관직에 나갔으며, 중종 때는 조광조를 비롯한 많은 사림이 정치에 참여하였다. 이들은 훈구파의 부패와 타락상을 정면에서 비판하였다. 그리고 국왕에게도 철저한 수양과 공부를 요구하였으며, 사림들의 여론을 수렴하는 정치를 주장하였다. 유교 경전 연구와 유교 윤리의 보급도 서둘렀다.

심곡서원
1650년 조광조의 무덤이 있던 용인에 세워졌다. 건립 취지는 이 지역의 유학자들이 조광조 제사를 지내고, 그의 뜻을 따르는 후학을 기르기 위해서였다. 학문과 인품이 훌륭하여 사림들의 절대적인 지지를 받았던 조광조는 훈구파를 견제하기 위한 중종의 배려로 상당한 정치 세력을 형성하였다. 그러나 유교적 이상 정치를 실현하려던 조광조는 결국 훈구파의 반발에 밀려 처형당하였다.

사림 정치가 자리잡다

도덕 정치의 실현을 강조한 사림과 훈구 세력의 대결은 피하기 어려웠다. 훈구파를 견제하고자 사림을 후원하였던 국왕은 양자가 대립할 때마다 훈구파 편에 섰다. 의리와 명분을 내세우고 도덕 정치를 강조하는 이들의 주장을 다 받아들이기 어려웠기 때문이다.

권력을 잡은 이들은 네 차례에 걸쳐 신진 관료들을 공격하였는데, 그때마다 수많은 사림이 처형되었다. 김종직은 죽은 지 몇 년 후에 무덤에서 파헤쳐져 목이 잘렸으며, 조광조는 자신이 등용하였던 신진 관리들과 함께 죽음을 맞았다.

그러나 유교 이념에 따른 정치 개혁은 사림들 사이에서 폭넓은 공감대를 형성하였다. 어떤 이들은 재야에 남아 학문 연구와 후진 교육에 힘썼으나, 이전보다 더 많은 사림이 중앙 정계에서 활동하였다. 소수 가문이 독점하였던 중앙 관직은 이제 더 많은 계층에 개방되었다.

사림의 참여가 확대되면서 정치 운영도 달라졌다. 사림들은 유교 이념의 실현을 내세우며 거침없이 발언하였다. 유교 이상을 실현하자는 이들의 주장은 누구도 거부하지 못하였다. 그리하여 16세기 말에 이르면 왕 또는 지위가 높은 관리라 해서 정책을 제멋대로 결정하기가 더

◀ 이황(1501~1570)
조선 성리학의 틀을 세웠다고 할 정도로 학문적으로 높은 경지에 이르렀다. 1534년 과거에 합격하여 여러 관직을 두루 거쳤으며, 제도 개혁보다는 정치를 담당한 이들의 도덕성을 중요시하였다. 그의 제자들은 영남학파로 불리며 훗날 남인의 주력이 되었다.

이이(1536~1584) ▶
이황과 함께 조선의 대표적인 성리학자였다. 학문 활동이 실제적인 문제를 해결하는 데 유용해야 한다는 점을 강조하였으며, 중앙의 주요 관직을 두루 맡으며 정치·사회적인 문제의 해결 방안을 적극 모색하였다. 그의 제자들은 기호학파로 불리며 훗날 서인의 주력이 되었다.

욱 어려웠다. 국가권력에 대한 사적인 지배는 점차 지양되었으며, 여론의 중요성은 갈수록 높아졌다.

동인과 서인, 붕당의 형성

사림 정치가 본격화되면서 유교 경전 연구가 더욱 활발하였다. 중국 송나라 때 주자가 체계화한 성리학은 이 시기 조선에서 새롭게 발전하였다. 이황과 이이 같은 대학자가 나왔으며, 서로 다른 학파가 형성되어 학문적 토론이 본격화되었다.

사림 정치는 바른 정치에 대한 학문적 추구와 현실적인 지역 여론을 다같이 중시하였다. 그러다 보니 지역적으로 가깝고 학파가 같은 양반들끼리 하나의 정치집단을 형성하였는데, 이를 붕당▪이라고 한다.

붕당은 제각기 학문적 소신을 가지고 정책의 우선순위를 매기며, 지역 여론을 바탕으로 정치 활동을 펴나갔다. 이황의 학풍을 이은 영남 출신 양반들이 중심이 된 동인은 향촌 자치와 민생 안정을 줄곧 강조한 데 비해, 이이의 학풍을 이은 경기·충청 출신이 중심이 된 서인은 부국강병을 강조하였다.

▪붕당 가까운 벗들이 무리를 이루었다는 뜻으로 현직 관리와 재야의 사림이 하나의 붕당에 소속되었는데, 정책의 차이가 있었다는 점에서 정당과 비슷하다. 그러나 지역과 학통을 중심으로 결합되었다는 점에서 정당과 큰 차이가 있다.

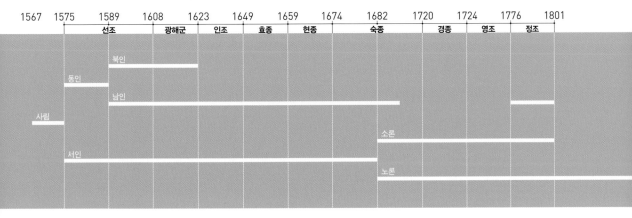

붕당 구조
16세기 말 동인과 서인이라는 두 붕당이 형성되었다. 동인은 머지않아 북인과 남인으로, 서인은 17세기 후반에 노론과 소론으로 나뉘었다. 17세기 중반부터 서인과 남인이 정치의 주역이었으며, 18세기에는 붕당 간의 대립을 완화하는 정책이 나오기도 하였다. 그러나 19세기에 접어들면서 서인의 일부인 노론의 몇몇 가문이 권력을 독차지하였다.

역사의 현장 | HISTORICAL SITES

도산서원
1574년에 이황의 삶과 학문을 기리기 위해 세운 서원이다.
경상북도 안동시 도산면에 있다. 도산서원을 포함해 한국 서원
9곳이 2019년 유네스코 세계문화유산에 등재되었다.

서원,
조선 선비의 삶이 깃든 곳

양반들은 엄격한 자기 수양이 모든 것의 근본이라 여겼다. 그래서 훌륭한 스승을 모시고 그의 뜻을 본
받기 위해 노력하였다. 서원은 이처럼 뛰어난 학자의 제사를 지내고 유생들을 모아 가르치던 곳이다.

서원은 16세기 중엽에 처음 등장하였다. 서원에서는 유교 경전과 주자학, 역사와 문학을 공부하였다.
스승과 제자가 함께, 때론 지역 양반들이 두루 모여 글짓기 대회를 열었다.

지역 양반들은 대부분 서원 운영에 참여하였다. 그래서 서원은 양반들의 여론을 수렴하여 중앙 정치
에 반영하는 기구이기도 하였다. 양반들이 협력하여 향촌의 자치 규약을 만들어 직접 집행하기도 하였
는데, 이 때문에 서원은 소작 농민이나 노비에게 두려운 공간이기도 하였다.

사림 정치·붕당 정치가 자리잡으면서, 서원이 늘고 각 서원이 연결되었다. 그래서 왕과 지방관의 권
한이 이전처럼 행사되기 어려웠다. 사대부들은 유교 문화의 확산을 내세우면서 농민을 장악하였고, 그
과정에서 자의적 수탈로 인한 문제가 일어나기도 하였다.

158

소수서원의 전각 배치

고직사	유물관	
	영정각	학구재	지락재
전사청	직방재 · 일신재	
	장서각	
문성공묘	강학당	
		경렴정

소수서원의 전각 배치
소수서원은 1543년에 세워진 최초의 서원이다. "무너진 가르침을 다시 잇자"라는 뜻의 소수란 명칭이 상징하듯, 유교 교육을 강화하자는 사족들의 자발적 의지를 바탕으로 건립되었다.

❶ **문성공묘** 성리학을 소개한 고려 때의 유학자 안향의 초상화를 모셔두고 제사를 받드는 곳이다.
❷ **강학당** 선비들이 함께 공부하였던 강당이다.
❸ **학구재·지락재** 학생과 스승 들의 숙소로 쓰였다.
❹ **장서각** 책을 보관해두던 곳이다.

도동서원의 정문 수월루
1568년에 김굉필의 사당으로 처음 지어졌으며, 1607년 왕이 도동서원이라는 명칭을 내려주었다. 그 명칭에는 '도동은 도가 동쪽으로 갔다는 뜻으로 동쪽의 조선이 진정한 깨우침이 있는 곳'이라는 자부심이 담겨 있다. 경상북도 대구시 구지면에 있다.

2

두 차례 전란에 휩싸이다

일본의 조선 침략

1592년 봄, 남동해의 부산 앞바다에 15만이 넘는 일본군이 나타났다. 부산성을 무너뜨린 일본은 곧바로 동래성으로 몰려왔다. 군인은 물론 이름 없는 민중들까지 목숨을 바쳐 항전하였으나, 성은 함락되고 살아남은 자는 거의 없었다.

임진왜란이라 불린 일본의 조선 침략은 이렇게 시작되었다. 준비된 일본군은 바람처럼 진격하였고, 준비가 부족하였던 조선군은 곳곳에서 패하였다. 18일 만에 수도가 함락되었으며, 왕은 북으로 북으로 피신하였다. 온 나라는 공황 상태에 빠졌다.

돌이켜보면 전쟁을 대비해야 한다는 주장이 없지는 않았다. 일본의 상황을 살피기 위해 사람을 보낸 적도 있었다. 이 시기에 관리들이 죄다 부패하고 무능하였던 것도 아니었다. 오히려 이상적인 정치에 대해 공부하고, 이를 실현하기 위해 힘썼던 때 묻지 않은 관리들이 많던 때였다.

그럼에도 불구하고 준비가 부족하였다. 왜였을까? "나라가 부유하면 민이 가난해지고, 군대가 강해지려면 민이 고통스러워야 한다." 사림들은 앞으로 닥칠 전쟁에 대비하기보다 당장의 어려움에 빠져 있는 민중들의 생활 개선이 더 중요하다고 생각하였던 것이다. 그러나 치명적이게도 그들은 국제적 시야를 갖고 있지 못하였다.

동래부 순절도
동래성을 공격한 일본군에 맞서 싸우는 동래성 주민과 군인 들의 모습을 그린 그림이다. 남문의 대치 장면, 북동쪽에서 성이 함락되는 장면 등 전투과정을 한 장에 표현하였다. 1760년 동래 출신 화원인 변박이 그렸다. 크기 147×97cm.

동아시아의 패권을 넘보는 일본

16세기 말 일본은 100여 년간 지속된 분열 시대가 끝나고 있었다. 그러나 통일을 또 다른 전쟁의 시작으로 만들려는 분위기가 감돌았다. 통일의 기초를 만들었던 오다 노부나가의 뒤를 이은 도요토미 히데요시가 조선과 명을 침략하겠다는 뜻을 공공연히 드러냈다.

도요토미는 권력을 잡은 1585년부터 명을 침략하겠다고 밝혔다. 그리고 통일을 완성한 1590년에는 본격적인 침략 준비에 들어갔다. 새로운 곳을 정복하여 무사들에게 영지를 나누어주고, 세계적 규모로 확대되고 있던 동아시아 무역 질서를 일본 중심으로 재편성하고 싶어하였다.

이 무렵 동아시아의 바다에 유럽 상인들이 나타났다. 1498년 이후 아시아 무역에 뛰어든 포르투갈은 1544년 일본과 무역을 시작하였으며, 오래지 않아 마카오에 수백 년을 이어갈 중국과의 교역 기지를 마련하였다. 1570년대에는 에스파냐가 필리핀에 무역 기지를 세워 식민지인 멕시코에서 나는 풍부한 은을 가지고 와 중국의 비단과 도자기로 바꾸어 갔다. 17세기 초에는 네

→ 왜군 주요 침입로

임진왜란 당시 일본군의 침략로

조선 수군의 승리는 육지로 진격하는 일본군의 병참을 확보하려는 전략을 파탄시킴으로써 전세에 결정적 영향을 미쳤다. 의병이 크게 일어나고 명군이 참전하자, 내륙에서 고립 위험에 빠진 일본군은 1593년 초 남동 해안으로 쫓겨났다.

담배와 고추

조선인들의 식생활과 취미생활에 큰 변화를 가져다준 고추와 담배는 원산지가 아메리카로, 일본의 조선 침략전쟁 전후에 소개되었다. 감자와 고구마, 옥수수 등 이후 소개된 작물의 원산지도 아메리카였다.

바다를 지킨 조선 수군

일본의 침략을 받은 조선은 육지에서 거듭 패하여 큰 위기를 맞았다. 그러나 조선 수군은 바다를 통해 식량과 전쟁 물자를 공급하려던 일본의 계획을 무너뜨렸다. 조선 수군은 1597년 잠시 동안 일본군의 남해 진출을 허용하였을 뿐 바다를 완벽하게 장악함으로써 전쟁을 승리로 이끄는 데 결정적인 역할을 하였다.

덜란드가 타이완섬을 차지하였다.

당시 이들은 중국을 중심으로 한 아시아 무역에 발을 들여놓은 것에 지나지 않았다. 그러나 이들의 참여를 계기로 국제무역은 세계적 차원으로 확대되고, 지역의 사회·문화적 발전에 이전과는 완전히 다른 새로운 자극이 되었다. 그것이 가져온 변화는 당시에 미미하였으나 갈수록 큰 파고를 일으킬 것이 분명하였다.

침략군을 물리친 사람들

조선에서는 일본이 전국을 통일하고 신무기를 바탕으로 전쟁을 준비하고 있던 상황을 파악하지 못하였다. 그것이 초기의 거듭된 패전의 가장 큰 요인이었다. 그러나 전쟁을 전혀 준비하지 않은 것은 아니었다.

전쟁 위기가 고조되던 1591년, 조선 정부는 이름난 장수들을 선발해 일본의 침략에 대비하였다. 이순신도 그중 한 사람이었다. 전라좌도의 수군 지휘관이 된 이순신은 함선을 정비하고 군인을 충원하는 등 철저하게 전쟁 준비를 하였다. 전쟁이 시작되자, 준비된 함대를 이끌고 수십 차례 일본 수군과 대결하여 단 한 번도 패하지 않았다.

민중에게 부담을 주는 전쟁 준비에는 반대하였지만, 향촌 사회를 지키기 위한 양반 유학자들의 노력은 활발하게 전개되었다. 민중 또한 삶의 현장을 지키기 위해 광범위하게 참여하였다. 양반 유학자들이 이끌고, 민중이 광범위하게 참가한 의병이 전국 곳곳에서 조직되어 일본군과 싸웠다.

수군의 승리와 의병 활동은 전세를 바꾸어놓았다. 게다가 전쟁이 중국으로 확대될 것을 우려하던 명도 대군을 파견하였다. 조·명 연합군의 반격에 일본군은 남쪽으로 쫓겨났다. 이때부터 피해를 줄이려는 명과 승세를 놓친 일본군 사이에 휴전 협상이 시작되었다. 그러나 조선 영토를 점거한 채 영토의 절반 가까이를 영구히 떼어 달라는 터무니없는 일본의 요구

이순신(1545~1598)과 거북선
이순신은 북쪽 변경을 지키던 군인이었는데 전쟁이 일어나기 1년 전 수군 지휘관으로 승진하였다. 치밀한 대비와 과학적인 전술 구사로 단 한 번의 패배 없이 일본 수군을 완벽하게 제압하였다. 1598년에 일본군과의 마지막 해전에서 전사하였다. 왼쪽은 서울 광화문 광장에 세워져 있는 이순신 동상이다. 오른쪽은 15세기 초 거북선을 만들어 왜구를 물리쳤다는 기록에 착안하여 만든 것이다. 거북선은 거북의 등 모양을 하였다 해서 붙여진 이름이다.

는 받아들일 수 없었다.

1597년, 협상이 깨지고 일본이 다시 침략하였다. 그러나 이번에는 조선이 준비된 상황이었다. 일본군은 조선의 격렬한 저항에 부딪혀 쫓겨갔다. 전쟁이 시작된 지 7년이 되어가던 1598년 어느 날이었다.

임진왜란이 남긴 것

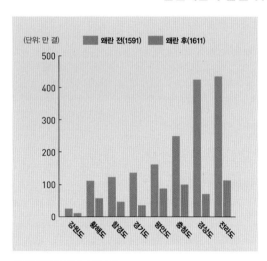

임진왜란 전후의 경지 면적 비교
전쟁을 거치면서 국가가 조세를 거둘 수 있는 토지는 30%로 줄었다.

전쟁이 계속되는 동안 민중의 불만은 하늘을 찔렀다. 적의 총검 앞에 노출되어야 했던 민중들은, 도성을 내버리고 피난을 떠난 통치자들에게 분노하였다. 일본군과 조선을 도우러 왔다면서 행패를 부리는 명군을 몇 년씩 무기력하게 지켜보면서 쌓인 분노도 이루 말할 수 없었다. 가족을 잃고 먹을 것을 찾아 헤매야 했던 이들의 불만은 더욱 컸다.

통치자들은 복구 사업을 추진하면서 일본의 책임과 명의 은혜를 강조하였다. 민중들의 분노가 국왕과 조정에 쏠리는 것을 막기 위해서였다.

재정이 바닥난 상태라 복구는 지지부진한 데다 민중들의 불만은 깊어만 갔다. 조선 정부는 "나라를 다시 만들어준 명의 은혜를 잊지 않아야 한다"는 주장을 계속 내세울 수밖에 없었다.

남방을 안정시키고 북방을 경계하다

1603년 일본에서는 조선 침략에 소극적이었던 도쿠가 가문이 권력을 잡았다. 에도 막부가 시작된 것이다. 새 정권은 조선·명과 국교 재개를 원하였다. 무역 재개로 경제적 목적을 달성하면서 도쿠가 정권의 국제적 지위를 높이기 위해서였다.

일본에 대한 적대감이 높았던 조선은 소극적이었다. 그러나 포로 송환과 전후 복구를 위해서는 협상이 필요하였고, 북쪽 국경 너머에 있던 만주족의 움직임을 우려하던 조선은 결국 일본의 사과를 전제로 교섭을 결정하였다.

1607년에 조선은 일본측의 요청에 따라 훗날 통신사라 불리는 대규모 사절단을 보내 국교를 재개하는 한편, 일본인이 조선에서 무역 활동을 하도록 허용하였다.

북방의 위협은 곧 현실화되었다. 임진왜란 때 조선을 돕기 위해 군대를 보내겠다고도 하였던 만주족의 세력이 크게 성장한 것이다. 1616년에 만주족은 부족을 통일하고 후금(1636년 이후 청)을 건국하였으며, 1618년에는 만주 대부분을 차지하여 명과 조선의 국경을 동시에 위협하였다.

무너진 중립 외교, 병자호란의 발발

1619년 명은 후금을 상대로 군사를 일으켰다. 그리고는 조선에 파병을 요구하였다. '명의 은혜'를 내세웠던 처지로서는 당연히 파병해야 했지만 두 나라 간의 전쟁에 휘말려 불필요한 적을 만들 수는 없지 않은가?

선조의 뒤를 이은 광해군(재위 1608~1623)은 파병에 소극적이었다. 세자 시절 전쟁의 참상을 경험하였던 그는 명과 후금 사이에서 절묘한 중립 정책을 유지하였다. 왕은 결국 파병하였으나 후금과 적극적으로 싸우지는 않았다. 선조의 다른 아들을 지지하였던 이들은 '의리를 저버린' 왕의 조처에 강력히 반대하였다.

광해군 때 권력에서 밀려났던 서인은 '의리'를 내세워 정변을 일으키고 새로운 왕을 추대하였다. 중립 외교는 더 이상 유지되지 못하였다.

1627년에 후금이 조선을 침략하였다. 그리고 1636년에는 전보다 훨씬 더 많은 군사를 이끌고 조선을 침략하였다. 명과 싸우기에 앞서 후방을 튼튼히 하기 위해서였다. 그러나 명에 대한 의리를 지켜야 한다는 조선의 외교 노선이 불러온 결과이기도 하였다. 조선은 의리를 지킬 수는 있었으나 현실의 전쟁에서 승리하지 못하였다. 조선은 청에 굴복하였고, 상당 기간 간섭을 받아야 했다.

3
가부장적 가족제도가 자리잡다

"조선은 이제 유일한 유교 국가다"

청과 전쟁이 끝난 뒤 전쟁을 주도하였던 서인은 어려움에 빠졌다. 명에 대한 의리만을 내세워 결과적으로 전쟁을 불러왔다는 비판을 피할 수 없었기 때문이다.

그러나 다수의 사림은 "눈앞의 이익보다 옳고 그름을 먼저 따져야 한다"는 원칙을 고수하였다. 서인은 이런 분위기를 부추기며 청에 복수하기 위해서는 군비 증강을 서둘러야 한다며 '북벌론'을 제기하였다.

북벌론은 17세기 내내 위력을 발휘하였으며, 청이 중국 전역을 장악하여 실현 가능성이 줄어든 뒤에도 이어졌다. 이는 "유교의 가르침을 실천하는 문명국은 조선뿐"이라는 생각과 관련이 깊었다. 조

만동묘 마당에 세워져 있는 비석
충청북도 괴산에 있는 만동묘는 임진왜란 때 조선을 도와준
명 황제를 기리기 위해 세운 사당이다. 병자호란 이후
청에 대한 복수를 주장하였던 서인이 앞장서서 만들었다.

선이 중화▪ 문명의 유일한 계승자이며, 청은 단지 힘센 오랑캐일 뿐이라고 여겼던 것이다.

조선을 또 다른 중화로 여기던 이 시기 '예에 의한 정치'가 더욱 강조되었다. 국가에서는 각종 국가 의례를 유교 정신에 맞춰 치르고자 하였다. 조정과 재야의 사람들은 의례에 대한 연구를 핵심 연구 과제로 삼았다. 유교 윤리와 이에 따른 새로운 예절·풍속은 왕실에서 사림으로, 그리고 민중 속으로 점차 확산되었다.

▪ **중화** 유교 지식인들은 한족 중심의 유교 문명을 중화 문명의 핵심으로 여겼다. 청이 중국을 지배하자 유교 문명의 중심이 조선으로 옮겨왔다는 뜻에서 조선 중화주의를 주장하였다.

달라진 혼인과 가족제도

16세기 이후 성리학 연구가 깊어지고 주자가 정리한 가정의례 서적이 널리 보급되면서 불교식 장례와 제사 의식이 점차 사라졌다. 예에 관한 연구가 깊어지면서 의례 서적도 간행되었다.

예는 도덕적 수양의 외적 표현으로 강조되었다. 가족과 친족, 개인 차원에서 치러야 할 의례와 예절 규범도 새롭게 정리되었다. "인격을 닦으려는

소학
송나라 때 주희가 아이들에게 유학의 기초를 가르치기 위해 펴낸 교재다. 유교 이념이 강조되고 유교 윤리를 널리 확산시키는 과정에서 한글 번역이 이루어졌다.

신행
신부 집에서 혼례를 치른 뒤 신랑 신부가 신랑 집으로 가는 모습을 그린 김홍도의 그림이다(크기 39.7×26.7cm). 조선 전기까지는 신랑이 신부 집이나 신부가 살던 마을로 오는 경우가 많았으나, 조선 후기에는 대부분 신부가 신랑 집에 들어와서 살았다. 그림에 나무로 만든 기러기를 들고 있는 남자가 등장한다. 기러기는 사랑의 약속을 영원히 지키며, 가족 간의 질서와 예를 잘 지키는 동물로 여겨졌다.

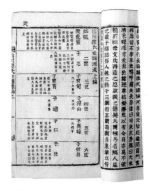

족보

한 가문의 계통과 혈통 관계를 기록한 책이다. 17세기 이후 족보는 남자의 가계를 중심으로 만들어졌다. 족보를 통해 개인의 내력과 친족의 범위를 알 수 있다. 족보의 존재 여부가 양반 신분의 상징으로 여겨지면서 17세기 이후 많이 만들어졌다.

■오륜 왕과 신하, 아버지와 자식, 남편과 아내, 나이든 사람과 어린 사람, 친구 사이에 지켜야 할 도리를 말한다.

진실된 마음"을 가져야만 인간답다고 여겼으며, "인격 도야와 가족 윤리를 지키는 것이 나랏일보다 우선한다"거나, "집안도 잘 다스리지 못하면서 나랏일을 논하지 말라(修身齊家治國平天下)"는 주장도 자리잡았다.

북벌론이 제창되고 '예에 의한 정치'를 내세웠던 17세기 이후 유교화는 더욱 빠르게 진행되었다. 혼인과 가족제도, 상속제도에 이르기까지 거대한 변화가 본격화되었다.

남자가 여자 집안으로 장가를 가던 풍속은 여자가 남자 집안으로 시집가는 방식으로 바뀌었다. 맏아들만 가계를 계승하고 제사를 받들게 되었다. 아들이 없을 경우 친척의 자식을 양자로 들임으로써 딸의 존재는 점차 약화되었다. 가계 계승뿐만 아니라 재산 상속도 크게 달라졌다. 여자는 상속 대상에서 제외되었으며, 맏아들이 아닌 아들은 차별받았다. 그리하여 17세기 이후에는 오직 맏아들에게 거의 모든 재산을 물려주는 일이 주류를 이루었다.

깊게 뿌리내린 유교적 생활풍속

'예에 의한 정치'가 강조되고 유교적인 예절과 풍속이 확산되면서 새로운 불평등 구조가 만들어졌다. 오랫동안 여성이 누려왔던 권리는 무시된 반면, 남성에 대한 정절을 지켜야 하는 의무는 강조되었다. 맏아들과 맏아들을 제외한 가족 사이의 차별도 심각하였다.

"왕은 왕답고, 신하가 신하다우면…… 나라가 잘될 것"이라고 주장한 공자의 가르침을 따르는 이들은 "사람에게는 저마다 자신의 지위에 어울리는 역할이 있다"라며 지위에 걸맞은 행동 규범으로 오륜■을 제시하였다. 국왕에 대한 충성과 부모에 대한 효도, 남성에 대한 여성의 봉사와 헌신을 특히 강조한 오륜은 인간이 지켜야 할 가장 중요한 행동 규범이었다.

유교 윤리는 주인과 노비, 지주와 소작인의 관계처럼 지위가 높은 사람에 대한 복종과 헌신을 강조하는 논리로 확대되었다. 신분 질서를 합리화하는 논리로 활용되기도 하였다. 따지고 보면 17세기 무렵 국가에서 예를 특히 강조한 것도 두 차례의 전쟁 이후 신분제의 동요를 막아보려는 의도가 컸다.

17세기 이후 유교적 생활풍속은 양반 신분에서부터 자리잡았다. 스스로 특권 계급이라 생각하였던 양반들은 자기 신분의 상징으로서 유교적인 가족제도를 받아들이고 유교 윤리의 실천을 강조하였다. 새롭게 양반 신분에 편입되기를 원하였던 이들도 새로운 관행을 자발적으로 받아들였다.

유교화는 위로부터 대세를 이룬 것처럼 보였다. 그러나 여전히 유교화되지 않은 부분이 많았다. 불교 신앙을 비롯한 민간신앙이 여전하였고, 유교식 혼인·가족 제도가 평민들에게까지 확산된 것은 아니었다. 차별을 인정하는 유교에 저항하는 움직임도 일어났다. 신분제와 성차별을 반대하는 새로운 종교가 등장하고, 불평등한 사회의 붕괴를 바라는 민중적 변혁 사상도 생겨났다.

오륜행실도 중 여종지례
유교 윤리는 여성 차별적 요소가 적지 않았다. 여성에게는 어려서는 아버지를, 혼인해서는 남편을, 남편이 죽은 후에는 아들을 따르는 것이 도리라는 이른바 삼종의 예가 강요되었다. 사진은 이 같은 내용을 그림과 글로 표현한 《오륜행실도》의 일부다. 이 책은 1797년 왕명에 따라 간행되었다.

열녀문
남편에게 헌신한 여성이나 죽은 남편을 따라 스스로 목숨을 끊은 여성을 기리기 위해 국가에서 세워주었다. 이 여성이 속한 가문은 조세의 경감을 비롯한 여러 혜택을 누렸다. 그러나 지나친 정절이 요구되면서 많은 여성이 고통을 받았다.

제사,
세상 떠난 부모님을 기리다

1791년 11월, 전라도 진산의 윤지충이란 양반이 처형되었다. 돌아가신 어머니의 위패를 불태우고, 제사를 폐지한 때문이었다. 죽기 전 그는 "신주를 모시는 것과 죽은 사람을 위하여 술과 음식을 올려 제사를 지내는 것은 천주께서 금지하는 것"이라고 주장하였다.

조선에서는 부모가 세상을 떠나면 돌아가신 이의 이름을 적은 위패, 즉 신주를 경건하게 모셨다. 해마다 고인이 돌아가신 날이 되면, 이른 새벽에 신주를 모서와 제물을 바치고 향을 피우며 엄숙하게 제사를 지냈다. 대부분의 사족 집에는 조상의 위패를 모셔둔 가묘가 있었다.

가묘를 만들고 제사를 받드는 풍속은 16세기 이후 널리 확산되었다. 이때부터 제사의 절차와 방법에 대한 연구도 활발해졌다. 《주자가례》에 대한 연구와 함께 예에 관련한 다양한 서적도 연구 대상이 되었다. 그렇게 마련된 제사 의례는 유교 이념의 정수로 여겨졌고, 제사를 엄격히 받드는 것은 유교 이념의 실현 그 자체로 받아들여졌다. 그 때문에 천주교 신앙은 이단으로 간주되었고, 천주교도였던 윤지충은 죽음으로 내몰릴 수밖에 없었다.

유교 사회의 제사는 기독교나 불교의 예배와는 그 성격이 다르다. 예배가 절대적 존재에 대한 의존을 전제로 하는 것이라면, 제사는 돌아가신 이에 대한 경건한 마음을 갖는 것을 중요시한다. 조상신을 인정하면서도 신적인 존재에 의존하지 않는 유교는 종교이면서도 아니기도 하다.

절에서의 제사
불교 국가였던 고려에서는 대게 절에서 제사를 치렀다. 죽은 이의 위패를 절에 모시고 승려가 제례를 주관하였다. 제사 비용을 골고루 부담하였던 후손에게는 유산 상속도 거의 같은 비율로 이루어졌다.

제사 지내는 순서

예에 관한 연구가 깊어지면서 제사 지내는 순서와 상차림이 격식을 갖추게 되었다. 그러나 가문마다 그 내용이 조금씩 달랐으며, 현대로 내려올 수록 점차 간소화되었다. 제사는 조상이 세상을 떠난 날을 기억하여 조상에게 음식을 대접하는 예다. 가장 먼저 가묘에서 조상의 위패를 모셔온다(①). 위패는 돌아가신 이의 이름을 적은 나무패로, 가묘가 없는 요즘은 종이에 제사 대상을 기록하는데, 이를 지방이라고 한다(②). 제사상(③) 차림은 지역에 따라 조금씩 다르며, 밥과 반찬, 과일과 술이 기본이다. 돌아가신 이가 생전에 즐겨 먹던 음식을 올리기도 한다. 집의 문을 열어 조상을 모시는 것으로 제사가 시작되며, 조상이 대접한 음식을 먹는 동안 정중한 마음가짐으로 기다린다(④). 식사가 끝날 정도 시간이 지난 뒤 하직 인사를 하면 제사가 끝난다. 제사가 끝난 뒤 음식을 나누어 먹는데, 이를 음복이라 한다(⑤). 음복이란 조상의 복이 후손에게 드리워진다는 뜻이다.

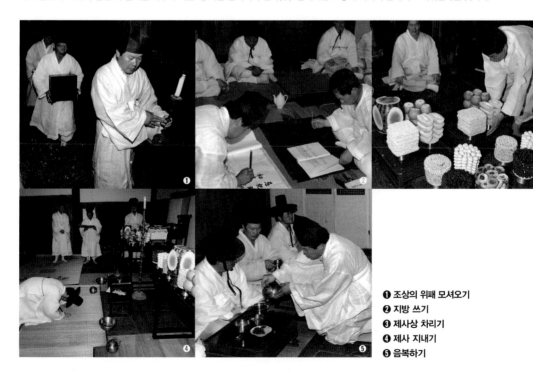

❶ 조상의 위패 모셔오기
❷ 지방 쓰기
❸ 제사상 차리기
❹ 제사 지내기
❺ 음복하기

1650 ~ 1862

1650
효종이 즉위하여 청에 복수를 다짐하며 북벌운동을 벌였다.

1669
서울 인구가 20만 명으로 조사되었으며, 상업이 빠르게 성장하였다.

1728
이인좌가 왕의 폐위를 요구하며 봉기하였다. 이후 붕당의 대립을 완화하려는
정책이 본격화되었다.

1776~1783
미국, 독립 전쟁을 통해 연방제에 입각한 민주공화국 수립

1783
이승훈이 청에서 처음 세례를 받은 천주교인이 되었으며, 곧이어 서울에 교회가
설립되었다.

1796
화성을 새로운 계획도시로 건설하는 사업이 끝났다. 아름다운 성과 대규모 상가,
국영 농장 등이 만들어졌다.

1801
진보적인 학술 운동과 천주교가 크게 탄압받았다. 이후 일부 특권층이 권력을
독점하는 세도정치가 본격화되었다.

1811
홍경래와 평안도 농민, 상인과 광산 노동자가 정권 타도를 주장하며 대규모 전쟁을
일으켰다.

1840~1842
영국이 아편 무역 금지를 구실 삼아 청을 침략. 이 무렵 서양 배들이 조선 앞바다에
종종 출몰

1860
최제우가 동학이라는 종교를 창시하였는데, 1880년대 이후 민중 속에 빠르게 확산
되었다.

1862
부패한 지방 관리를 몰아내고 잘못된 조세 행정을 개선하려는 고을 단위 민중
운동이 전국적으로 전개되었다(1862년 농민항쟁).

VIII 변화를 위한 다양한 모색

유교라는 프리즘이 아닌 전혀 낯선 방식으로 세상을 보는 것은 불가능할까? 두 차례의 전쟁 이후 유교화가 진행되는 이면에서는 새로운 시선으로 사회를 보고 국가 전체를 새롭게 개조하려는 학술 운동이 일어났다.

경제 발전의 성과를 수렴하여 이를 확장할 수 있는 방안은 없을까? 극심한 빈부 차이를 극복하고 다 같이 잘사는 사회를 만들 수는 없을까? 정치가 사회, 경제 발전의 질곡이 되지 않는 방안은 없을까? 17~19세기 조선은 모색의 시기였다.

유리창(리우리창) 현재 중국 수도인 베이징에 있는 문화의 거리다. 18세기 무렵 이곳은 다양한 종류의 서적과 골동품, 그림 등을 파는 상점과 이곳을 찾는 많은 사람들로 북적였다. 청을 찾은 조선인은 이곳에서 새로운 세계를 만났다.

연경(베이징)과 에도(도쿄)로 떠났던 사람들

17~19세기 동북아시아에 평화가 지속되는 가운데 삼국(조선, 중국, 일본)은 평화적으로 서로 교류하였다. 조선은 연행사라 불리는 사절단을 연경으로 보내는 한편, 통신사라 불리는 사절단을 에도로 파견하였다.

청, 일본과 정기적으로 교류하고 푸른 눈의 이방인이 모습을 드러냈던 이 시기에 조선인은 자신과 세계를 새롭게 인식하기 시작하였다.

조선은 청, 일본과 활발한 교역을 하였으며, 두 나라의 중개무역을 통해서도 막대한 이익을 얻었다. 봉황성에서는 조선의 인삼과 종이 등이 청의 비단, 약재 등과 교환되었다.

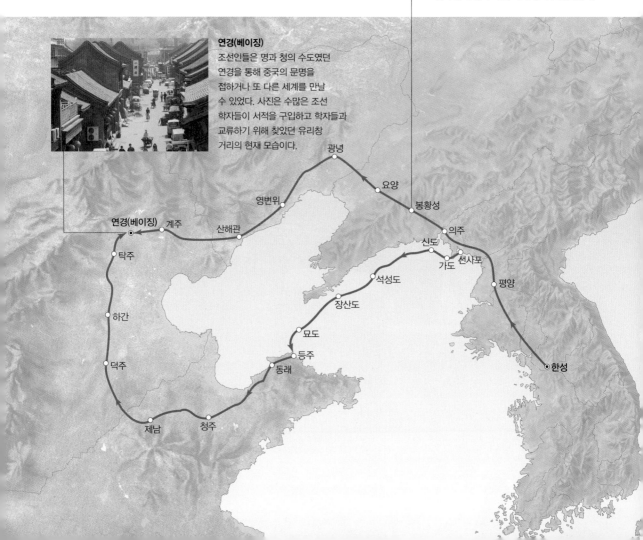

연경(베이징)
조선인들은 명과 청의 수도였던 연경을 통해 중국의 문명을 접하거나 또 다른 세계를 만날 수 있었다. 사진은 수많은 조선 학자들이 서적을 구입하고 학자들과 교류하기 위해 찾았던 유리창 거리의 현재 모습이다.

광녕
요양
영변위
봉황성
의주
연경(베이징)
계주
산해관
신도
가도
선사포
탁주
석성도
평양
하간
장산도
묘도
덕주
등주
동래
한성
제남
청주

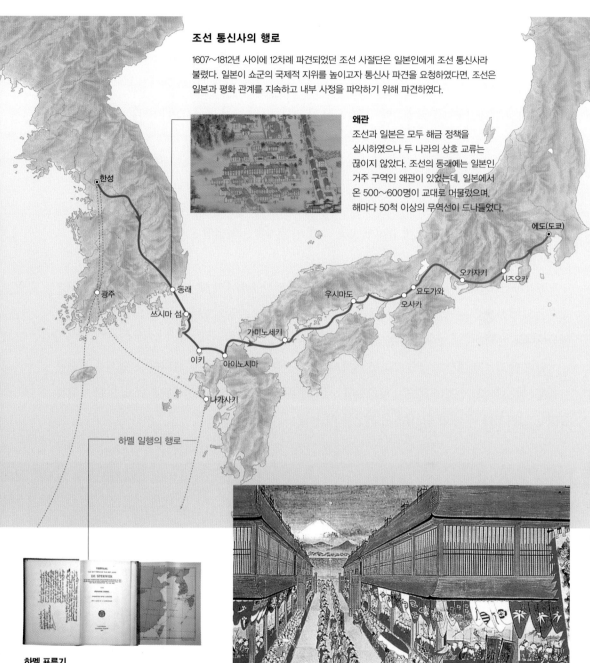

조선 통신사의 행로

1607~1812년 사이에 12차례 파견되었던 조선 사절단은 일본인에게 조선 통신사라 불렸다. 일본이 쇼군의 국제적 지위를 높이고자 통신사 파견을 요청하였다면, 조선은 일본과 평화 관계를 지속하고 내부 사정을 파악하기 위해 파견하였다.

왜관

조선과 일본은 모두 해금 정책을 실시하였으나 두 나라의 상호 교류는 끊이지 않았다. 조선의 동래에는 일본인 거주 구역인 왜관이 있었는데, 일본에서 온 500~600명이 교대로 머물렀으며, 해마다 50척 이상의 무역선이 드나들었다.

한성
광주
동래
쓰시마 섬
이키
아이노시마
나가사키
가미노세키
우시마도
오사카
요도가와
오카자키
시즈오카
에도(도쿄)

─ 하멜 일행의 행로 ─

하멜 표류기

네덜란드 동인도회사의 선원이었던 하멜(Hendrik Hamel, 1630~1692)과 그 일행은 타이완에서 일본으로 가던 중 표류하여 1653~1666년까지 조선에 억류되었다. 1668년에 본국으로 돌아가 쓴 《하멜 표류기》에 실린 〈조선국기Description of the Kingdom of Korea〉는 한국을 유럽에 본격적으로 소개한 최초의 책이다.

조선 통신사 행렬도

1

북벌에서 북학으로, 세계 인식이 확대되다

비운의 왕위 계승자

1645년 2월, '오랑캐'라 여긴 청에 끌려가 오랜 기간 인질 생활을 하였던 소현세자가 귀국하였다. 그의 나이 34세였다.

소현세자는 조선이 청의 침략에 굴복하였던 1637년에 도성을 떠나야 했다. 인조(재위 1623~1650)는 침략군 앞에 무릎을 꿇었고, 왕위를 이을 소현세자는 청의 수도로 끌려갔다. 실록은 그날 도성 전체가 눈물바다를 이루었다고 기록하였다.

그런데 만 리 이국에서 고국을 그리던 세자의 귀국 기록은 놀라울 정도로 짤막하다. 왕위를 계승할 아들을 맞은 아버지 인조의 태도는 차가웠다. 세자가 부왕에게 가져다준 선물들은 소리 없이 자취를 감췄다. 그로부터 약 석 달 뒤, 세자는 세상을 떠났다.

곤여만국전도(부분)
이탈리아의 예수회 선교사로 중국에 와 있던 마테오 리치(Matteo Ricci, 1552~1610)가 그린 세계지도다.
명을 방문하였던 조선 사절단에 의해 1603년 조선에 전해진 이 지도는 중국을 세계의 중심에 있는
가장 큰 나라로 생각하던 조선 지식인들에게 큰 충격을 주었다.

아무런 음모가 없었을 수도 있다. 그러나 당시 조선 조정은 온통 청과 맞서 싸우자고 목소리를 높였다. 그러나 중국 전역을 장악한 청의 실력을 잘 알던 세자는 청과 타협이 필요하다고 생각하였다. 청을 오랑캐라 생각한 왕이나 관리들과 달리, 세자는 청으로부터 배울 것이 많다고 여겼다. 세자가 청에서 갖고 온 진귀한 물건들은 청에 와 있던 서양 사람들에게서 구한 것이었다.

세자의 장례는 서민처럼 치러졌고, 그의 부인과 아들도 슬픈 운명을 맞았다. 청과 맞서 싸울 것을 주장하였던 그의 동생이 왕위 계승자가 된 것과 너무 다른 운명이었다.

청동지구의
인조 23년(1645)에 소현세자가 연경에서 가지고 온 물건 가운데 지구의가 있었다. 여지구(輿地球)라 하는데, 여기에는 17세기 초 예수회 선교사들이 제작한 세계지도가 그려져 있었을 것으로 추정된다. 사진은 조선 후기에 제작된 청동지구의다. 10도 간격으로 경선과 위선뿐만 아니라 북회귀선과 남회귀선, 황도도 그려져 있다.

한계에 부딪힌 북벌운동

형을 대신하여 왕이 된 효종(재위 1650~1659)은 청에 대한 복수를 주장했다. 이를 위해 무기와 성곽을 수리 보수하고 상비군을 늘렸으며, 기병과 포병을 새로 육성하였다. 여기에 필요한 재정 정책도 추진하였다.

계속되는 전쟁 준비는 곧바로 민중의 부담으로 돌아갔다. 세금이 늘고, 군사 훈련과 성곽 보수·무기 마련에 민중들은 수시로 동원되었다. 그러나 청은 중국 전역을 통일한 뒤 더욱 강해졌다.

효종이 죽자 북벌운동은 더 이상 진행되지 않았다. 북벌이란 대의에 아무도 토를 달지 않았다. 그러나 조정에서는 군비 강화에 앞서 황폐해진 민생을 안정시키고 사회 통합을 이루자는 주장이 힘을 얻었다.

심지어 "사회를 전면적으로 개조하지 않는 한 북벌은 꿈도 꾸지 못할 것"이란 주장도 제기되었다. 복수를 위해서는 부국강병이 필요하지만 농사짓는 사람만이 토지를 가질 수 있도록 하는 토지개혁을 실시하고, 신분제도와 조세행정을 혁신할 때만 가능하다는 유형원(1622~1673)의 주장이 그것이다.

반계 서당
반계 유형원은 서울에서 태어나 유교 교육을 받았다. 그러나 관직에 나가지 않고 일생을 농촌에 살면서 학문에 힘썼으며, 성리학적 사고에서 벗어나 새로운 정치·사회 운영 모델을 구상하였다. 사진은 유형원이 만년에 아이들을 가르치던 서당으로, 전라북도 부안에 있다.

토지개혁이냐, 조세행정 개혁이냐

북벌에 대한 찬반과 관계없이 당시 관리들은 대부분 지주 출신이었다. 공부를 하면 관직에 나갈 길이 열려 있었고, 관직에서 물러난다 해도 예의를 차리며 살 정도의 경제적 여유가 있었다. 때문에 농민들의 어려운 생활을 잘 알지 못하였고, 그들이 말하는 유교적 이상 사회라는 것도 농민들의 꿈과 거리가 멀었다.

북벌 논의가 있던 17세기 후반에는 '땅 없는 농민 문제'가 심각하였다. 두 차례 전쟁을 겪고 국가의 행정력이 약화되면서 농민들이 몰락하고 소수에게 토지가 집중되는 현상이 나타났다. 왕실과 양반 관료들이 여러 수법으로 토지를 독점하면서 생활이 어려워진 농민들은 토지를 팔아 생계를 유지할 수밖에 없었다.

자기 땅을 경작하는 자들이 조세를 내고, 국가의 역을 골고루 나누어 진다는 전제 위에 서 있던 조선의 사회 체제는 뿌리부터 흔들렸다. 북벌을 위해서나 왕조의 존립을 위해서라도 체제 개혁에 관한 논의는 피할 수 없었다.

조세행정이 먼저 도마 위에 올랐다. '빈부의 차이를 따지지 않고 집집마다 같은 액수의 특산물을 납부하는 제도'(공납)와 '가난한 농민만 부담하는 군비 부담'(군포)은 확실한 개혁 대상이었다.

결론이 도출되기까지는 많은 시간이 필요하였다. 관리들이 대부분 지주인 데다, 가난한 농민의 군비 부담이 줄어든 만큼 지주의 세금 부담이 늘어야 했기 때문이다.

그러나 단지 조세행정의 개선으로 문제가 해결될 수 없다는 목소리도 높았다. 신분제 폐지와 토지개혁 실시도 제기되었다. 바야흐로 농민 생활 안정과 북벌론에서 시작된 논의는 새로운 국가 만들기 주장으로 이어졌다.

모내기
조선 후기에는 못자리에서 모를 기른 다음 물을 댄 논에 옮겨 심는 모내기법이 전국적으로 확산되었다. 그 결과 1인당 경작 면적이 크게 늘어나 대토지 사유화를 촉진했다.

소유 토지 1결 이상
1년 소득 600두 이상

소유 토지 0.5결 이상
1년 소득 300두 이상

부농
4.9%

중농
10.6%

소농
16.5%

빈농
68%

인구 비율

소유 토지 0.25결 이상
1년 소득 150두 이상

소유 토지 0.25결 이하
1년 소득 150두 이하

1두 = 18ℓ

1700년 무렵 한 농촌 고을의 농민 생활(충청도 회인현)

자아와 세계에 대한 새로운 인식

'청은 오랑캐 국가＝북벌'이란 사상은 "북쪽에서 배우자"는 북학사상이 대
두하면서 점차 변화하였다. 17세기 후반 이후 조선은 청과의 관계가 안정
되면서 교류의 폭을 크게 넓혔다. 청에 파견되는 사절단이 늘어나고, 청에
서 많은 서적이 들어왔다. 새로운 기술을 배우기 위해 사람을 보내는 일
도 있었다. 국제무역과 상업의 발달이 두드러졌다. 청, 일본과 무역도 활
발해져서 국경에 새로운 무역 도시가 생겨났다. 서울을 중심으로 한 도시
상업이 번영하였으며, 지방마다 수많은 정기 시장이 나타났다. 생산력이
발달하면서 농산물의 상품화가 두드러졌고, 광업이 발달하고 수공업의 상
품 생산도 늘었다.

상평통보
조선 후기에 사용하였던 구리
화폐다. 1678년 전국적으로 유통시킬
것을 결정하였는데, 당시 상평통보
400닢이 쌀 한 가마, 은 1냥(37.5g)에
해당하였다고 한다.

　이러한 변화는 사상의 변화를 동반하였다. 상업에 대한 긍
정적인 인식과 함께 농업과 수공업 기술에 대한 관심이 높아
졌다. 이 과정에서 청의 발달된 기술 문명을 받아들여야 한
다는 주장이 힘을 얻었다.

　청을 방문하였던 조선인들은 보고 들은 것을 기록해서 사
람들에게 알렸으며, 청의 학술과 문화를 수용하기 위해 다
양한 경로를 통해 자료를 입수하였다. 사절단을 통해 서양
의 학술과 종교에 관한 책도 많이 알려졌다. 서양인이 제작
한 지도와 지리·과학기술·종교에 관한 서적들이 많은 이들
의 관심을 끌었다.

　조선의 역사와 전통을 연구하고 문화적 독자성을 탐구하
기 위한 노력도 기울였다. 고조선 이후 역사에 대한 연구가
본격화되었으며, 새로운 사료를 발굴하고 치밀하게 고증하
는 작업도 이루어졌다. 언어와 지리에 대한 연구도 크게 진
전되었다.

　그리하여 조선의 18세기에는 성리학의 프리즘이 아닌 조선인의 시각
에 선, 그러면서도 새로운 세계를 포함하는 새로운 자의식이 형성되고 있
었다.

태평성시도(부분)
성시도란 도성의 전경을 그린 그림을
말한다. 상업의 중심지로서 도성의
모습이 강조되어 있는데, 1669년
통계에 따르면 당시 한성 인구는
20만가량이었다. 1세기 전의 두 배에
해당하는 수치다.

2
"조선 사회를 재구조화하자!"

1728년 3월 청주

어디서 왔는지 모르는 군사들이 청주성으로 들이닥쳤다. 이들은 예상치 못한 공격에 허둥대는 방어군을 제압하고 도시 전체를 장악하였다. 청주성 안에서 봉기군을 지지하는 사람들도 적지 않았다.

군대를 이끈 인물은 이인좌(?~1728)였다. 그는 할아버지가 고급 관리를 지낸 바 있는 남인 계열의 사람이었다. 함께 군사를 일으킨 사람들 중에는 그와 같이 대대로 이름 있는 가문 출신이 많았다.

이인좌의 청주 점령과 동시에 이들을 지지하는 군사 행동이 다른 지역에서도 잇달았다. 충청도의 일부 지방관이 지지 의사를 밝혔으며, 전라도 출신 인사들이 군사를 이끌고 청주로 합류하였다. 경상도 다섯 고을에서도 지방 양반들이 지방관을 몰아내고 행정권을 장악하였다.

이인좌 등은 당시 권력을 잡았던 노론 세력이 전왕을 독살하였다고 주장하며 수도를 향해 진격하였다. 국왕도 교체할 작정이었다. 그러나 이들의 군대는 즉위 4년차를 맞은 영조(재위 1724~1776)가

◀영조
소론의 지원을 받던 경종의 뒤를 이어 노론의 지지 아래 왕위에 올랐다. 붕당 간의 경쟁이 국왕을 선택할 정도로 격렬해진 상황을 겪으며, 그 와중에 생명을 위협받기도 하였다. 영조는 당쟁을 해소하기 위해 각 당파에서 인재를 고르게 등용하는 탕평책을 실시하였다.

▶탕평의 정신을 기록한 비석(서울 성균관)
"무리를 짓지 않고 두루 화합하는 것이 공(公)을 중시하는 군자의 마음"이라는 내용이 새겨져 있다.

보낸 중앙군에게 제압되었다. 봉기가 일어난 지 한 달하고 나흘 째 되는 날이었다.

붕당 중심에서 국왕 중심으로

봉기에 앞장선 이들 중에는 명문 출신이 많았으나, 1728년 당시에는 이미 관직 진출이 막혀 있었다. 중앙 정계에 나갈 수 없었던 지방의 유력자층이나 도적이 된 유랑 농민층도 봉기에 참가하였다.

18세기 초에는 양반 사대부들 중에도 관직에 나갈 수 없었던 이들이 많았다. 17세기 초에 북인이 권력투쟁에서 패해 완전히 몰락하였고, 서인과 남인이 공존하면서 서로 경쟁하던 시대는 서인이 남인을 몰아낸 1694년의 정변 이후 다시 오지 않았다. 이인좌의 봉기가 일어나기 6~7년 전에는 서인 내부에서 치열한 권력투쟁이 일어나 남인을 포용하자던 소론이 결정적인 타격을 입었다. 그로 인해 서인 내 소론 계열의 후손까지 관직 진출이 막히고 말았다. 결국 북벌론을 제기한 이래 권력의 주류를 형성하였

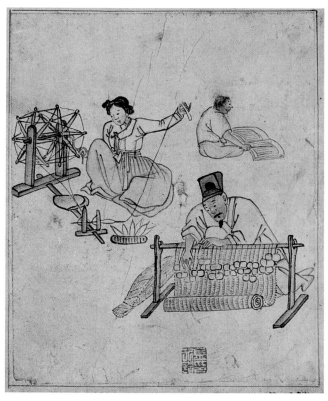

▲**양반층의 확대**
17~18세기에는 전통적인 신분 구조가 무너졌다. 양반이 늘어나고, 노비가 급격히 줄었다. 여전히 권력은 일부 양반 가문이 독점하였으나, 특권층이라 할 양반의 수가 크게 늘어나면서 신분제의 의미는 약화되었다.
사진은 공명첩으로, 평민과 노비에게 대가를 받고 양반 신분을 인정하는 문서이다.

◀**자리짜기**
김홍도(1745~?)의 그림으로, 남편은 자리를 짜고 아내는 실을 뽑고 있다. 양반의 표식인 망건을 쓴 남편의 모습이 보여주듯 더 이상 양반이 부와 권력의 상징이 아닌 시대가 되었다. 그래도 아이는 과거 준비를 위해 공부하고 있다. 크기 39.7×26.7cm.

던 서인의 일부(노론)만 살아남았다. 광범위한 양반층의 정치 참여는 불가능해졌다.

노론은 성리학의 가르침을 절대적 진리로 내세웠다. 그리고 양반 중심의 신분 질서와 지주 제도, 신권 중심의 정치 운영, 전 사회의 유교화 같은 16세기 이래의 정치 원칙을 고수하였다.

이인좌의 봉기는 노론 정권에 대한 반발이 폭넓게 존재하였음을 의미하였다. 신분제 폐지와 토지개혁 등 전면적 개혁을 가장 열망하였던 하층 신분으로서는, 성리학에 구애 받지 않고 다양한 개혁 방안을 모색하였던 남인이나 소론 출신 인사들을 더 가깝게 여겨졌을지도 모를 일이다.

이인좌의 봉기는 새로운 정치 흐름을 만들어냈다. 즉 더 이상 어느 한 정파가 권력을 독점해서는 안 되며, 민중의 불만을 해소해야만 양반 중심의 왕정 체제를 유지할 수 있다고 생각하는 사람이 많아진 것이다.

노련한 정치인이었던 영조, 그 뒤를 이은 정조(재위 1776~1800)는 이런 인식을 바탕으로 붕당 간의 균형을 도모하는 정치를 이끌어갔다.

붕당은 여전히 인정되었고, 노론의 주도권도 부정되지 않았다. 그러나 소론이나 남인에게도 관직이 개방되었다. 왕의 정치 주도권이 강화되었으며, 광범위한 자치권을 누렸던 지방의 양반들도 관권의 우위를 인정해야 했다. 양반들의 여론으로 운영되던 붕당정치는 그렇게 끝나고 있었다.

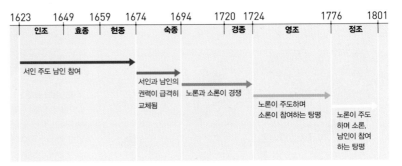

붕당정치의 변화
18세기 중반 이후 붕당의 균형을 도모하는 정책이 추진되면서 국왕과 각 붕당의 대표격이라 할 수 있는 가문이 정치에서 더욱 중요한 역할을 하였다. 신권을 뒷받침하던 제도가 없어졌으며, 지방 사림의 여론을 수렴하는 모습도 보기 어려워졌다.

인왕제색도

정선(1676~1759)이 한 여름 소나기가 내린 뒤 물안개가 피어오르는 인왕산을 묘사한 것이다. 18세기에는 조선의 산수를 독특한 화법으로 그리는 진경산수화가 유행하였다. 진경산수화는 조선을 유교 문명의 중심으로 인식하였던 문화 의식을 표현한 것으로 볼 수 있다. 크기 79,2×138,2cm.

흔들리는 양반 지배 체제

관직 진출의 기회가 봉쇄된 양반의 지위는 평민과 크게 다르지 않았다. 여전히 많은 양반이 적지 않은 토지를 소유하고 고향에서 유력자로 행세하였던 반면, 양반의 체면을 유지하기조차 어려운 이들도 적지 않았다.

한편, 국가 재정의 어려움을 해결하기 위해 평민, 노비에게도 양반의 지위를 팔기도 하였다. 이로 인해 양반의 수가 크게 늘어나 양반은 예전과 같은 지위를 누리기 어렵게 되었다. 양반이 지주로서 낮은 신분의 소작인을 지배하던 식의 양반 지배 체제는 크게 흔들렸다. 학문 연구와 광범위한 여론을 바탕으로 정책을 결정하는 중앙 정계의 붕당정치도 흔들렸다.

백화제방(百花齊放)의 시대

'신권 위에 있는 왕권'을 주장하였던 영조와 정조는 양반들의 양보를 바탕으로 민중의 생활 개선을 위한 몇 가지 조치를 취하였다. 그리고 수시로 궁궐 밖으로 나가 민중을 직접 만났다.

영조 때는 평민의 군비 부담을 줄이고, 줄어든 세수입을 토지세로 충당하는 새로운 조세제도(균역법)가 실시되었다. 정조 때는 일부 상인들의 특권을 제한함으로써 도시의 상업 발달을 촉진하는 조치가 취해졌다. 정조를 이은 순조(1800~1834) 대에는 공노비 해방(1801)도 이루어졌다.

여러 붕당이 고루 진출함으로써 사상과 정치 운영론이 다양해졌다. 그러나 여전히 성리학의 가치를 절대적인 것으로 받아들이는 노론이 주류를 이루었다. 그들은 "조선이 유일한 문명 세계"라 주장하면서 서양 종교나 학문, 유교 경전에 대한 다른 해석을 이단으로 규정하였다. 반면 남인이나 소론은 성리학 이전의 유교와 중국과 조선의 역사 현실에 대한 연구를 바탕으로 다양한 개혁 방안을 내놓았다. 서양 학문에 대한 연구가 폭넓게 진행되고, 천주교가 신앙으로 발전한 것도 이 무렵이었다. 또

정약용(1762~1836)과 다산 초당
"천자를 추대하는 것도, 그를 끌어내리는 것도 군중"이라고 말한 정약용은 루소가 《사회계약론》을 발표하던 해에 태어났다. 정약용은 18~19세기 진보적 지식인들의 학술 연구 활동을 종합한, 한국의 가장 대표적인 학자다. 민중에 대한 애정을 바탕으로 중앙과 지방 행정의 대안을 제시한 《경세유표》와 《목민심서》를 비롯해 500여 권의 많은 저서를 남겼다. 오른쪽은 정약용이 18년간 유배 생활을 하면서 대부분의 시간을 보냈던 다산 초당이다. 집 뒷산에 차가 많이 나서 다산(茶山)이라는 호를 지었다고 한다. 전라남도 강진에 있다.

이 시기에는 청의 기술 문명을 수용하여 상공업을 진흥시키자는 북학론
도 꽃을 피웠다.

정약용과 박제가, 그리고 정조

정조의 특별한 후원을 받으며 정치 운영을 뒷받침하였던 박제
가(1750~1805)와 정약용(1762~1836)의 사상은 특히 주목할 만
하다.

박제가는 "검소한 것만 숭상하다보니 소비가 줄어들고, 결과
적으로 빼어났던 기술들이 모두 사라져버렸다"라며 소비 진작
과 기술 개발의 필요성을 지적하였다. 외부의 기술 문명을 적극
수용해야만 나라가 부유하고 강력해질 수 있다고 주장하였다.

한편, 정약용의 관심은 다른 곳을 향하였다. 그는 대다수 농
민이 빈곤에서 벗어나지 못한 현실을 보면서 사회를 개혁하기
위한 근본적인 방안을 모색하였다. 그 역시 신기술 도입의 중요
성을 누차 지적하는 한편, 전면적인 토지개혁과 정치·사회 제
도의 대대적인 혁신을 주장하였다.

정약용이 주장한 왕권 강화를 바탕으로 한 체제 개혁은 남인
으로부터 두루 지지를 받았다. 그러나 위험할 정도로 급진적인
사상이라 하여 주류였던 노론으로부터 비판받았다. 박제가의 생
각은 노론 일부에서 공유되었으나, '청은 오랑캐일 뿐'이란 노론 주류의 입
장과는 달랐다.

1800년 정조가 죽자, 붕당 사이의 균형은 일시에 무너졌다. 권력을 장악
한 노론은 "천주교란 이단 사상에 물들었다"라며 남인을 처단하였다. 박제
가식 실용주의도 배척하였다. 조선을 유교적인 문명국가로 내세우며 "이
단의 배격과 바른 사상 = 성리학의 수호"를 내건 이들의 주장은 변화하는
세상을 반영하지 못한 낡은 논리, 새로운 발전을 가로막는 장벽이 되었다.

박제가(1750~1805)
신분 차별을 폐지하고 직업에
귀천이 있다는 관념을 넘어서야만
사회가 발전한다고 주장하였다.
또한 북학파의 대표적인 학자였던
박제가는 청과 활발하게 교류하여
생산 기술을 향상시키고 국제무역을
확대하자고 강조하였다. 사절단
자격으로 청을 네 차례나
방문하였다.

만석거 저수지
1795년에 완공된 만석거는 농업 개혁의 중심지였으며, 한국의
농업 발전에 크게 기여하였다. 정조는 이 부근에 대규모 국영
농장을 조성하였다.

화성과 만석거,
정조의 신도시 건설 프로젝트

1794년에 화성 축조 사업이 시작되었다. 수도에 준할 정도의 대규모 신도시 건설 사업으로, 한양을 수도로 정한 지 400주년 되던 해였다.

서울에서 남쪽으로 멀지 않은 곳에 위치한 화성(오늘날 수원)은 신도시 건설을 추진한 정조가 아버지 사도세자의 무덤을 옮겨온 곳이기도 하였다.

화성에는 대규모 임시 궁궐이 세워졌으며, 그 앞에 외국과 거래할 점포를 포함하여 상가와 민가도 들어섰다. 그리고 화성 북쪽에는 저수지와 선진 농업 기술을 시험하기 위한 대규모 국영 농장이 조성되었다. 농사를 잘 짓는 사람에게는 신분을 뛰어넘어 등용한다는 특명도 내려졌다.

1796년 가을에 도시 전체를 둘러싼 아름답고 튼튼한 성이 완성되었다. 성 안쪽에는 새로운 상업 중심지가 형성되었고, 성 밖에서는 농업의 혁신이 시도되었다.

화성

1796년 완공된 조선 후기의 대표적인 성곽으로, 행궁과 동헌을 중심으로 계획적으로 건설된 신도시 화성을 감싸고 있었다. 둘레 5,744m, 면적 18만 8,048㎡이다. 성 안의 도시 내부 구조가 200년 전의 골격을 대부분 유지하고 있으며, 성을 완성한 뒤 편찬된 보고서《화성성역의궤》를 바탕으로 최근에 완벽하게 당시 모습을 재현하였다. 1997년 12월 유네스코 세계문화유산으로 등록되었다.

 ❶

 ❷

 ❸

 ❹

❶ **팔달문** 화성의 남문이다. 축성 계획을 입안하였던 정약용은 나라 안팎의 축성술에 관해 연구하였는데, 이때 중국식 벽돌이 처음 사용되었다.

❷ **신풍루(행궁)** 왕이 지방에 다닐 때 임시로 머물던 곳을 행궁이라 하였다. 사진은 화성 행궁의 정문인 신풍루다. 화성 행궁은 일제 강점기에 다른 용도로 쓰여 훼손되었다가 1989~2003년에 완전히 복원되었다.

❸ **방화수류정** 화성의 동북쪽을 방어하는 곳이다. '꽃과 버드나무를 감상하는 아름다운 정자'란 뜻처럼 뛰어난 건축미와 아름다운 경관을 자랑하는 화성의 대표적인 관광지다. 성 밖에는 수원천을 끌어들여 만든 용연이란 연못이 있다.

❹ **봉돈** 외적이 침략하거나 나라에 큰일이 있을 때 연기(낮)와 불빛(밤)으로 알리던 시설이다. 벽돌로 아궁이와 굴뚝을 만들었으며, 봉돈을 관리하는 병사들이 거주하던 곳도 있다.

3
민중들이 일어서다

변혁의 대상으로 전락한 구체제

영조와 정조의 정치는 국왕 중심의 정치체제와 강화된 관권을 남겨놓은 채 끝났다. 그런데 정조가 죽은 후 왕의 가까운 친척들은 왕의 권위를 빌려 권력을 행사하였다. 안동 김씨, 풍양 조씨 같은 몇몇 가문이 정치 운영을 일방적으로 주도하였던 것이다.

지방 정치의 경우, 지방관의 권한이 강화되면서 지방 자치는 무력해졌고, 관리들의 부패를 견제할 장치가 없어졌다. 권력을 감시하고 견제하는 장치와 여론을 수렴하고 토론을 통해 정책을 세우는 장치가 파괴되면서, 정치는 부패를 불러왔으며 사회 발전을 가로막는 질곡이 되었다.

관직을 사고파는 일이 수시로 일어났으며, 관직을 사는 데 들인 돈을 되찾으려는 탐관오리들의 수탈이 이어졌다. 다소나마 부를 축적한 도시 상인들과 애써 농사를 지어 약간의 여유를 누릴 수 있게 된 농

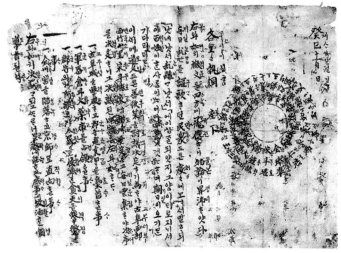

사발통문
지방관의 횡포에 저항하였던 이들은 봉기 계획과
주동자를 기록한 통문을 만들어 많은 사람의 참여를
이끌어냈다. 서명 참가자의 이름을 사발 모양으로
둥글게 적어 주동자를 감추었다 하여 사발통문이라
부른다. 사진은 1894년 고부민란 당시의 사발통문이다.

촌의 신흥 부자들이 집중적인 수탈 대상이었다. 땅 한 뼘 갖지 못한 가난한 농민들도 갈수록 늘어가는 조세 부담을 견딜 수 없었다. 그래서 정약용은 "살길이 막연해진 농민들은 모두들 난을 생각한다"고 적었고, 봉기하자는 제안을 받은 이들은 "났네 났어, 난리가 났어, 에이 참 잘 되었지. 그냥 이대로 지내서야 백성이 어디 한 사람인들 살아남겠나"(사발통문) 하며 호응할 지경에 이르렀다.

순무영진도(부분)
평안도에서 일어난 농민 봉기를 진압하기 위해 파견된 순무영 군사들이 목책을 이용하여 정주성을 포위하고 있는 장면을 그린 것이다. 넉 달 동안 이어졌던 농민 봉기는 정주성이 함락됨으로써 끝났는데, 진압군은 여자와 어린아이를 제외한 성안의 주민 대부분을 죽였다.

죽어서 신화가 된 홍경래

1811년, 온 나라에 큰 흉년이 들었다. 가뜩이나 생활이 어려웠던 민중들은 살길을 찾아 거리를 헤맸다. 같은 해 12월, 평안도에서 대규모 농민 봉기가 일어났다. 더 이상 관직에 나갈 수 없게 된 몰락한 양반이 봉기를 이끌었으며, 갈수록 강화되는 수탈에 살기가 어려워진 상인들과 유랑자가 된 빈민들도 가담하였다.

봉기군을 이끌던 홍경래는 "서울로 쳐들어가 부패한 대신들을 처단하고 새 세상을 만들겠노라"고 선언하였다. 봉기군은 순식간에 평안도를 휩쓸었고, 전국 각지에서 호응하는 움직임도 일어났다. 수도 서울도 공황 상태에 빠졌다. 이로부터 넉 달 동안 봉기군은 잘 훈련된 중앙군에 맞서 치열하게 싸웠다. 봉기에 가담하지 못한 민중들은 숨을 죽이며 이 싸움을 지켜보았다.

1812년 4월 봉기군의 최후 거점인 정주성이 함락되고, 저항군은 모두 학살당하였다. 봉기는 좌절되었다. 그러나 1816년과 1817년에도 홍경래를 자처하는 인물이 봉기를 일으켰다. "정주성에서 죽은 홍경래는 가짜 홍경래"란 소문이 꼬리에 꼬리를 물었다. 죽어서 신화가 된 홍경래, 세상을 뒤엎을 영웅을 기다리는 민중들은 그를 신화의 주인공으로 만들었다.

사람이 곧 하늘

모두가 난을 생각하고 있었지만 권력층은 "이단을 배격하고 성리학의 가치를 고수해야 한다"라며 사회 개혁에 대한 논의를 억압하였다. 서양에 대한 연구와 서양에서 온 종교는 철저히 탄압받았으며, 진보적 지식인들은 정치 무대 밖으로 밀려났다.

그러나 변혁을 추구하는 민중적 정치사상이 빠르게 확산되었다. "정씨 성을 가진 이가 나타나 조선왕조를 무너뜨릴 것"이라는 소문이 돌았으며, "미륵 부처님이 내려와 새 세상을 열 것"이라는 미륵 신앙과 "홍경래는 죽지 않았다"는 주장이 민심을 사로잡았다.

새 세상에 대한 열망은 현실이 고통스러울수록 급속하게 확산되었다. 천주교의 확산과 연해에 출몰하는 서양 함대에 대한 불안감도 영향을 주었다.

19세기 민중 사상은 동학이라는 종교로 종합되었다. 1860년에 동학을 창시한 최제우는 "모든 사람은 하늘과 같이 존엄

이양선의 출몰

청이 영국과 싸워 크게 패하였다거나 (1차 중영전쟁, 1840~1842), 영국·프랑스 연합군이 청의 수도를 유린하였다(2차 중영전쟁, 1856~1860)는 소식이 조선에도 전해졌다. 서양 배들이 잇달아 조선 해안에 나타나고, 유교 윤리와 충돌하는 천주교가 확산되면서 조선 사회의 불안감도 점차 높아졌다.

러시아
영국
프랑스
미국
국적 불명의 이양선

이양선
1871년 남양 앞바다에 나타난 미국의 콜로라도호.

하다"고 주장하면서 누구든 동학교도가 되어 열심히 수행하면 살아서 새 세상을 만날 수 있다고 하였다.

최제우는 이단을 배격하려는 정부에 의해 처형되었다. 그러나 새 세상이 열리기를 소망하는 사람들은 동학의 언저리에 모여들었고, 이로부터 30여 년 뒤 실제로 지상에 새 세상을 여는 대규모 투쟁에 나섰다.

역사의 주인임을 선언한 조선의 민중들

민중 의식이 성장하면서 잘못된 국가권력 행사에 저항하는 민중의 참여가 활발해졌다. 잘못된 사항을 상급 관청이나 왕에게 직접 호소하거나, 관리의 비리를 글로 적어 게시하였다. 향회라는 자치기구를 통해 집단적으로 자신들의 요구를 관철시키기도 하였다.

1862년, 낡은 체제를 타파하기 위한 민중적 참여가 활화산처럼 타올랐다. 같은 해 2월 진주의 농민들은 부당한 조세 부과에 맞서 대규모 집회를 열어 비리 주동자를 처단하고, 관청을 장악하여 잘못된 조세 행정을 개선하였다. 진주의 항쟁은 전국으로 확산되어 1862년 한 해 동안 37개의 군현에서 농민 봉기가 일어났다. 경상도는 물론 전라도와 충청도를 중심으로 전국적인 양상을 띠었다.

결국 정부에서 제도적 개선 방안을 마련하겠다고 나섰다. 그 약속은 끝내 지켜지지 않았지만, 민중들은 새 사회의 주역임을 당당하게 선언함으로써 머지않아 자신들의 세계를 스스로 만들어 나갈 터였다.

최제우(1824~1864)
가난한 양반 출신으로 어려서부터 성리학을 공부하였다. 유학적 세계관에 다양한 민중 사상을 수용하고, 천주교 교리까지 아울러 새로운 종교를 만들었다. 최제우는 여종 둘을 해방시켜 며느리 양녀로 삼았을 정도로 진보적이었다.

1862(임술)년 농민 항쟁
1862년에 경상도 단성, 진주 등에서 시작된 농민 봉기는 1862년 한 해 동안 남부 지방 군현의 절반에서 일어났다. '민란의 시대'라 할 만하였다. 대체로 고을 단위로 봉기가 일어났으나 이웃 지역이 함께 연결되거나, 영남 지방 사람이 충청도 봉기에 관여한 경우도 있었다.

(지도 지명: 백두산, 함흥, 황주, 광주, 정안, 회덕, 공주, 은진, 상주, 안동, 익산, 개령, 선산, 전주, 거창, 부안, 함양, 밀양, 울산, 함평, 진주, 창원, 순천, 남해, 장흥, 제주)

일상을 빼닮은 풍속화

신윤복의 〈전모를 쓴 여인〉
크기 29.6×28.2cm.

한국인으로서 누군가에게 "염치없다"라는 말을 듣는다면 그건 치명적이다. 유교적 교양을 중시하는 사람들은 풍요로운 삶보다는 검소한 삶을 추구하며 예절을 지키기 위해 늘 노력하였다. 때론 지나치게 예절을 따져 겉치레란 비난을 들으면서도 마음을 갈고 닦는 일을 가장 소중하게 여겼기 때문이다. 양반 사대부들의 초상화는 그래서 늘 근엄하였다.

그러나 예절을 살필 만큼 여유롭지 못한 사람들이 많았다. 농사를 짓거나 물건을 만들었던 사람들은 대부분 끼니 걱정 없이 일에 대한 정당한 대가를 받으며 살 수 있기를 소망하였다. 풍속화라 불리는 새로운 유형의 회화는 이들의 생활에 대한 공감을 담고 있다.

풍속화에는 나물 캐는 아낙과 일하는 농부, 대장간과 시장 풍경이 가공되지 않은 날것 그대로 생생하게 등장한다. 어린아이, 늙수그레한 노인, 치장한 여인 등 다양한 인물 군상이 살아 숨쉰다. 아예 여성을 주제로 하거나, 성적인 주제를 다룬 그림도 있다.

화가들은 새로운 세계를 꿈꿨는지 모른다. 일하는 이들이 대접받는 사회, 여성들이 차별받지 않고 세속적 가치가 억압되지 않는 세상을. 아니, 어쩌면 그들의 그림이 사랑받는 현실은 이미 새로운 세상이 시작되었음을 보여주는 것인지도 모른다.

❶ 김홍도의 〈벼타작〉

김홍도(1745〜?)는 도화서의 화원으로 산수화와
풍속화에 새로운 경지를 열었으며, 정조의 초상을
그릴 정도로 인물화에도 뛰어났다. 서민들의
생활 모습과 정서를 표현하고 부당한 현실을
풍자적으로 묘사한 풍속화를 많이 남겼다.
이 그림은 가을걷이 마당에서 땀 흘리며 일하는
농민과, 한가하게 담배를 피우는 양반 모습이
대조적이다. 크기 27.0×22.7cm.

❷ 조영석의 〈말 징 박기〉

조영석(1686〜1761)은 조선 후기 선비 화가로,
인물과 산수에서 문인화의 새로운 경지를 열었다.
이 그림은 말을 눕혀서 네 다리를 꽁꽁 묶어 나무에
매어놓은 다음, 한 사람은 이를 막대기로 누르며
움직이지 못하게 하고, 또 한사람은 말발굽에 징을
박는 장면을 나타낸 것이다. 이를 악문 말의 모습과
아랫입술을 꽉 깨물고 징을 박는 인물의 표정이
인상적이다. 크기 36.7×25.1cm.

김홍도의 〈장터길〉
크기 39.7×26.7cm.

1863 ~ 1896

1866
서울을 목표로 침략한 프랑스 함대를 물리쳤다(병인양요).

1868
일본, 정변이 일어나 중앙집권 체제를 형성하고 강력한 서구화 정책 실시
(메이지유신)

1871
조선을 침략한 미국 함대와 싸워 물리쳤다(신미양요).

1876
조선이 일본을 상대로 통상 교류를 약속한 강화도조약을 맺었다.

1882
군인들이 봉기하여 대외 개방을 추진한 정부를 무너뜨렸다(임오군란).

1884
일본의 개혁을 모델로 근대적인 국가 체제를 형성하려는 정변이
일어났다(갑신정변).

1885~1887
조선이 러시아와 국교를 맺자, 영국이 이를 구실로 거문도를 불법
점령하였다(거문도사건).

1894
농민들이 동학의 종교 조직과 결합하여 전국적인 봉기를 일으켰다.

1894~1895
일본이 청일전쟁에서 승리하였다. 한반도와 중국을 둘러싼 국제 경쟁이
치열해졌다.

1894~1896
조선의 개혁 관료들이 일본의 지원을 받아 급격한 개혁을 추진하였다(갑오개혁).

1896
왕이 일본의 위협을 피해 러시아 공사관으로 피신하면서 친일 내각이
몰락하였다.

IX 전환기를 맞이한 조선

서양이 조선을 침략하였다. 청과 일본도 조선을 지배하려 하였다. 외세와 맞서는 일은 마치 난마처럼 얽힌 실타래를 푸는 것과 같았으며, 단결 또한 쉽지 않았다. 계급이나 처지에 따라 생각하는 바도 이해관계도 달랐지만, 대단결이야말로 독립을 지킬 수 있는 유일한 방안이었다. 1884년과 1894년 진보적 집권 관료층은 위로부터의 개혁을 추진하였다. 1894년 동학농민군은 아래로부터의 혁명을 추구하였다. 두 길이 충돌함으로써 주권을 지킬 국민적 단결은 이루어지지 못하였다. 과연 자주적인 국민국가를 건설할 수는 없었을까?

제물포 개항장 1883년까지 이곳은 한적한 어촌이었다. 개항과 함께 서울에서 가장 가까운 항구로서 정치·경제적 중요성이 부각되어 많은 외국인이 몰려들었다. 초가집들로 이루어진 이전과 전혀 다른 경관이 이들에 의해 만들어졌다.

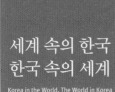

동아시아 삼국의 개항

1840년대부터 1870년대까지 청과 일본, 조선은 차례로 외국과 통상조약을 맺었다. 그러나 세 나라 모두 치외법권과 상품 교역의 특혜를 인정한 불평등조약을 맺음으로써 처음부터 불리한 처지에서 세계 체제에 편입되었다.

청은 두 차례 서양의 침략을 받았는데, 전쟁에서 패한 뒤 매우 불리한 조약을 맺었다. 갈수록 심해지는 사회 혼란을 개혁하기 위한 민중운동(태평천국운동)에 이어 정부 차원의 개혁운동(양무운동)이 일어났다.

일본은 미국의 압력에 의해 1854년 처음으로 조약을 체결한 뒤, 서양 여러 나라와 차례로 통상조약을 맺었다. 개국을 한 막부 정권에 반대하던 하급 무사들이 정변을 일으켜 새로운 국가 체제를 수립하였으며, 이들은 이후 전면적인 서구화 정책을 펴나갔다(메이지 유신).

조선의 경우, 이중의 외압으로 가장 어려운 처지에 있었다. 프랑스와 미국의 침략을 받았을 뿐 아니라, 조선을 희생시킴으로써 자국의 안전을 보장하려는 청과 일본의 압력을 받았기 때문이다. 이처럼 개항은 조선인들에게 힘겨운 과제를 떠안겼다.

1840
청이 영국과의 전쟁에서 패한 뒤 불리한 조약을 맺음(난징조약, 1842).

1844
청이 미국, 프랑스와도 불리한 조약을 맺음.

1854
일본이 미국, 러시아와 국교를 수립함.

1857~1860
영국·프랑스 연합군이 청을 다시 침략하고, 조약을 주선한 러시아가 청에게 연해주를 넘겨받음.

1858
일본이 미국, 러시아, 영국, 프랑스, 네덜란드와 불평등한 통상조약을 맺음.

1866~1871
조선이 프랑스와 미국의 침략을 받음.

1876
조선이 일본의 강압적 외교에 굴복하여 불평등조약을 체결함(강화도조약).

강화도조약 체결(1876)
일본은 1875년 조선 연해에 나타나 군사 충돌을 일으킨 뒤, 이듬해 더 많은 군대를 앞세우고 전쟁과 개방 중 하나를 택할 것을 요구하였다. 조선은 일본과 조약을 맺음으로써 본격적으로 근대국가 체제에 들어섰다.

● 베이징
● 톈진
강화도 ● ● 한성(서울)
도쿄 ●
● 나가사키
● 난징

미일수호통상조약 체결(1858)
1853년 미국은 강력한 함대를 이끌고 나타나 일본에 전쟁 또는 개방을 선택할 것을 강요하였다. 이듬해 일본은 평화를 지키는 대가로 자신들에게 불리한 내용의 조약을 체결하였다(미일화친조약). 1858년에야 일본은 미일수호통상조약을 체결함으로써 본격적인 개국에 들어갔다.

난징조약 체결(1842)
청이 영국 상인의 아편 무역을 금지하자, 영국은 '자유무역' 보장을 요구하며 침략하였다. 청은 다섯 항구를 개방하고 많은 배상금을 지불하며 홍콩을 영국에 넘기기로 약속하였다.

아편전쟁(1840~1842)
영국은 청이 아편무역을 금지시키자, 자유무역의 보장을 요구하며 침략하였다. 전쟁에서 패한 청은 불평등 조약을 강요받았다. 그림은 영국 함선의 공격에 파괴되는 중국 배의 모습이다.

1
구체제 위기에 맞서
새로운 해결책을 모색하다

서양과의 화친을 거부한 조선

서양 오랑캐가 쳐들어왔다. 싸우지 않으면 곧 저들과 조약을 맺고 화친해야 하는데, 서양 오랑캐와 화친하자는 주장은 나라를 팔자는 것이다. 1866년에 글을 짓고 1871년에 비석을 세우다.

서양을 침략자로 규정하고, 그들과 친선 관계를 수립하자는 주장을 나라를 파는 죄로 다스리겠다는 단호한 내용이 적힌 이 비석(척화비)은 1871년 당시 조선의 강경한 대외 정책을 잘 보여준다.

척화비를 세운 1871년은 조선이 미국의 침략자들을 싸워 물리친 해였다. 같은 해 4월, 미국 함대는 수도 서울의 관문에 해당하는 강화도 앞바다에 나타나 통상 관계 수립을 요구하였다. 조선이 이를 거부하자 '우호조약'을 맺자며 침략 전쟁을 일으켰다(신미양요).

신미양요
1871년 미국 아시아 함대 사령관이 군함 5척, 해군과 육전대원 총 1,230명을 이끌고 조선의 강화도를 침략하였다. 6월 11일의 광성진 전투가 가장 격렬하였는데, 이날 조선군은 전사자가 400여 명에 이르렀으나 물러서지 않고 강력하게 맞서 결국 미군은 철수할 수밖에 없었다. 사진은 광성진을 점령하고 지휘관을 상징하는 '수(帥)'자 깃발을 빼앗은 뒤 기념 촬영한 미군의 모습이다.

그보다 앞서 1866년에는 프랑스 해군이 대규모 함대를 이끌고 조선을 침략하였다. 조선이 불법으로 포교 활동을 벌이던 프랑스 신부를 살해한 일을 구실로 내세워 통상조약을 강요하기 위해서였다. 그러나 조선은 그들의 요구를 거절하고 싸워서 물리쳤다(병인양요).

침략자로 인식된 서양, 서양의 국가들

서양과 서양 문물은 17세기 무렵부터 조선에 소개되었다. 이때만 해도 서양은 관민상하를 막론하고 탐구 대상으로 인식되었으며, 서양 문물 역시 편견 없이 받아들여졌다.

서양에 대한 연구가 천주교 신앙으로 이어지고, 그것이 유교 전통과 충돌하던 18세기 후반부터 '서학＝서양'에 대한 경계심이 커졌다. 천주교 탄압이 본격화된 19세기에는 서양의 기술 문명도 금기 대상이었다. 천주교 확대가 외국의 침략으로 연결될 수 있다는 우려도 많았다.

서양에 대한 관심 자체를 꺼린 데는 1840년대 이후 위기감이 높았기 때문이다. 중국이 서양의 침략을 받아 곤경에 빠졌으며, 일본이 미국의 압력으로 개방된 일이 있었던 때다.

탄압받던 조선 천주교도들이 프랑스 군대에 서울 공격을 요구한 사건이 있었으며, "조선 왕이 프랑스 신부를 잔인하게 죽인 날이 조선국 최후의 날이 될 것…… 조선을 정복해서 새 왕을 세우는 문제를 프랑스 왕과 상의하겠다"(청나라 주재 프랑스 공사 벨로네, 1866)라는 식으로 서양인들이 아시아를 깔보고 침략을 부끄러워하지 않았던 것도 사실이었다.

성리학을 최고 가치로 여긴 지배층과 침략자로 다가온 서양은 둘 다 한국인들이 유교의 사고 체계를 뛰어넘는 새로운 상상력을 발휘하지 못하게 한 장애물이었다.

척화비

1866년과 1871년의 전쟁을 기념하고, 서양과의 통상 교류를 금지한다는 내용이 새겨진 이 비석은 1871년에 세워졌다. 조선에서는 두 차례에 걸친 프랑스, 미국의 침략 전쟁을, '서양 오랑캐들이 일으킨 소동'이란 뜻에서 병인양요. 신미양요라 부른다.

외침 방어와 내정 개혁의 관계

외세의 위협이 현실화되면서 집권 관료층은 대책 마련에 부심하였다. 서양인들이 통상 요구를 하지 못하도록 서양 물품의 교역과 유통을 완전히 금지하자는 주장에서부터 서양인들과 내통할지 모를 천주교도를 철저히 통제하자는 주장도 나왔다.

집권 관료층에게는 더 큰 고민이 있었다. 1862년 농민 항쟁처럼 민중들이 봉기하면 외적의 침략을 막을 방법이 없다는 것이었다. 청 왕조가 태평천국운동(1851~1864)이란 농민 봉기로 곤욕을 치를 때, 영국과 프랑스 연합군이 쳐들어와 어이없이 굴복하였던 사실을 잘 알고 있었기 때문이다.

외침이 코앞에 닥쳤을 때 흥선군 이하응의 어린 아들이 철종의 뒤를 이어 왕위에 올랐다. 그가 바로 고종(재위 1863~1907)이다. 고종의 등극과 함께 대원군이 된 흥선군 이하응(이하 대원군)은 어린 아들을 대신해 조선을 실질적으로 통치하였다.

대원군은 관료 체제를 국왕 중심으로 재편하고, 국왕의 권위를 세우기 위해 경복궁을 대규모로 재건축하였다. 오랫동안 민중들의 불만을 샀던 조세 행정을 고쳤으며, 관리들의 부패를 청산하고 양반의 자치권을 약화시켜 민중 수탈의 근거를 없앴다. 왕을 국가의 중심으로 우뚝 세운 다음, 왕실과 민들의 거리를 좁혀 국력을 하나로 결집하기 위함이었다.

흥선대원군 이하응(1820~1898) 과 경복궁
국왕의 아버지로 10여 년 동안 조선을 실질적으로 통치하였다. 관리와 지방 토호들의 중간 수탈을 배제하고 왕과 민이 직접 만날 수 있는 통치 질서를 재구축하려 하였다. 또 국왕을 중심으로 결집된 국가의 능력을 바탕으로 외침을 막고자 하였다.

'부국강병 노선'의 대두

강경한 대외 정책은 민들의 지지 속에서 수행되었다. 재야 양반들은 서양인을 동양 문화를 이해하지 못하는 짐승 같은 존재로 인식하였으며, 서양의 교역 요구에 절대로 응하지 말 것을 주장하였다. 민중들도 침략자와 싸울 때 자발적으로 참가하였다.

그런데 외세와 대결하기 위해서는 강력한 군대를 육성하고 국가를 비상 체제로 운영해야 했다. 강력한 왕권과 재정의 중앙 집중은 물론, 추가적인 조세 부담도 필요하였다. 이는 민생의 안정을 바탕으로 도덕 정치를 추구한 오랜 유교 정치의 이상을 대신할 새로운 정책 노선, 즉 강한 국가를 추구하는 부국강병 노선의 등장을 의미하였다.

그러나 새로운 정책 노선은 곧 도전에 직면하였다. 양반 지배층은 왕권 강화에 반대하였으며, 민중들은 늘어나는 조세 부담에 반대하며 점차 대원군에게서 등을 돌렸다.

통상 수교는 거스를 수 없는 시대적 대세라며 대결 정책을 수정하자는 주장도 있었다. 통상 확대와 신기술의 도입이 나라를 부강하게 할 것이라는 인식이 싹튼 것이다. 이 같은 주장은 중화 질서 속에서 국제 관계가 안정되었던 시대가 끝나고, 국가 간 경쟁이 본격화되는 시대로 진입하고 있다는 인식에서 비롯되었다.

대원군에 대한 민의 지지가 철회될 무렵, 그의 아들이 성인이 되었다. 성인이 된 왕은 자신이 직접 정치를 주관하겠다고 선언하였다. 대원군은 물러날 수밖에 없었고, 대원군의 정책도 수정되어야만 했다.

박규수(1807~1877)
고급 관직을 두루 거쳤는데, 두 차례 청을 다녀와 변화하는 국제 정세와 청의 개혁 운동에 대해서 보고 들은 바가 많았다. 서양에 맞서기 위해서라도 새로운 물질문명을 배워야 하고, 이를 위해서는 조선이 먼저 다른 나라와 국교를 맺고 교류할 것을 주장하였다.

양반 유생들의 개항 반대

이항로는 전쟁을 치르더라도 통상교섭은 안 된다며 대원군을 지지하면서도 경복궁 건설은 강하게 비판하였던 당시의 대표적 유교 지식인이었다. 유교 지식인들이 개국을 반대한 이유는 기정진(1798~1879)이 1866년에 올린 상소문에 잘 드러나 있다.

이항로(1792~1868)

"그들이 온갖 어려움을 마다하지 않는 것은 우리나라를 저들에게 복속시키려 함이며, 우리 강산을 저들의 재물로 만들려는 것이며, 우리 문화를 저들의 노예 문화로 재편성하고자 함이며, 우리 부녀자를 약탈하려는 것이며, 우리 국민들을 예의와 염치를 모르는 짐승과도 같은 수준으로 떨어뜨리려 하는 것입니다. 만일 교통로를 열면 저들이 하고자 하는 바가 뜻대로 되고 이를 막기 더욱 어려워지니, 2, 3년이 지나지 않아서 전하의 백성 가운데서 서양 사람으로 변하지 않는 사람이 얼마 되지 않을 것이니, 전하는 장차 누구와 더불어 임금 노릇을 하려 하십니까?"

강화도,
근대 역사의 출발점

1866년 8월, 침략 준비를 위해 조선에 온 프랑스의 극동 함대 사령관 로즈(Roze)는 한강을 거슬러 올라가 서울의 도성까지 수로 측량을 마친 뒤, "강화도를 장악하면 조선의 수도를 장악하는 것과 같으니, 천진(텐진)을 함락당한 청이 결국 굴복한 것처럼 조선도 우리의 요구를 받아들일 것"이라는 결론을 내렸다. 그로부터 한 달 뒤, 군함 7척에 해병대 1,000여 명을 싣고 강화도를 침략하였다.

옛 고려의 수도였던 개경과 조선 왕조 이래 한국의 수도인 서울에서 가까운 강화도는 13세기 수십 년 동안 몽골의 침략에 맞서 싸웠던 고려의 임시 수도였다. 청과 대결을 준비하던 17세기에도 이곳을 임시 수도로 하려는 시도가 있었다.

조세의 운송이 바다를 통해 이루어지던 시절, 강화도는 수도의 관문 같은 곳이었다. 1866년에는 프랑스군이, 1871년에는 미군이 이곳으로 쳐들어왔다. 1875~1876년 일본이 군사 도발을 감행하고 이를 빌미로 불평등 조약을 체결한 곳도 이곳이었다.

강화도는 이처럼 수도를 위해 봉사하던 곳이자 수도로 인해 희생당한 곳이었다. 이곳에는 예부터 왕실의 족보와 각종 역사 기록이 보관되었으며, 1860~1870년대에는 많은 사람이 수도를 지키는 전쟁에서 희생되었다.

두 차례의 양요

프랑스와 미국은 조선에 대해 통상 수교를 요구하며 잇달아 쳐들어왔다. 격전이 벌어진 강화도는 격동의 한국 근대사를 상징하는 곳이 되었다.

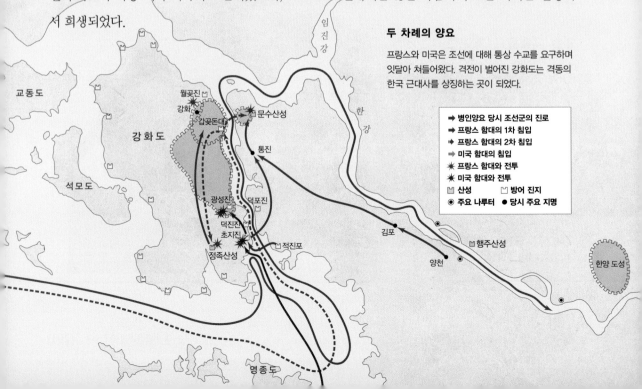

교동도

월곶진
강화
갑곶돈대
문수산성

강화도

통진

석모도

광성진
덕포진
덕진진
초지진
정족산성
적진포

김포

행주산성

양천

임진강

한강

한양 도성

➜ 병인양요 당시 조선군의 진로
➜ 프랑스 함대의 1차 침입
➜ 프랑스 함대의 2차 침입
⇨ 미국 함대의 침입
✳ 프랑스 함대와 전투
✳ 미국 함대와 전투
⛫ 산성   ▣ 방어 진지
◉ 주요 나루터   ● 당시 주요 지명

명종도

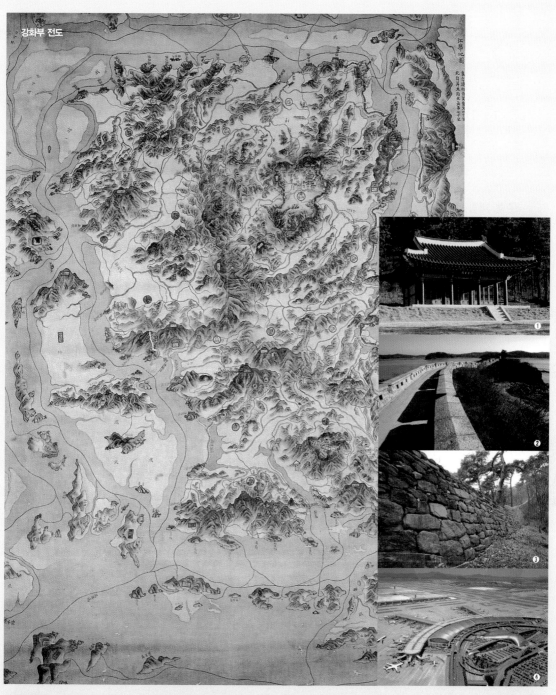

강화부 전도

江華地圖

❶ 외규장각 왕실의 주요 자료가 보관되어 있던 이곳은 1866년 프랑스군에 의해 약탈당하였다. 이때 약탈 당한 도서는 21세기가 되어서야 대여 형식으로 돌아올 수 있었다.

❷ 광성진과 용두돈대 1871년 미국 함대가 침략하였을 때 이곳을 지키던 조선군은 격렬하게 저항하여 결국 미군의 철수를 이끌어내었다. 미국군 슐레이 소령은 "아마도 우리는 가족과 국가를 위하여 그토록 장렬하게 싸우다 죽은 장병을 다시는 찾아볼 수 없을 것이다"라고 술회하였다.

❸ 정족산성 조선 왕실의 족보와 역사 기록이 보관된 곳으로도 유명하다. 이곳에서 조선 군대는 프랑스 군대와 싸워 승리하였다. 이 전투 이후 프랑스 군대는 철수를 결정하였다.

❹ 영종도 현재 인천국제공항이 자리잡은 이곳은 1875년 일본군의 침략으로 큰 피해를 입었다. 일본은 1875년 강화해협을 침범하여 조선군과 의도적으로 충돌한 다음, 이듬해 군대를 앞세워 불평등 조약을 강요하였다.

2

근대국가 체계에 참여하다

문호 개방

1876년 조선은 일본과 처음으로 근대적인 국제법 체계에 따른 조약을 체결하였다. "조선국은 자주국으로 일본국과 평등한 권리를 가진다"로 시작되는 강화도조약(병자수호조규)이 그것이다.

조선과 일본이 대등한 국가이며 선린을 위해 서로 노력하기로 합의하였지만, 한국인들은 '수호' 조약이란 당초의 명칭을 거의 쓰지 않는다. '선린을 위해 노력하자〔修好〕'는 그럴듯한 구실을 내세웠지만, 실제로는 거듭된 침략 위협을 바탕으로 맺은 조약이며, 치외법권을 비롯하여 일본이 서구 국가들에게 강요당하였던 불평등한 조약 내용을 고스란히 담았기 때문이다.

일본은 조약 제1조에 '조선은 자주국'임을 명시하자고 주장하여 관철시켰다. 원래 조선은 자주 국가였다. 비록 청의 책봉과 조선의 조공으로 이루어지는 중화체제 속에 포함되었지만, 내정과 외치에서 조선의 독립성이 훼손된 적은 없었다. 그런데도 이 조항을 강조하려 든 것은 조선에 대한 청의 개입을 견제하기 위해서였는데, 결과적으로 조선을 실질적 속방으로 만들어야 한다는 청의 위기감을 불러일

강요된 강화도조약
메이지유신 이후 일본은 "조선을 차지하는 것이 일본을 지키는 관건"이라며 조선 침략을 준비해왔는데, 1876년에 대규모 군대를 이끌고 교섭을 요구하였다. 전쟁과 수교의 선택을 강요받은 조선은 '그저 옛날의 교류를 재개하는 것일 뿐'이라며 강화도에서 조약을 맺었다. 사진은 조약 체결 당시 연무당 건물 밖에서 일본군이 신무기를 앞세워 무력 시위를 하는 장면이다. 연무당은 강화도를 지키는 군인들의 훈련 장소였다.

으켰다. 경쟁적으로 강화되는 청과 일본의 침략적 개입은 이후 조선의 자주적 개혁을 어렵게 한 가장 큰 요인이었다.

"서구의 기술 문명을 받아들이자"

일본과 국교를 수립한 뒤에도 대외 정책이 바로 변하지는 않았다. 조약 체결에 대한 반대 운동이 광범하게 전개된 데다, 관료층과 재야 양반들이 일본과 서양에 대해 경계심을 가졌기 때문이다.

그러나 1876년과 1880년 사절단이 연이어 일본을 방문한 뒤 집권 관료층은 점차 변화를 모색하였다. 청을 통해 수집된 국제 질서에 대한 새로운 정보 역시 개방을 통해 기술 문명을 서둘러 수용해야 함을 잘 보여주었다. 외국과 국력이 많이 차이난다는 사실을 실감하였고, 통상만 인정한다면 외국이 무조건 침략하지 않을 것이라는 생각도 갖게 되었다.

1880년, 마침내 조선 정부는 적극적인 개방정책을 모색하였다. 서양 국가와 국교를 확대하여, 국교를 맺은 나라들끼리의 세력 균형을 통해 국가를 보존하고, 신기술을 도입하여 군사력과 경제력을 기르자는 것이었다. 통리기무아문이란 개혁정책 추진 특별기구를 만들고, 외교와 군사, 산업의 혁신 방안을 검토하고 실천하기 시작하였다. 신식 군대 창설이나 해외 시찰단 파견, 유학생 파견 등도 추진되었다.

대외 정책이 빠르게 변하였는데도 불구하고 정치 개혁은 이루어지지 않았다. 지배층도 예전 그대로였고, 관리들의 부정부패도 여전하였다. 개혁의 필요성을 설명하고 동의를 구하는 대신, 일방적으로 밀어붙이는 것도 이전과 동일하였다.

새로 재정을 투입한 정책이 결실을 맺기 위해서는 많은 노력과 시간이 필요하였다. 그러나 세금을 더 낸다거나 예전처럼 재정 지원을 받지 못한 사람들은 즉각적으로 반대하였다. 정권에 대한 지지는 성장하지 못하면서 반대 세력은 곧바로 집단화되었다. 개방정책은 아주 낮은 지지 위에서 진행되고 있었던 것이다.

김기수(1832~?)
강화도조약이 체결된 직후 수신사가 되어 일본에 파견된 정부 대표단을 이끌었다. 귀국 후 변화된 일본의 모습을 소개함으로써 일본을 새롭게 인식하는 계기를 제공하였다.

시찰단 보고서
1880년에 조선은 개방정책을 추진하는 데 필요한 자료 수집을 위해 대규모 시찰단을 일본에 파견하였다. 시찰단은 변화되는 일본을 다각도로 분석하여 보고서를 작성하였다. 시찰단 파견에 반대하는 여론이 만만치 않아 파견 사실조차 비밀에 부쳐졌으며, 방대한 보고서도 널리 읽히지 못하였다.

서양의 문명이냐, 동양의 문화냐

미국과 수교하는 문제를 계기로 개방정책은 사회적인 논쟁으로 발전하였다. 관료층에서 시작된 논란은 조정과 재야 양반들 사이의 전면적인 격돌로 이어졌다.

반대론을 제기한 쪽은 "미국은 10여 년 전 조선을 부당하게 침략하였으며 경계를 게을리하지 않아야 할 나라다. 게다가 미국과 수교하면 다른 서양 국가들과 수교하는 것은 시간 문제다. 그래서 이단으로 배격해왔던 서양 종교나 사상, 풍속이 전면화될 것"이라며 우려하였다. 유교적 가치가 실현되는 사회를 이상으로 여겼던 이들은 이 같은 상황을 심각한 문명사적 도전으로 받아들였다.

그러나 "지금 강약의 형세가 이미 많이 벌어졌다. 만약 저들의 기술을 받아들이지 않는다면 어떻게 모욕을 받지 않고 저들이 엿보는 것을 막을 수 있겠는가"(고종의 교서)라며, 자주 독립을 지키기 위해서는 수교와 기술 문명 수용이 절실하다는 쪽도 결코 물러서지 않았다.

1881년 재야 양반들은 개방정책 중단을 요구하며 전국적으로 저항운동을 벌였다. 공동 상소문을 만들고, 대규모 서명운동을 추진하였으며, 궁궐 앞에서 공공연하게 시위를 벌였다.

최익현(1833~1906)
1876년에 일본과 전쟁을 벌이더라도 개국하지 말 것을 요구하는 운동을 벌였다. 외국과의 통상 교류를 반대하였으며, 일본의 침략이 강화된 1895년과 1905년에는 군대를 조직하여 이에 맞섰다.

1881년 창설된 신식 군대인 별기군의 모습
신식 군대를 만드는 데 필요한 비용의 상당액은 구식 군인에 대한 해고와 차별 대우로 마련되었다.
봉기를 일으킨 구식 군인들이 별기군과 일본인 군사 교관을 공격한 것은 그런 이유에서였다.

개방정책에 반기를 든 군인들

위태롭게 이어지던 정부의 개방정책은 이듬해 일어난 군인 봉기에 의해 극적으로 폐기되었다.

1882년 6월, 수도 군인들이 봉기하였다. 13개월 동안 급여를 받지 못한 군인들은 국가의 창고를 습격하고 그 책임자를 처단하였다. 또 궁궐을 점령하고 개방정책 중지와 전면적인 정치 혁신을 요구하였다(임오군란).

여전하였던 관리들의 부정부패가 봉기의 원인을 제공하였다. 그러나 심각한 재정난이 불러온 위기이기도 하였다. 새 정책을 추진하는 데 많은 돈이 들었으나 돈이 들어오는 곳도 나가는 곳도 달라지지 않았기 때문이었다.

왕은 아버지인 대원군에게 사태 수습을 요청하였고, 대원군은 개방정책을 대폭 수정하면서 개항 이전 상황으로 돌아가고자 하였다. 그러나 상황이 뜻대로 돌아가지 않았다. 청이 대규모 군대를 앞세워 서울을 점령한 뒤 직접 개입에 나섰으며, 일본도 군대를 끌고 들어왔다. 청과 일본의 경쟁적인 개입은 조선인들의 자주적인 운동을 가로막는 걸림돌로 작용하게 되었다.

임오군란

신식 군대 설치에 따른 재정 부담으로 급여를 제대로 받지 못하고 해고될 처지에 놓인 구식 군인들이 봉기하였다(1882). 군인들은 개방정책을 추진하였던 주요 관료의 집을 습격하였으며, 일본 공사관을 공격하여 신식 군사 훈련을 시키던 일본인 교관 등을 죽였다. 사진은 일본인들이 국기를 앞세우고 공사관을 빠져나가는 장면이다. 훗날 일본은 군함 4척을 이끌고 와서 제물포조약을 강요하였는데, 이 조약에는 조선의 사과와 배상, 공사관 보호를 구실로 일본 군대를 주둔시킨다는 내용이 포함되어 있었다.

3

급진적인 개혁을 시도하다

"국가 체제를 개조하자"

1884년 12월 4일, 조선이 서구적 우편업무를 처음 시작하는 날이었다. 대규모 축하행사가 밤늦도록 진행되었다. 그런데 덕담과 축하의 술잔이 오가던 중 피바람이 일었다. 일부 개혁주의자들이 반대 세력을 제거하고 권력을 장악한 것이다(갑신정변).

정변을 주도한 이들은 국왕과 긴밀하였던 김옥균과 박영효 등 급진적 청년 관료들이었다. 이들은 궁궐을 장악하고, 국왕을 설득하여 국가 체제 혁신안을 발표하였다. 혁신안에는 청에 대한 종속관계를 단절하여 대외 주권을 확립하고, 왕실과 정부의 분리, 신분을 뛰어넘는 인재 등용을 통한 근대적

갑신정변의 주역들
이들은 일본의 메이지유신을 모델로 하여 전면적인 사회 변화를 추구하였다. 정부 조직 개편, 신분제 폐지, 교육과 관리 선발 제도 개혁, 조세제도 개혁과 근대적인 산업 육성 등이 주요 내용이었다. 왼쪽부터 박영효, 서광범, 서재필, 김옥균이다.

관료제 확립, 조세·재정 제도 전면 혁신 등이 포함되었다.

청과의 대결은 피할 수 없었다. 그러나 준비가 부족한 데다 지원을 약속하였던 일본의 도움도 보잘것없었다. 정변 사흘째 되는 날, 서울의 청군이 궁궐을 점령하였고, 정변의 주역들은 죽거나 황급히 일본으로 달아났다.

준비 부족으로 실패한 정변의 주역 김옥균은 훗날 "조선의 개혁은 하루도 늦출 수 없을 정도로 시급하다. 조금이라도 개혁을 늦춘다면 이미 그때의 조선은 우리의 조선이 아닐 것이다"라며 그날을 회상하였다.

조선에 대한 종주권을 주장한 청

정변이 일어나기 2년 전 조선과 청의 관계는 극적으로 바뀌었다. 조선에서 군인 봉기가 일어나자, 청은 대규모 군대를 파견하여 진압하였다. 그리고 조선의 외교고문과 재정고문을 추천하는 등 내정에 깊숙이 개입하면서 조선을 청의 실질적 속방으로 만들고자 하였다.

청의 개입이 강화되자, 일본의 조선 침략 정책은 구체화되었다. 일본은 군인 봉기 이후 자국민 보호라는 구실을 내세워 일본군의 조선 주둔을 관철시켰다. 또 친일적인 세력을 확보하기 위해 애썼다.

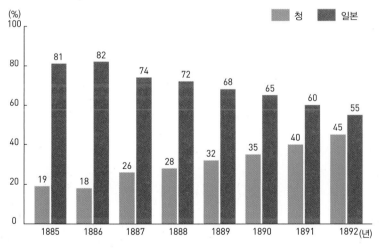

조선의 대외무역 구조
군인 봉기 이후 청은 조선을 청의 속방으로 규정한 조청상민수륙무역장정을 강요하였다. 이 조약에 따라 조선과 청 사이에 근대적 무역 규범이 만들어졌고, 유리한 위치에 선 청 상인들의 조선 진출이 본격화되었다. 그래프는 개항 이후 조선의 대외무역에서 청과 일본이 차지하는 비중을 나타낸 것으로, 청일전쟁은 결국 조선에서의 주도권을 둘러싼 청과 일본의 경쟁에서 시작된 것임을 잘 보여준다.

한성순보
1883년에 창간된 최초의 신문으로 10일에 한 번 발간되었다. 신문과 잡지의 성격을 띠면서도 관청에서 하는 일을 알리는 관보였다. 순 한문으로 쓰였는데, 갑신정변 때 관련 시설이 모두 불에 타 1년 동안 발행이 중단되었다가 《한성주보》로 다시 간행되었다. 가로 17cm 세로 24cm 크기로 매호 24면씩 발행되었다.

동양의 정신에 서양의 기술을

자주성이 심각하게 훼손되고 청과 일본의 경쟁이 본격화되는 가운데 신문물 수용을 통해 부국강병을 이루려는 정책은 점차 대세를 이루었다. 그러나 매사가 순조로울 리 없었다. 새 정책을 펼치기에는 재정 상황이 너무도 좋지 않았다. 군대를 주둔시키고 재정을 틀어쥔 청은 조선의 자주적 선택을 사사건건 방해하였다.

개혁의 필요성을 느낀 이들은 청과 일본에 대한 입장, 개혁 방향과 속도, 부족한 재정 확보 방안을 둘러싸고 양분되었다. 점진적 개혁을 주장한 이른바 온건파들은 서구 기술 문명의 수용은 중국과 조선이 공유해온 동양의 문화적 가치를 지키며 이루어져야 한다고 생각하였다. 이들은 치열한 국제 경쟁 속에서 청이라는 강국의 우산이 필요하다고도 여겼다.

반면에 급진적 개혁을 주장한 이들은 서구의 기술 문명과 법·제도 등에 대한 전면적 수용을 통해 국가 체제를 개조해야 한다고 주장하였다. 이들은 독립을 위협하는 최대 적은 청이라 여기고 일본과 협력을 모색하였다.

협력하면서도 경쟁하였던 두 진영의 차이가 결국 갑신정변으로 이어졌다. 정변은 3일 만에 실패로 끝났고, 이후 개혁 진영의 약화는 피할 수 없었다. 급진파들은 완전히 밀려났으며, 온건파들의 상당수도 힘든 세월을 보

근대적 우편제도의 도입
갑신정변의 실패로 우편제도 도입이 한동안 미루어졌다. 왼쪽은 1895년 비로소 도입된 우편제도에 따라 우편 업무를 맡았던 우체부 모습이다. 우편 가방을 어깨에 둘러멘 채 손에 우산을 들고 담뱃대를 문 모습이 정겹다. 오른쪽은 서울에 있는 근대적 우편 사무를 담당하기로 예정되었던 우정국 건물이다.

내야 했다. 독립을 추구하였던 정변이 결과적으로 청의 입지를 강화한 것으로 귀결된 것도 커다란 손실이었다.

영국의 거문도 불법 점령, 조선은 독립을 유지할 수 있을까?

갑신정변을 계기로 청과 일본의 대립은 다소 누그러졌다. 그러나 두 나라가 조선의 자주 개혁을 보장한 것은 아니었다.

정변 이후에도 자주성을 지키기 위한 조선 정부의 노력은 나라 안팎으로 계속되었다. 안으로는 부국강병을 위한 개방정책을 추진하고, 밖으로는 외교 관계를 다원화하여 세력균형을 통한 독립 유지를 목표로 하였다. 그 연장선에서 조선은 1884년 러시아와 국교를 수립하였다. 그러나 1885년 영국이 이 과정을 문제삼아 조선 남쪽에 있는 섬 거문도를 점령하였다(거문도사건, 1885~1887). 이 사건은 조선이 국제적 갈등의 중심이 될 수 있음을 잘 보여주었다.

이 무렵 조선에서는 소극적인 다원 외교를 넘어서서 주변 여러 나라가 보증하는 영세중립을 시도하자는 외교 노선이 대두하였다. 그러나 중립화는 청의 후퇴가 전제되는 만큼 외교 교섭과 이를 뒷받침할 힘이 필요하였다. 그 힘을 갖추기 위해서는 조선의 개혁정책이 성과를 내야 했는데, 그러려면 아직도 많은 것이 필요하였다.

거문도의 영국군 묘지
영국은 자신들이 해밀턴(Port Hamilton)이라 부르던 거문도를 22개월간 불법으로 점령하였다. 그러고는 러시아를 견제한다는 구실로 군함 6척과 수송선 2척을 정박시켰다. 사진은 당시 이곳에서 사망하였던 영국군의 묘지다.

다양한 신문물의 도입
갑신정변 이후에도 새로운 교육·의료 제도를 도입하고 산업을 육성하기 위한 노력이 계속되었다. 외국인을 초청하여 서양 학문과 외국어를 가르쳤던 육영공원을 운영하였으며, 새로운 농업 기술을 도입하고 실험하기 위한 국영 농장과 기계 제작, 섬유공업을 담당할 관청과 관영 공장을 설립하였다. 왼쪽은 인천의 관립 외국어 학교(1898)의 강사와 학생들 모습이다. 오른쪽은 근대적 화폐 제조 시설인 전환국 건물이다.

4

아래로부터의 혁명과
위로부터의 개혁이 충돌하다

1894년, 동북아시아 삼국의 갈림길

대외 개방과 개혁정책 추진은 잠재되어 있던 체제 위기를 폭발적인 양상으로 만들었다. 대외 개방으로 쌀의 해외 유출이 크게 늘어나면서 농민의 삶은 크게 어려워졌다. 곡물 가격이 수시로 변동하자 관리들은 가격 차이를 이용하여 민중을 수탈하였다. 쌀 거래에서 이익을 본 일부는 대지주로 성장하였으나, 많은 농민들은 오른 쌀값으로 고통받고 급기야 토지를 잃고 소작농이 되었다.

새로운 정책에서 비롯된 재정 위기는 조세 부담의 강화로 이어졌다. 왕실 측근에게 집중되었던 권력은 관료 사회의 구조적 부패를 만들어냈고, 그것은 다시 낡은 조세 행정과 결합하여 농민에 대한 또 다른 수탈로 나타났다.

1890년대는 구체제 청산을 요구하는 농민들의 봉기와 함께 시작되었으며, 그 정점에 동북아시아 삼국의 처지를 극적으로 바꾸어놓은 동학농민전쟁(1894)이 있었다.

전봉준(1855~1895)과 그의 생가
봉기를 이끌었던 전봉준, 손화중, 김개남 등은 대부분 동학의 지역 지도자들이었다. 이들은 이미 1892년과 1893년에 서울과 지방의 여러 도시에서 정치 혁신과 외세 배격을 요구하는 대규모 농민집회를 개최한 적이 있었다. 전봉준은 동네 아이들에게 글을 가르치고 농민들의 어려움을 대변하는 활동을 하였던 농민 지식인으로, 농민들 사이에 동학이 빠르게 확산되자 이 종교 조직을 바탕으로 사회를 개혁하겠다며 동학 조직에 들어갔다. 왼쪽은 전봉준이 체포되어 끌려가는 모습이다. 전봉준 생가는 전라북도 정읍에 있다.

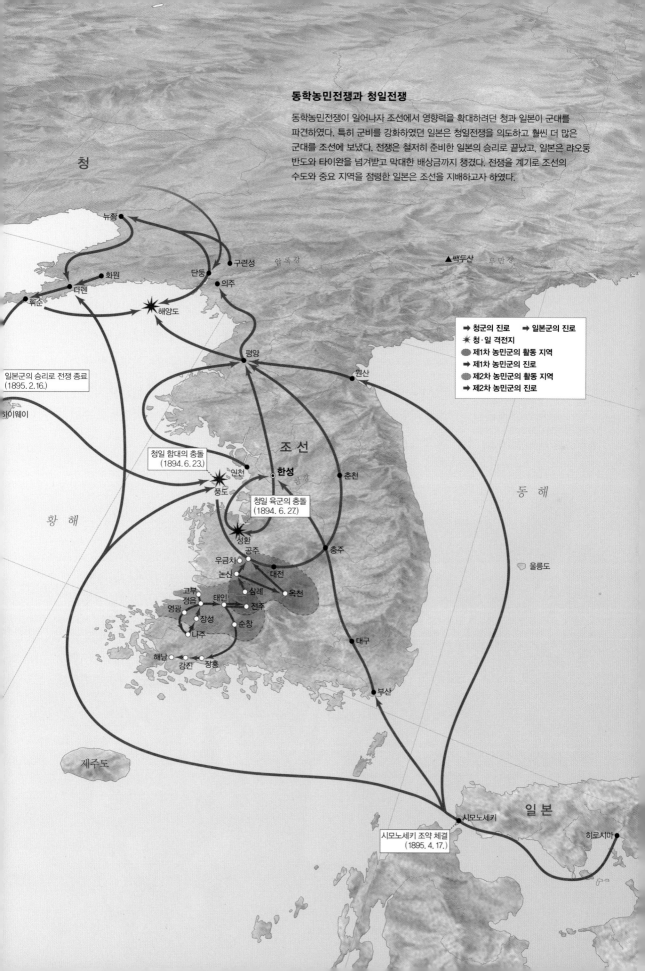

동학농민전쟁과 청일전쟁

동학농민전쟁이 일어나자 조선에서 영향력을 확대하려던 청과 일본이 군대를 파견하였다. 특히 군비를 강화하였던 일본은 청일전쟁을 의도하고 훨씬 더 많은 군대를 조선에 보냈다. 전쟁은 철저히 준비한 일본의 승리로 끝났고, 일본은 랴오둥 반도와 타이완을 넘겨받고 막대한 배상금까지 챙겼다. 전쟁을 계기로 조선의 수도와 중요 지역을 점령한 일본은 조선을 지배하고자 하였다.

청

뉴좡

구련성
화원
단둥
다롄   의주   압록강   ▲백두산   두만강
뤼순
해양도

일본군의 승리로 전쟁 종료
(1895. 2. 16.)
하이웨이   평양   원산

➡ 청군의 진로   ➡ 일본군의 진로
✳ 청·일 격전지
● 제1차 농민군의 활동 지역
➡ 제1차 농민군의 진로
● 제2차 농민군의 활동 지역
➡ 제2차 농민군의 진로

조선
청일 함대의 충돌
(1894. 6. 23.)   인천   한성
풍도   한강   춘천   동해

청일 육군의 충돌
(1894. 6. 27.)
황해   성환
공주   충주
우금치
논산   대전   울릉도
고부   심례   옥천
정읍   태인
영광   전주
장성   순창
나주
해남   강진   장흥   대구

제주도   부산

일본
시모노세키
히로시마
시모노세키 조약 체결
(1895. 4. 17.)

평등 사회를 만들기 위해 봉기한 농민들

1894년 1월, 전라도 고부 농민들이 부패한 관리 처단을 요구하며 봉기하였다. 고을 관아를 접수한 농민들은 죄수를 풀어주고, 창고를 열어 부당하게 빼앗긴 곡식들을 나누어가졌다. 민란이 일어난 것이다.

그런데 고부 민란은 전년도에 60여 곳에서 일어났던 민란과는 처음부터 다른 양상으로 전개되었다. 봉기 지도자들은 이미 지난해부터 "고부성을 격파한 다음, ……(전라도의 중심지인) 전주를 함락하고 서울로 향할 것"을 결의하였다.

1894년 3월, 고부를 비롯한 전라도 여러 지역의 농민군이 부안의 백산으로 모여들었다. 한두 명의 못된 관리를 내쫓는다 해서 세상을 바꿀 수 없다고 믿은 농민들은 드디어 세상을 변혁하겠다는 결심으로 전면적인 봉기에 나섰다. 결의에 찬 농민들은 전라도의 관군과 중앙에서 파견된 신식군대를 잇달아 격파하면서 한 달도 채 안 되어 전라도 전역을 석권하고 수많은 고을을 해방시켰다.

백산봉기(민족기록화)
1894년 3월, 여러 고을의 농민 지도자들이 연합해 봉기하였다. 백산으로 모여든 수천의 농민들은 잘못된 나라를 바로잡고자 일어난 의병을 자처하면서 "안으로는 못된 관리의 머리를 베고, 밖으로는 힘센 외적을 내쫓고자 함이라. 양반과 부호들로부터 고통받고 있는 민중과, 관찰사나 고을 수령 밑에서 굴욕을 당하는 힘없는 향리들은 우리와 같이 원한이 깊은 자들이니 조금도 주저하지 말고 이 시각으로 일어서라!"는 격문을 발표하였다.

혁명과 반혁명

농민 전쟁이 급격히 확대되자 중앙 정부는 공황 상태에 빠졌고, 급기야 청에 파병을 요청하였다. 조선에서 영향력을 확대할 기회를 노리던 청은 대규모 병력을 파견하였고, 이는 곧바로 일본군의 대규모 파병으로 이어졌다. 꺾일 줄 모르는 농민군의 기세가 외국군의 진주라는 뜻밖의 결과를 가져온 것이다.

인천에 상륙하는 일본군
청은 농민전쟁 진압을 구실로 충청도로 들어왔다. 그러나 일본은 처음부터 청일전쟁을 염두에 두고 서울로 군대를 들여보냈다. 사진은 서울과 가장 가까운 항구인 인천에 상륙한 일본군 모습이다.

■ **집강소** 개혁 추진을 담당하였던 농민들의 자치 기구

청일이 조선에서 충돌할 상황이 조성되면서 농민군은 정부의 협상 제의를 받아들였다. 농민군이 군사 행동을 중지하는 대신 정부가 농민군의 요구를 받아들이기로 약속하면서 전투는 일시 중지되었다(1894. 5).

이로부터 몇 달 동안 혁명과 반혁명이 극적으로 공존하였다. 농민들은 고을마다 집강소■라 불린 자치 기구를 만들어 구체제를 아래로부터 무너뜨렸다. 부패한 관리를 추방하고, 노비 문서를 불태우고, 못된 양반과 부자를 징계하였다. 높은 이자로 고통받던 농민들은 부채 무효를 선언하였으며, 토지를 고루 나누어 경작하려는 운동도 벌였다. 바야흐로 오랜 세월 동안 꿈꿔온 새 세상이 열리고 있었다.

그러나 정부 쪽 상황은 점차 반혁명을 향해 치달았다. 정부는 청일 양국 군대의 동시 철수를 요구하였으나, 청을 가상의 적으로 삼고 10여 년간 군비를 확충해온 일본은 이를 거부하였다. 같은 해 6월, 일본군은 경복궁을 점령하고 새로운 정부 구성을 강요하였다. 내정 개혁을 침략 행위의 명분으로 삼기 위해서였다. 그리고 조선에 와 있던 청군을 기습 공격하였다. 청일전쟁이 시작된 것이다(1894).

1894년 8월, 바다와 육지에서 청군을 크게 물리친 일본군은 농민군 진압 작전을 준비하였고, 새로 구성된 정부에 병력 동원을 요구하였다. 반혁명이 본격화된 것이다.

위로부터의 개혁

일본의 지원으로 출범한 신정부는 대부분 개방정책을 추진하였던 이들로 구성되었다. 이들은 1896년 1월까지 다양한 정책을 추진하였는데, 침략의 기초를 쌓으려는 일본의 의도와 자주적인 국민국가 건설을 추구한 개혁 세력의 의도가 복잡하게 뒤섞여 있었다.

1894년 가을, 농민군은 일본의 침략과 신정부 출현에 반대하며 다시 군사를 일으켰다. 그러나 신정부는 농민들의 요구를 일부 수용하면서도 일본군과 협력하여 농민군을 공격하였다. 재야 양반들 상당수도 진압군에 동참하였다. 같은 해 11월, 자주·개혁의 깃발을 들고 전국에서 모여든 농민군은 이들 연합군과 운명을 건 싸움을 벌였으나, 끝내 성공하지 못하였다.

신정부는 1894년 6월부터 일본의 근대국가 건설 과정을 모델로 삼아 새로운 국가 체제를 만들기 위한 개혁을 추진하였다. 청과 속방관계를 청산하고 왕실과 정부의 분리 및 내각제도 도입, 신분제와 과거제 폐지, 국민교육제도 수립, 한글 사용 등을 추진하였다(갑오개혁).

그러나 이들의 신국가 건설 계획은 안팎으로 강력한 저항을 받았다. 왕실은 왕권을 약화시키려는 조치에 거세게 반발하였고, 재야 양반들은 신분제 폐지나 의복·두발 제도를 강제로 바꾸려는 조치를 받아들이지 않았

김홍집(1842~1896)과 군국기무처
김홍집은 1880년 수신사 자격으로 일본을 다녀왔다. 1894년 6월 총리대신이 되어 신정부를 이끌며 1896년 2월까지 개혁을 주도하였다. 오른쪽은 1894년 6월 25일에서 10월 1일까지 3개월 동안 주요 개혁정책을 입안하였던 군국기무처 회의 장면을 그린 것이다.

다. 일본과 협력한 농민군 학살 정권이었던 만큼 농민의 지지를 기대한다
는 것은 불가능하였다.

외세 의존적 근대화에 반대한 민중들

1894년 성립된 신정부는 개혁의 힘을 일본의 지원에서
만 찾을 수 있었다. 일본에 대한 의존도가 높을수록 자
주적 개혁에 대한 일본의 개입도 강화되었다.

개혁이 진행되면서 일본과 친일적 신정부에 대한 반
대는 강해졌다. 왕실은 러시아 – 일본의 경쟁을 이용해
새로운 정부를 구성하려 하였다. 이에 일본은 궁궐을
점령하고 조선의 왕비를 학살하는 야만적 폭력으로 대응하였다.

하지만 일본의 후원으로 조직된 친일 정권에 대한 반대는 갈수록 커졌
고, 마침내 일본에 반대하는 무장투쟁으로 이어졌다. 농민 전쟁의 생존자
들과 한때 적이었을지 모를 양반들이 협력하였다. 이들은 스스로를 정의
의 군대(의병)라 일컬으며 각지에서 봉기하여 투쟁을 벌였다(을미의병,
1895).

1896년 2월, 신정부는 결국 왕실의 친위 쿠데타로 무너졌다. 신변의 위
협을 느낀 조선의 왕이 러시아 공사관으로 피신한 뒤(아관파천) 신정부 타
도를 명령한 것이다. 그러나 러시아 공사관에서 머물렀던 1년 동안 국왕
자신의 목숨은 지킬 수 있었으나, 조선의 자주권은 심각하게 훼손되었다.

러시아 공사관 앞의 일본군
일본은 아관파천에 항의하며 러시아
공사관 앞에 대포를 늘어놓고 고종이
궁궐로 돌아올 것을 요구하였다.
청일전쟁을 거치며 한성에 많은
군대를 주둔시켰던 일본은 조선
독립의 가장 큰 걸림돌이었다.

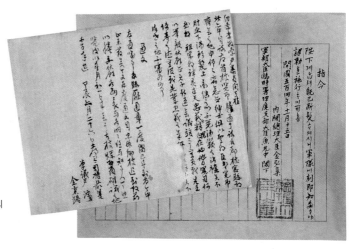

단발령
갑오개혁을 이끌던 신정부는 전통적인 역법과
음력 사용을 중지하고 태양력을 도입하였으며,
상투를 틀고 도포를 입던 전통적인 의복제도를
바꾸도록 하였다. 실용적이고 검소하며
위생적이란 이유를 들어 오랜 전통을 강제로
바꾸려하자 반대도 높았다. 아래 문서는 왕이
먼저 단발을 실시하였으니 모두 단발하라는 왕의
명령. 왼쪽은 이에 맞서 전통문화를 지키자고
호소하는 글이다.

푸른 눈에 비친 조선,
조선을 찾아온 서양

개항을 전후하여 조선에 거주하는 외국인이 빠르게 늘었다. 중국인과 일본인이 가장 많았으며, 서양인 중에는 미국인이 가장 많았다. 서양인들은 주로 선교 활동을 할 목적으로 조선을 방문하였다. 그들을 통해 조선이 서양에 본격적으로 알려지고, 서양 문화가 조선에 소개되었다.

서양인의 눈에 비친 조선은 '동아시아의 유일한 문명 국가', '오천 년의 찬란한 문화유산을 가진 나라'의 이미지와 달랐다. 근대 기술 문명에 익숙하였던 서양인에게 조선은 낙후하거나 신비한 이미지로 비쳐졌다.

서양 선교사들을 통해 개신교가 빠르게 전파되었다. 그들은 교회를 세우고 학교와 의료 시설을 운영하였다. 그래서 기독교는 종종 근대 문명과 동일시되었다. 서양인을 통해 기독교를 알게 된 이들은 근대화는 기독교화를 통해 이루어진다고 이해하였다. 기독교는 신분 차별이나 여성 차별에 반대하였으며, 새로운 장례·제사 풍속을 도입하였다.

그러나 대다수 사람들은 기독교가 전통문화를 해친다고 여겼다. 기독교와 외국인을 침략 세력으로 인식하였던 중국에서는 1900년 '외국인과 기독교인을 몰아내자'는 움직임(의화단 운동)이 일어났다.

1910년 일제에 국권을 빼앗긴 조선은 일본을 통해 세계를 접하였으며, 세계는 일본인의 눈으로 조선을 바라보았다. 그래서 조선에 들어온 서양은 물론, 서양인의 눈에 비친 조선도 일본이란 프리즘을 통해 왜곡된 이미지로 재생산되었다.

조선에 온 서양인 중에는 미국인 선교사가 많았다. 1884년에 미국 공사관 의사 자격으로 온 알렌(H. N. Allen, 1858~1932), 1885년에 온 언더우드(H. G. Underwood, 1859~1916), 아펜젤러(H. G. Appenzeller, 1858~1902), 스크랜턴(Mary Scranton, 1834~1909) 등이 대표적이다. 선교사들은 의료·교육활동을 통해 선교하였다. 알렌이 정부 지원으로 세운 광혜원(훗날 제중원으로 이름이 바뀜)은 최초의 서양식 병원이었다. 언더우드(연희전문), 아펜젤러(배재학당), 스크랜턴(이화학당)은 사립학교를 운영하였다. 그리고 알렌처럼 왕실과 결탁하거나 외국인이란 지위를 이용하여 이권에 개입하기도 하였다. 19세기 말 미국 복음주의 운동의 일환으로 전개된 한국 선교는 사회참여보다 개인의 구원을 중시하는 한국 개신교 전통을 뿌리내리는 데 커다란 영향을 미쳤다.

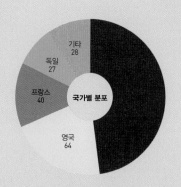

국가별 분포
기타 28
독일 27
프랑스 40
영국 64

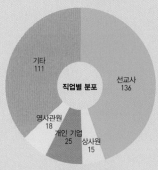

직업별 분포
기타 111
선교사 136
영사관원 18
개인 기업 25
상사원 15

1912년 서울 거주 서양인 305명(가족 포함)의 국가별 · 직업별 분포

❶ 방문 선교
외국인 선교사들은 마을의 소녀들을 찾아다니며 선교 활동을 벌였다.

❷ 배재학당
아펜젤러가 1885년 2명의 학생을 가르쳤는데, 이듬해 고종이 '배재학당(培材學堂)'이란 간판을 써주면서 학생 수가 많이 늘었다.

❸ 제중원
1885년부터 운영된 국립병원으로, 알렌 등 미국인 선교사를 고용하여 운영하였다. 운영과 관리는 대부분 조선인이 맡았다.

1897 ~ 1921

1897
나라 이름을 대조선국에서 대한제국으로 바꾸었다.

1899
대외 주권의 확립과 전제군주제를 주요 내용으로 한 국제(헌법)를 제정하였다.

1904~1905
일본과 러시아가 동아시아 패권을 차지하기 위한 전쟁을 벌임. 영국과 미국의
지원을 받은 일본이 승리함.

1905
일본이 외교권 박탈을 주요 내용으로 한 을사조약을 강요하였다. 일본의
침략에 맞서는 무력 투쟁과, 학교 설립과 언론을 통한 애국 계몽 활동이
활발하게 전개되었다.

1910
대한제국이 일본에 강제 병합되었다.

1914~1918
유럽에서 시작된 제1차 세계대전이 세계적 규모로 전개됨.

1917
러시아혁명이 일어나 최초의 사회주의 국가가 탄생함.

1919
전 계층적이고 전국적인 독립운동이 전개되었으며, 여러 독립운동 세력이
참가한 가운데 대한민국 임시정부가 조직되었다.

1920
국경 밖에서 활동하던 무장 독립군이 일본 정규군을 여러 차례 크게
격파하였다(청산리 전투).

X 국민국가 건설의 좌절과 식민지 체제

1910년 대한제국이 일본에 강제 병합되었다. 이것은 대한제국의 소멸이며 자주적인 국민국가 건설을 위한 오랜 노력의 좌절이었으며 시민적 자유에 대한 강제적 부정을 의미하였다. 그래서 일제에 맞선 저항은 국가의 독립뿐 아니라, 수천 년을 내려온 군주제를 지양하고 민주공화제에 입각한 새로운 국가를 건설하기 위한 운동이었다. 그렇기에 1919년 3·1 운동의 연장선에서 만들어진 임시정부는, 왕조국가 대한제국의 부활이 아니라 민주공화제의 새로운 한국을 건설하고자 하였다.

독립문 자주 독립 정신을 곧추세우자는 취지로 벌인 모금 운동을 바탕으로 세워졌다. 모금 운동 시작과 함께 높아진 자주 정신은 독립문이 완성된 이듬해 대한제국 선포로 이어졌다. 서울 서대문 독립공원 안에 있다.

제국주의의 침략과
식민지가 된 조선

외세의 거듭되는 침략 속에서도 조선인들은 자주적인 국민국가를 건설하기 위한 노력을 이어갔다. 주권이 심각하게 위협받을 때는 이를 지키고자 계층을 뛰어넘어 단결하여 싸웠다.

그러나 서구 열강의 침략 위협과 청일의 직접적인 개입을 홀로 막아내기는 어려웠다. 체제를 개혁하고 변화를 이루려는 노력은 좌절되고, 결국 조선은 1910년 일본의 식민지로 전락하였다.

일본의 지배를 받는 동안 조선인은 엄청난 고난을 겪었다. 또한 민주적 권리를 모두 부정당하였으며, 자신의 역사와 문화를 멸시하고 부정하는 교육을 받았다.

조선인들은 일제 지배에 맞서 끊임없이 항거하였다. 이는 독립을 위한 투쟁이자 인민 개개인이 나라의 주인인 민주적인 국가를 만들기 위한 싸움이었으며, 오랜 세월 동안 일구어온 정치, 문화 전통을 새롭게 창조하는 활동이었다.

러일강화조약(포츠머스 조약, 1905. 9)
"러시아는 일본이 한국에서 탁월한 이익을 가졌으며, 한국을 보호국으로 삼는 데 동의한다."

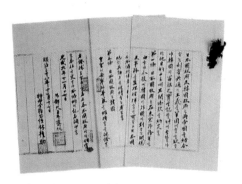

제목도 비준 서명도 없는 을사조약 문서
대신들에 대한 위임도, 황제의 비준도 이루어지지 않았으며, 합의 결과에 따른 조약 명칭도 없었다. 조약 비준을 2년간 거부하던 황제는 1907년에 강제 퇴위되었다.

1894
청일전쟁, 동학농민전쟁, 갑오개혁 실시

1895
을미사변

1897
대한제국 성립

1904
러일전쟁

1905
을사조약

1910
국권피탈

1911
신해혁명

1914
제1차 세계대전(1914~1918)

1915
일본, 제1차 세계대전 참전

1919
3·1 운동, 대한민국 임시정부 수립, 중국 5·4 운동

1921
중국 공산당 창당

러일전쟁과 을사조약

1904~1905년 동안 치러진 러일전쟁을 전후하여 영일동맹이 강화되고, 미·일, 러·일 사이에 새로운 협상이 진행되었다. 그리하여 러시아는 북만주에 대한 권리를 유지하는 대가로 한국과 남만주에 대한 일본의 지배를 인정하였다. 한편 미국은 필리핀을, 영국은 인도 지배를 튼튼히 하기 위해 일본의 한국 침략을 인정하였다. 1905년 11월 일제는 한국의 외교권을 박탈하고 내정간섭을 제도화한다는 내용의 조약을 강요하였다. 국제 조약으로서 갖추어야 할 최소 요건도 갖추지 못하였던 이 조약을 근거로 일제는 한국의 주권을 강탈하기 시작하였다.

러시아와 일본의 한국에서 첫 전투 장면
프랑스 신문 《르 프티 파리지앵》(1904. 4. 17)에 실린 삽화.

을사조약 강요 전야에 공포 분위기를 조성하고 있는 일본군

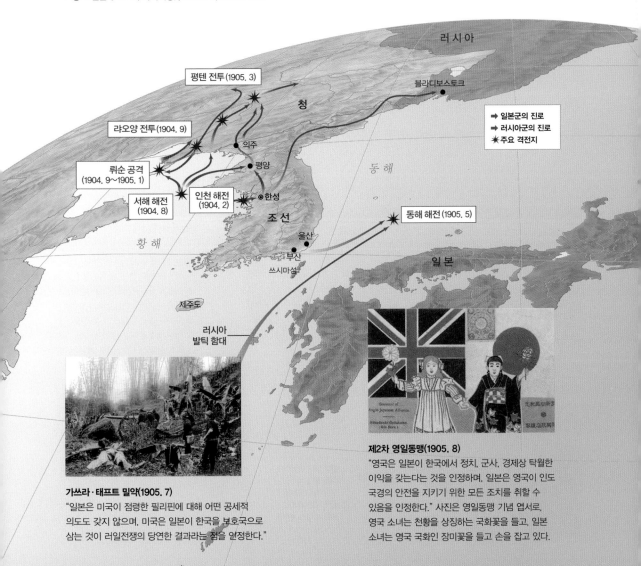

가쓰라·태프트 밀약(1905. 7)
"일본은 미국이 점령한 필리핀에 대해 어떤 공세적 의도도 갖지 않으며, 미국은 일본이 한국을 보호국으로 삼는 것이 러일전쟁의 당연한 결과라는 점을 인정한다."

제2차 영일동맹(1905. 8)
"영국은 일본이 한국에서 정치, 군사, 경제상 탁월한 이익을 갖는다는 것을 인정하며, 일본은 영국이 인도 국경의 안전을 지키기 위한 모든 조치를 취할 수 있음을 인정한다." 사진은 영일동맹 기념 엽서로, 영국 소녀는 천황을 상징하는 국화꽃을 들고, 일본 소녀는 영국 국화인 장미꽃을 들고 손을 잡고 있다.

1

대한제국, 마지막 개혁을 시도하다

대한제국의 탄생

1897년 10월 12일 새벽 2시, 수만 개의 등불이 수도의 밤을 밝힌 가운데 천신에 대한 제사가 환구단에서 치러졌다. 대한제국 황제인 고종 즉위식이었다. 어제의 위태로웠던 조선이 아닌 대한제국이 당당한 주권국가로 탄생하기를 소망하는 마음들이 모인 자리였다.

대한제국 선포는 자주 독립을 지향하는 민관의 움직임이 활발해지면서 이루어졌다. 2년 전인 1895년 왕은 청과 전통적인 관계를 끝낸다고 선언하였으며, 민관이 협력하여 청으로부터 독립한 것을 기념하는 범국민 운동을 벌였다. 최초의 대중 신문인 《독립신문》을 발행하고 모금 운동을 통해 독립문을 세운 것도 이 무렵이었다. 1897년 2월 러시아 공사관에 머물러 있던 고종이 궁궐(경운궁)로 돌아오면서 독립 열기는 최고조에 이르렀다. 러시아와 일본 모두 대한제국을 침략하지 않겠다고 약속하였다. 황제 즉위식은 이 같은 분위기에서 거행되었다.

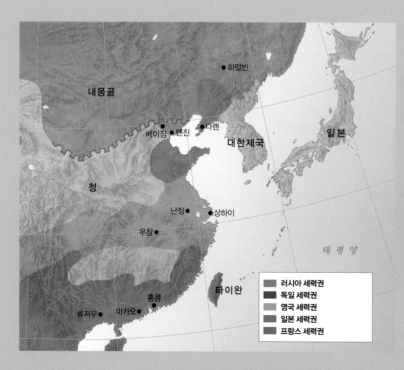

19세기 말 20세기 초의 동아시아

청일전쟁 이후 동아시아를 분할하기 위한 제국주의 국가들의 움직임이 눈에 띄게 빨라졌다. 1894년 일본이 타이완을 차지하였으며, 1897년에는 독일이 자오저우 만을, 1898년에는 러시아와 영국, 프랑스가 중국의 일부를 세력권 아래 두었다. 이들 사이의 동맹과 적대관계는 동아시아의 앞날을 매우 불투명하게 만들었다. 이 기간 동안 제국주의 국가들은 대한제국으로부터 광산, 삼림 개발, 철도와 전신 건설권 등을 빼앗았다.

국민국가 건설을 위한 다양한 노력

진정한 독립의 길은 멀고도 험하였다. 겉으로 대한제국의 독립을 약속한 일본과 러시아는 한반도를 분할하느니, 한반도와 만주를 교환하자느니 대한제국의 운명을 놓고 뒷거래를 하였다.

위기의 현실은 도리어 주권을 지키기 위한 다양하고 적극적인 모색을 부채질하였다. 민관이 함께 참여한 독립협회나 황국협회 같은 정치단체가 조직되었으며, 이전에는 생각지도 못하였던 일이 시대의 대세로 받아들여졌다.

신분제는 낡은 것이 되었고, 근대적인 관료 제도가 자리를 잡아갔다. 서민의 아들로 태어나서도 대한제국 최고의 실력자가 되거나, 신교육을 바탕으로 고위 관직에 오른 이들도 있었다. '우리는 동포(한 핏줄)'라는 의식이 싹텄으며, '애국가'라는 이름의 노래들이 소개되었다. 태극기가 널리 쓰이기 시작한 것도 이 무렵이었다. 독립의 내실을 갖추기 위해 기업과 학교를 설립하려는 움직임도 본격화되었다.

독일 군인의 복장을 한 고종 (1852~1919)
고종과 황실의 측근 세력은 황제에게 모든 권력을 집중시킨 옛 러시아의 차르 체제를 염두에 두었다. 1897년부터 1904년까지 이루어진 내정개혁(광무개혁)은 재정 운용이나 사업 추진에서 황실의 비중이 공적인 국가 기구만큼이나 높았던 황실 주도의 근대화였다.

환구단
천신에게 제사를 지내던 곳으로, 동아시아에서는 오직 황제국만이 천신에게 제사를 지낼 수 있었다. 이곳은 원래 중국 사신을 접대하던 남별궁이 있었던 곳인데, 대한제국의 선포가 이곳에서 이루어진 것은 중국과의 관계를 새롭게 정립한 바탕에서 이루어졌음을 상징적으로 보여준다. 서울시 중구 소공동에 남아 있다.

독립협회와 만민공동회

시대의 변화를 앞서서 이끈 단체는 독립협회였다. 개혁의 필요성을 느낀 관료와 지식인들이 주축이 되었던 이 단체는 서구의 기술 문명과 각종 제도, 종교를 받아들여 사회를 전면적으로 개조해야 한다고 강조하였다.

독립협회는 독립문을 세우고 《독립신문》을 발행하였으며, 여러 차례 토론회를 개최하여 자신들의 주장을 확산시켰다. 독립협회는 러시아가 독립에 가장 위협적인 세력이 될 것을 예상하여 만민공동회라는 대중 집회를 조직하고 러시아를 견제하는 활동을 벌였다. 민권을 꾸준히 주장해 왔던 독립협회는 1898년에 의회 개설을 요구하는 대중 정치 운동을 전개하였다.

그러나 보수 관료와 보부상, 유교 지식인 들이 중심이 된 황국협회는 부국강병을 서두르기 위해서는 황제를 중심으로 정치 안정을 이루는 것이 시급하다고 강조하였다. 그들은 황제의 친위 세력을 자처하면서 독립협회가 추진한 의회 개설 운동에 반대하였다.

독립문
독립문은 청 사절단을 맞이하였던 시설을 허물고 그 자리에 세웠다. 독립문 건립 기금은 자주적인 독립국가를 소망하는 사람들이 모금 운동을 벌여 마련하였다. 모금 운동에 참가한 이들은 독립협회의 주요 구성원이 되었다.

독립신문(한글판, 영문판)
갑오개혁 때 신정부가 세운 한글신문 발행 계획에 따라 서재필이 1896년에 창간하였다. 3면은 한글로 1면은 영문으로 발행하다가 훗날 한글판과 영문판을 분리하였다. 처음에는 이틀에 한 번 주 3회 발간하였으나 1898년 7월 1일부터 일간지로 바뀌었다. 1899년 12월 4일 재정난으로 폐간되었다. 현재 한국 언론계에서는 《독립신문》이 창간된 4월 7일을 '신문의 날'로 제정하여 기념한다.

마지막 개혁, 좌절된 국민국가

1899년 대한제국은 황제가 입법, 사법, 행정, 군사의 대권을 갖는다는 이른바 대한국 국제(헌법)를 발표하였다. 의회 개설을 둘러싼 오랜 논란이 황제권 강화를 주장한 세력의 승리로 끝난 셈이었다. 이후 황제권을 중심으로 한 위로부터의 근대화 노력인 '광무개혁'이 진행되었다.

대한제국 정부는 군비를 증강하고 근대 산업의 보호와 육성을 위해 노력하였다. 신기술 도입을 위해 유학생을 파견하고 근대적 교육기관을 설립하였으며, 재정 확대와 운영의 안정을 도모하기 위해 전면적인 토지조사도 실시하였다.

그러나 황실이 주도하는 개혁에는 한계가 있었다. 더욱이 재정이 갈수록 악화되는데도 예산의 30% 이상을 군비에 투입해야 할 처지에서 개혁의 성과가 나타나기까지는 많은 시간이 필요하였다.

심각한 주권 훼손을 경험하였던 광무 정권은 러시아와 일본 사이에서 중립을 지키는 한편, 미국·유럽 국가들과 우호관계를 유지하려고 애썼다. 그러나 동아시아 재분할 경쟁에 뛰어들었던 모든 나라는 저마다 자국의 이익을 가장 앞세웠으므로, 대한제국의 시도는 실현되기 어려웠다.

태정관 문서
1906년 일본은 조선의 의사를 무시하고 독도를 자신의 영토로 편입하였다. 일본은 임자 없는 무인도에 대해 먼저 소유권을 밝혔다고 주장하지만, 조선이 오래전부터 독도를 자국령으로 인식하고 관보를 통해 밝힌 사실과 배치된다. 이 문서는 1877년 당시 일본 최고 기관이던 태정관이 외무성의 질의에 대해 "독도는 일본의 영토가 아니란 점을 분명히 알 것"이라고 쓴 답신이다.

독도
울릉도 동남쪽에 있는 섬으로, 한국인들은 6세기 이래 자국령으로 인식해왔다. 대한제국 정부는 청과 국경 회담을 진행하면서 두만강 이북(간도)에 대한 권리를 주장하였으며, 1900년에는 칙령으로 독도를 자국령으로 재확인하는 절차를 밟았다. 이 과정에서 근대적 의미의 국경이 확정되었다.

역사의 현장 | HISTORICAL SITES

경운궁과 정동에서 근대 역사를 만나다

서울 도심에 위치한 덕수궁(경운궁)은 원래 성종의 형 월산대군의 집이었는데, 임진왜란으로 경복궁이
불타자 선조 임금의 임시 궁궐로 쓰였다. 이후 광해군을 폐하는 인조반정 성공을 발표한 곳으로도 유명
하다. 1897년 러시아 공사관에서 돌아온 고종이 황제로 즉위한 후 대한제국 마지막 개혁을 추진하고, 황
제의 자리에서 물러나 세상을 떠날 때까지 머물던 곳이기도 하다. 덕수궁 동쪽에는 고종 황제 즉위식과
즉위 40주년 기념식을 치렀던 환구단이 있었다. 그리고 서쪽에는 수많은 외국 공관과 외국인들의 집단
거주지가 있었다. 덕수궁 석조전은 해방 직후에는 미소 공동위원회가 열려 또다시 한반도의 운명을 가
름하는 장소로 주목을 받았다.

❶ **덕수궁** 처음에는 경운궁으로 불렸는데, 왕위에서 물러난 고종의 장수를 기원한다는 뜻에서 명칭을 바꾸었다. 훗날 일본에 의해 궁궐의 경내
상당 부분이 잘려나갔다. 사진 중앙이 중화전, 그 왼쪽 뒷건물이 석조전(동관)이다.
❷ **정동교회** 미국인 목사 아펜젤러가 세운 개신교 교회당이다. 외국 공관이 들어서고, 그 주변에 외국인들이 많이 거주하면서 정동은 "축소된
서양 세계"라고 할 정도로 이국적 분위기가 물씬 풍겼다.
❸ **옛 러시아 공사관** 일본군으로부터 신변의 위협을 느낀 고종이 1896년부터 1년간 이곳에 피신해 있었다. 이 기간 동안 제국주의 국가들의
간섭이 크게 강화되었다. 사진은 옛 러시아 공사관 망루이다.

228

❹ **환구단 터의 황궁우** 대한제국의 황제 즉위식을 올렸던 환구단. 그러나 현재는 그 부속 건물인 황궁우와 고종 즉위 40주년 기념물인 돌로 만든 북만 남아 있다. 1913년 일제는 하늘에 제사를 지내던 신성 구역인 환구단을 철거하고 그 자리에 호텔을 세웠다.

❺ **중명전** 1905년 11월 일제가 대한제국 대신들을 불러 모은 뒤 군대로 위협하여 을사조약을 강요한 곳이다. 고종이 비준하지 않았는데도 불구하고 일제는 대한제국을 보호국으로 만들었다.

2

일본의 침략에 맞서 싸우다

오늘을 목 놓아 통곡하다

지난번 이토 히로부미 후작이 한국에 왔을 때, 어리석은 우리 인민들이 순진하게 "후작은 평소 동양 3국의 안녕을 주선한다고 자처해온 사람이라, 한국에 온 것은 분명 우리의 독립을 뿌리내릴 방안을 권고하리라" 하여 서울에서 시골에 이르기까지 모두가 환영해 마지않았다. 세상일은 헤아리기 어렵구나. 천만 뜻밖에도 5조약을 어떤 연유로 제출하였는가? 이 조약은 한국뿐 아니라 동양 3국이 분열하는 조짐을 나타내는 것이니, 이토의 본래 뜻이 어디에 있느냐? 그러나 우리 대황제 폐하께서 강경하신 거룩한 뜻으로 거절하고 말았으니, 이 조약이 성립하지 못한다는 것은 상상컨대 이토 후작 스스로 알 수 있을 바이거늘. 오호라, 저 돼지와 개만도 못한 소위 우리 정부의 대신이란 자들이 영달과 이득을 바라고 거짓된 위협에 겁을 먹고서 머뭇거리고 벌벌 떨면서 나라를 파는 도적이 되어 4천 년 강토와 5백 년 종사를 남에게 바치고 2천만 목숨을 다른 사람의 노예로 만들었으니…… —《황성신문》(1905. 11. 20.)

장지연(1864~1920)
전통을 창조적으로 계승하면서 신문물을 수용해야 한다는 생각을 가졌던 유교 지식인이었다. 독립협회에 참가하였으며, 1902년부터 《황성신문》 사장으로 언론을 통한 국권 회복 운동을 벌였다. 오른쪽은 을사조약 체결 과정과 이에 찬성한 매국 대신을 규탄하며 쓴 장지연의 사설 〈시일야방성대곡〉이다.

이 글은 한국이 일본의 보호국으로 전락하게 된 을사조약(1905) 체결 과정을 밝힌 장지연의 〈시일야방성대곡〉이다.이다. 일본은 군대를 동원해 궁궐을 포위한 채 대신들의 회의에서 조약 체결을 강요하였고, 황제의 위임이나 비준 없이 조약이 공표되었다. 미국과 영국, 러시아 등은 자신들의 공관을 철수함으로써 외교권을 박탈한 이 조약이 유효하다고 인정하였다.

일본의 보호국이 된 대한제국

일본은 1904년 러시아와의 전쟁을 도발하면서 한국을 보호국으로 만들려는 계획을 추진하였다. 전쟁 시작과 함께 대규모 군대를 한국에 주둔시킨 뒤 한국을 러시아로부터 독립시킬 전쟁이라며 협력할 것을 요구하였다. 또한 한국 사회의 문명화를 운운하며 외교와 재정을 비롯한 국가 중요 정책을 입안할 때 일본인 고문의 도움을 받으라고 요구하였다. 그리고 전쟁이 끝나자 을사조약을 강요하였다.

을사조약 이후 일본은 한국의 내정을 일일이 감독하였다. 한국의 독립과 한국인들의 문명화를 위해 힘쓰겠다는 약속은 거짓이었음이 곧바로 드러났다. 국가 운영에서 한국인을 배제하고 일본에 의한, 일본을 위한 식민통치를 확립하려는 계획을 빠르게 진행하였기 때문이다.

을사조약 강제 당시 경운궁 대안문 앞에서 경계 중인 일본군
러일전쟁을 벌이며 군대를 강제로 진주시킨 일본은 대규모 군대를 동원하여 궁궐을 에워싸고 한국의 외교권을 박탈하는 부당한 조약을 강요하였다. 사진 뒤쪽에 보이는 문이 당시 황제 집무실이 있던 경운궁 정문이다.

그러나 모든 일이 일본의 계획대로 진행되지 않았다. 지역과 계층의 차이를 뛰어넘어 한국인들이 하나로 결집하여 일본에 맞섰기 때문이다.

반침략 투쟁의 폭발

일본의 침략이 본격화되자 그에 대한 한국인들의 반대 운동도 활발해졌다. 한편에서는 일본의 침략에 맞서 다양한 투쟁이 전개되었으며, 다른 한편에서는 국력을 결집하고 개혁의 내실을 거두기 위한 정치 개혁 운동이 일어났다.

을사조약 직후 조약 무효화 운동이 크게 일어났다. 스스로 목숨을 끊은 관료, 상가문을 닫거나 동맹휴학을 통해 저항 의지를 밝힌 상인과 학생, 연대 서명 운동을 벌인 양반 유학자, 소수의 민족 반역자 처단에 나섰던 열혈 청년 등 계층의 차이를 뛰어넘어 모두 하나가 되어 항일운동에 나섰다.

조약은 무효화되지 않았고, 일제는 한국의 통치권을 하나하나 장악해 갔다. 그러나 당시 한국인들의 일제에 대한 저항은 강력한 무장투쟁으로, 조직적이고 지속적인 실력 양성 운동으로 수렴되어갔다.

자유를 지키기 위한 목숨을 건 투쟁

나는 그들이 가지고 있는 총을 보았다. 여섯 명이 가지고 있는 총 중에서 다섯 개가

안중근과 이토 히로부미

일본 총리를 지냈던 이토 히로부미는 을사조약을 강요한 다음, 첫 번째 조선 통감이 되어 대한제국 국권을 빼앗는 일을 지휘하였다. 이토는 황인종이 단결하여 서양 백인종의 침략으로부터 평화를 지키자고 주장하였다. 일본에 맞서 무장투쟁을 벌였던 안중근은 동양 3국이 서로 이해하고 협력할 때 동양의 평화가 가능한데, 일본이 폭력적으로 조선을 지배하려 한다며 이토 히로부미를 사살하였다. 왼쪽은 안중근을 소재로 한 영화 〈도마 안중근〉 포스터로, 그가 여전히 한국인의 사랑을 받고 있음을 보여준다. 오른쪽은 일본 교과서에 실린 이토 히로부미 모습이다.

나의 전쟁은 이제부터 시작이다!

도마 안중근

▶憲法発布式(錦絵、憲政記念館蔵) 明治天皇が内閣総理大臣の黒田清隆に憲法を授けているところ。

追究❸

大日本帝国憲法

▶伊藤博文 長州藩(山口県)出身。大久保利通の死後は、政府の中心となった。

大日本帝国憲法
第1条 大日本帝国ハ
天皇之ヲ統治ス
第3条 天皇ハ神聖ニ
シテ侵スヘカラス
第4条 天皇ハ国ノ元
首ニシテ統治権ヲ総
攬シ此ノ憲法ノ条規
ニ依リ之ヲ行フ
第11条 天皇ハ陸海軍
ヲ統帥ス
第13条 天皇ハ戦ヲ宣
シ和ヲ講シ及諸般ノ
条約ヲ締結ス
第29条 日本臣民ハ法
律ノ範囲内ニ於テ言
論著作印行集会及結
社ノ自由ヲ有ス

憲法の発布 国会開設
政府は、憲法調査のため
文らをヨーロッパに派遣した。伊藤は帰国後
の強いプロシア(ドイツ)の憲法を参考にして、
に着手した。それとともに、立憲政治の制度
かかり、1885(明治18)年に内閣制度を採用して
代の内閣総理大臣となった。また、地方自治
制・町村制と府県制・郡制が発足し、政治的
いに整えられていった。

제각기 다른 종류였으며, 그중 어느 하나도 성한 것이 없었다. 그들은 전혀 희망 없
는 전쟁에서 이미 죽음이 확실해진 사람들이었다. 그러나 바른쪽에 서 있는 군인의
영롱한 눈초리와 얼굴에 감도는 자신만만한 미소를 보았을 때 나는 확연히 깨달은
바가 있었다. 가엾게만 보았던 나의 생각은 잘못된 것이었는지 모른다. 그들이 보
여주고 있는 표현 방법이 잘못된 것이었다 하더라도, 적어도 그들은 자기 동포들에
게 애국심이 무엇인가를 보여주고 있었다. 그들은 자신들이 보람 있는 일을 하고 있
다고 믿으며 이렇게 말하였다. "우리는 어차피 죽게 되겠지요. 그러나 좋습니다. 일
본의 노예가 되어 사느니보다는 자유민으로 죽는 것이 훨씬 낫습니다."

—F. A. 매켄지, 《자유를 향한 한국인의 투쟁》(1920)

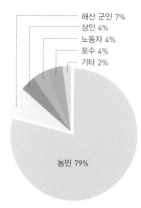

해산 군인 7%
상인 4%
노동자 4%
포수 4%
기타 2%

농민 79%

출처: 박성수, 《독립운동사 연구》
의병의 직업별 분포

재야 양반들이 무장투쟁을 이끌었다. 자기 수양과 도덕적 삶을 중시하였
던 유교 문화와 지주라는 사회·경제적 능력이 그 뒷받침이 되었다.

병사의 주력은 이름 없는 평민들이었다. 농민이나 포수 같은 평민 출신
의병장들이 이끄는 부대도 속속 등장하였다. 1907년 군대가 해산당하자
해산 군인의 상당수도 의병에 합류하였다.

소규모 부대로 활동하였던 의병들은 주로 일본군과 경찰을 공격하였으
며, 일제에 협조하는 친일 인사나 부패한 관리, 민중을 못살게 구는 부자
들을 공격 대상으로 삼았다. 1907년에는 연합 의병을 조직하여 수도를 공

항일의병
1905년 다시 일어난 의병 투쟁은
1909년 이후 점차 힘들어졌다. 1909년
일제는 의병 활동이 가장 활발하였던
전라도 일대를 포위하고 의병 진압에
나섰다. 이른바 '남한 대토벌'이었다.
수많은 의병이 사살되거나
체포되었으며, 살아남은 이들은
지하 활동을 하거나 국경을 넘을
수밖에 없었다.

격하기도 하였다.

의병 투쟁이 가장 활발했던 때는 1908년과 1909년으로, 두 해 동안 1000여 차례 이상의 전투가 벌어졌다. 의병들은 하루빨리 조선을 완전한 식민지로 만들려는 일제의 의도를 목숨 걸고 막아냈다.

일제는 대규모 군대를 투입하여 의병들을 공격하였으며, 마을을 통째로 불태우거나 민간인을 무차별 학살하는 일도 있었다. 그러나 어느 의병이 "우리는 오직 마음과 힘을 다할 뿐, 적이 강하다고 물러나지 않는다"고 말하였듯이, 의병들은 생사를 넘나드는 투쟁을 멈추지 않았다.

신민에서 국민으로

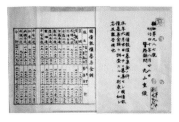

일제가 파악한 국채 보상금 모집 금액표(1907)
1907년에는 일본에 진 빚을 갚아 경제적 예속을 끊자는 국채 보상 운동이 크게 일어났다. 남성들은 술과 담배를 끊고 여성들은 패물을 팔아서 기금을 마련하자는 이 운동은 이로부터 90년 뒤인 1997년 한국이 외환 위기를 맞았을 때 범국민적인 금 모으기 운동으로 재현되었다.

지식인이나 자산가 들은 나름의 방식으로 국권 회복에 나섰다. 국권 상실의 원인을 국력의 부족에서 찾은 이들은 독립을 유지할 수 있는 실력을 기르는 일이 가장 시급하다고 느꼈다.

그들은 대한자강회나 신민회 같은 단체를 만들었다. 힘을 모아 학교를 세우고, 언론이나 출판 활동을 통하여 일제의 침략상을 폭로하는 데 앞장섰으며, 근대적 기업을 설립하고 기술 교육을 실천해나갔다. 이 시기 수많은 사립학교가 설립되었는데, 이는 당시 사람들의 교육열과 단결력에서 비롯된 것이었다. 수많은 단체와 개인이 학교 설립과 교재 개발에 앞장서 신지식을 보급하고 저항 의지를 조직화하였다.

그동안 공적인 영역에서 거의 찾아볼 수 없었던 여성의 사회 참여도 크게 늘었다. 여성들 스스로 교육회를 조직하고 학교 설립에 나섰으며, 여성 학교도 하나둘 늘었다. 일본에 진 나라 빚을 갚기 위해 벌였던 모금 운동에서 여성 참여 또한 눈부셨다.

일부 인사들이 '조선의 문명화를 위해서는 일본의 지도를 받아야 한다. 어쩌면 두 나라가 하나로 합치는 것이 더 나을지도 모른다'는 태도를 보였지만, 대다수 한국인들은 일제의 침략에 맞서 싸웠다.

한국인들은 스스로를 통치 대상인 신민이 아니라, 국가의 주인인 국민으로 인식하기 시작하였다. 국어와 국사 연구가 본격화된 때도 이 무렵이었다. 주시경은 국어 연구를 통해, 신채호와 박은식은 역사 연구를 통해 한국인이 고유의 언어와 역사를 가진 문화적 공동체임을 강조하였다. 나철은 단군 신앙을 중심으로 한 대종교를 창시하였다.

이로써 이민족과 뚜렷이 구별되는 문화 공동체이며 일본의 침략에 맞서 주권을 지키고자 하는 평등한 개인들의 연합, 근대 한국 민족의 탄생이 본격화되었다.

근대 민족주의의 형성

일제의 침략으로 주권을 빼앗길 위기에 놓였을 때, 많은 지식인들이 전통을 새롭게 해석하고 창조적으로 발전시켜 민족의 자주성을 지키는 밑거름으로 삼고자 하였다.

주시경(1876~1914)의 국어와 국문 연구
국어 연구와 보급이야말로 나라의 말과 정신을 지키고, 새로운 사상을 대중적으로 교육하는 데 가장 중요하다고 여겼다.

나라의 바탕을 보존하기 위해서 가장 중요한 것은 자기 나라의 말과 글이다. 말과 글을 가꾸지 않는다면 나라의 바탕이 쇠퇴할 것이요, 나라의 바탕이 쇠퇴하면 나라의 형세를 회복할 가망이 없어진다. 우리나라의 말과 글을 연구하여 잘못을 고치고 바로잡아 널리 쓸 수 있도록 장려하는 일이 가장 시급하다. - 주시경, 《국어문전》(1908)

신채호(1880~1936)의 국사 연구
역사 연구와 저술 활동을 통해 민족의식을 높이는 데 앞장섰다. 역사상의 영웅을 소개하는 글을 써 온 국민이 무명 영웅이 되어 나라를 지키자고 호소하였으며, 민족을 중심에 놓는 국사 체계를 세우기 위해 노력하였다.

국가의 역사는 민족의 소장성쇠(消長盛衰)의 상태를 가려서 기록한 것이다. 민족을 버리면 역사가 없을 것이며, 역사를 버리면 민족의 그 국가에 대한 관념이 크지 않을 것이니 …… 오늘날에 있어서 민족주의로써 전국민의 어리석음을 깨우치며, 국가 관념으로써 청년들의 머리를 도야(陶冶)하여…… - 신채호, 《독사신론》(1908)

나철(1863~1916)과 대종교
대한제국 관리를 지낸 유교 지식인으로 을사조약에 찬성한 대신을 암살하기 위해 오적암살단을 조직하였다. 중국을 문명의 중심으로 여기는 유교 문화를 지양하고, 단군 신앙을 중심으로 한 대종교를 창시하여 국가 종교로 삼으려 하였다. 단군은 중화 문명에 대한 독립의 상징이며, '아시아는 하나'라는 명분 아래 침략을 합리화하려는 일본에 대한 저항의 상징으로 자리잡았다.

3

식민지가 된 조선,
왜곡된 근대화의 길을 가다

일본의 식민지로 전락한 조선

1910년 8월 29일 일제는 "대한국 황제 폐하께옵서 일본국 황제 폐하께 대한제국의 통치권을 완전히 또 영구히 넘겨주는" 조약이 성립되었다고 발표하였다. 대한제국 정부는 일본이 제안한 병합조약에 '황실의 안전을 보장한다'는 조항을 추가하였을 뿐, 병합을 순리로 받아들였다고 하였다. 그러나 수많은 한국인은 통곡으로 그 발표를 접하였고, 그날을 새로운 투쟁을 결의하는 날로 삼았다.

鳥獸哀鳴海岳嚬(조수애명해악빈) 새 짐승도 슬피 울고 강산도 찡그리네

槿花世界已沈淪(근화세계이침륜) 무궁화 온 세상이 이젠 망해 버렸어라

秋燈掩卷懷千古(추등엄권회천고) 가을 등불 아래 책 덮고 지난날 생각하니

難作人間識字人(난작인간식자인) 인간 세상에 글 아는 사람 노릇하기 어렵기만 하구나. —황현, 〈절명시〉

조선총독부 건물 공사
일제는 조선의 정궁이었던 경복궁의 일부를 헐고 그 자리에 조선총독부 건물을 지었다. 경복궁을 대중의 시야에서 가리기 위해서였다. 그러나 경복궁은 모두 해체되지 않고 살아남았다. 대한국 국제에 의해 유일 주권자로 존재하였던 황제와 황실은 강화되는 일제의 침략에 저항하지 못하였으며, 국권 상실 이후에도 반일 투쟁의 구심점이 되지 못하였다. 그 대가로 일제로부터 최소한의 예우를 받을 수는 있었으나, 국권 회복을 위해 싸운 이들 대부분은 독립 이후에도 황실의 복귀를 원하지 않았다.

일제의 병합은 의병 투쟁에 나섰던 한국인 1만 7688명의 학살과 훨씬 많은 한국인의 구속이라는 폭력적 탄압 위에서 이루어졌다. 한국인들로 조직된 모든 단체는 해산되었다. 심지어 병합을 지지하였던 단체도 가차 없이 해산당하였다. 한국어로 발행되는 신문과 잡지가 강제로 폐간되었으며, 수많은 사립학교가 폐교당하였다. 교과서와 교육과정은 물론 교사의 교육 활동에 대한 철저한 감독도 일상화되었다.

병합은 단지 대한제국의 소멸뿐 아니라 자주적인 국민국가 건설을 위한 오랜 노력의 좌절이었으며, 운동 과정에서 성취하였던 시민적 자유와 언론, 학교와 문화의 소멸을 뜻하였다.

태형 도구
"형을 받는 자의 손을 좌우로 벌려 형틀 위에 거적을 펴고 엎드리게 하고 양 손 관절 및 양 다리에 수갑을 채우고 옷을 벗겨 둔부를 드러나게 한"(조선 태형령 시행 세칙 1조, 1912) 뒤 매질하는 데 사용하였다. 이 형벌은 조선인에게만 적용되었다.

이민족 군부에 의한 독재 정치

병합 조약의 발표로 대한제국이라는 국가는 사라졌고, 그때부터 1945년까지 일본의 일부가 된 조선이란 지역만이 남았다. 일본은 조선인은 없고 모두 일본 국민이라는 논리를 내세웠다. 그러나 그것은 아무도 원치 않았을 뿐 아니라, 어느 조선인도 일본인과 같은 권리를 누리지 못하였다.

대한제국 황제를 대신하여 조선인을 통치한 이는 총독이었다. 총독은 조선인에게 적용될 법을 제정하고, 법원을 구성하고 재판관을 임명하였다. 조선인으로 구성된 대의기구는 없었으며, 통치권은 오로지 총독 한 사

일제 강점기 학교 풍경
총독부는 공무원과 교사들에게도 제복을 입고 칼을 차도록 하여 조선인들의 무조건적 복종을 강요했다. 사진은 1919년 3월 25일 경기도 시흥공립보통학교 제7회 졸업 사진이다.

람에게만 집중되어 있었다.

총독은 모두 일본 현역 군인이었다. 조선인에게는 전시 군인에게나 적용될 엄격한 규제와 강력한 처벌이 제도화되었고, 헌병 경찰과 무장한 군인들이 이를 집행하였다.

일제의 식민 통치가 성립된 1910년 이후, 수많은 조선인이 야만적 폭력 앞에 노출되었다. 일본 경찰의 거미줄 같은 감시망 아래에서 조선인은 그 누구도 자유롭지 못하였다. 집회, 결사, 언론, 표현의 자유 같은 최소한의 권리조차 누리지 못하였다.

근대라는 이름의 폭력

총독에 의한 통치는 대부분 조선인의 부담으로 실현되었다. 대한제국의 권력을 인수한 총독부는 황실 재산을 국유화하고 국가 재산을 통해 막대한 수익을 챙겼다. 그리고 세금을 인상하거나 새로운 세금을 만들었으며, 일본식 조세 행정을 도입하였다. 1910년에 약 20%에 이르렀던 적자 재정은 1919년 무렵 완전히 정상화되었다.

총독부의 재정 독립에는 토지조사사업이 결정적으로 기여하였다. 총독

토지조사사업
일제는 1912년부터 1918년까지 전국의 모든 토지를 대상으로 조사를 실시하였다. 일본의 토지 제도를 바탕으로 토지를 새로 측량하여 토지 대장을 마련하고 소유권을 재확인하였다.

부는 1912년부터 전국의 모든 토지를 대상으로 소유권과 토지 가격 등을 상세히 조사하였다. 이를 토대로 총독부는 이전보다 훨씬 많은 조세 수입을 올렸다.

조사 결과를 바탕으로 총독부는 모든 토지에 근대적 소유권을 부여하였다. 결국 경작권을 비롯한 농민의 관습적 권리는 모두 부정되었다. 대대로 경작해온 땅을 경작하기 위해서는 지주와 다시 소작 계약을 맺어야만 했다. 지주는 달라진 상황을 악용하여 농민에게 그전보다 훨씬 불리해진 소작 계약을 요구할 수 있었고, 농민은 더 높은 소작료를 내면서도 지주에게 매달려야만 했다.

일제는 농사 개량이라는 명분하에 농민들이 경작할 작물의 종류와 종자, 경작 방법까지 강요하였다. 또 회사령(1910)을 공포하여 경제활동을 제한하였다. 즉 기업을 설립하려면 총독부의 허가를 받아야 하고, 총독부의 재량으로 회사를 해산시킬 수 있다고 규정하였던 것이다.

자주적으로 이루어지지 못한 근대화, 일제에 의해 이루어진 근대화는 폭력의 제도화 그 자체였다.

동양척식주식회사
1908년 일본인의 조선 이민을 위해 만든 국책 회사. 조선총독부 소유가 된 많은 토지가 싼값에 이 회사에 넘어갔고, 회사는 이를 다시 일본인에게 되팔았다. 이 회사는 일제 강점기에 수많은 일본인 지주를 만들어냈으며, 그 자체로서 조선 농민을 수탈하는 최대 지주였다.

4
3·1운동, 독립과 민주를 선언하다

암흑 속에서도 계속된 투쟁

우리는 대한의 독립된 국권을 되찾기 위하여 우리의 생명을 희생함은 물론, 우리가 일생 동안 목적을 달성하지 못할 때는 자자손손이 우리의 뜻을 이어받아 원수 일본을 완전히 몰아내고 국권을 되찾을 때까지 절대 변치 않을 것을 천지신명 앞에 맹서합니다.

숙연케 하는 대한광복회 회원의 서약문이다. 대한광복회는 1915년 의병 활동에 관여한 사람들과 실력 양성 운동에 나섰던 지식인들이 함께 결성하였다. 일본과의 무장투쟁을 통한 독립 쟁취라는 목표 아래 대한광복회는 단기적으로 나라 밖에 군대를 육성하고, 이에 필요한 자금을 국내에서 마련하는 활동을 해나갔다. 1918년에 대한광복회는 조직망이 드러나 주요 인물 대다수가 처형되었다. 그러나 발각되지 않은 또 다른 단체들도 많았으며, 일제의 힘이 미치지 않는 국경 너머의 중국과 러시아 등지에서 항일운동은 계속되었다.

일제의 야만적 폭력과 삼엄한 감시망으로 침묵의 세월이 지속되는 듯하였으나 끊이지 않는 저항이

서대문형무소
1908년 일제가 지은 이곳에 수많은 독립운동가가 수감되어 혹독한 고문을 받거나 사형을 당하였다. 해방 50주년인 1995년부터 이곳을 역사관으로 개조하여 1998년에 서대문형무소 역사관이란 이름으로 문을 열었다. 죄수들이 갇혔던 감옥, 감시탑, 고문실, 사형장, 전시관 등이 있다. 서울시 서대문독립공원 안에 있다.

머지않은 장래에 대폭발이 되어 역사의 전면에 드러날 것이었다.

전국적으로 일어난 항일운동 – 3·1 운동

폭발의 조짐은 이미 1917년부터 본격화되었다. 러시아에서 사회주의혁명이 일어났고, 제1차 세계대전과 함께 진행된 식민지 재편은 여러 식민지에서 민족운동을 고무하였다. 급기야 "모든 민족은 스스로 운명을 결정할 권리가 있다"는 민족자결의 원칙이 혁명 러시아와 미국을 통해 천명되었다. 바야흐로 식민지의 봄이 다가오는 듯 보였다. 1917년, 해외에서 활동하던 독립운동가들이 대단결을 통해 독립운동을 새롭게 도약시키자는 대동단결 선언을 발표하였다. 1918년부터 곳곳에서 독립선언서가 발표되고, 독립 청원을 위한 외교 활동이 시작되었다. 마침내 1919년 3월 1일, 사전 준비를 철저히 한 시위대들은 전국 10여 개 도시에서 일제히 독립선언식을 거행하였다.

필라델피아 만세 시위 행진
3·1 운동은 한국인이 거주하는 곳이면 어디든 일어났다. 도쿄 유학생, 국경 이북의 간도와 연해주에 거주하던 한인은 물론 미국에 거주하던 한인도 독립기념식을 열고 일본과 국제사회를 향해 독립을 요구하는 집회와 시위를 벌였다. 사진은 1919년 4월 미국 필라델피아 한인회가 벌인 독립 시위 장면이다.

> 오등은 자에 아 조선의 독립국임과 조선인의 자유민임을 선언하노라, 차로써 세계 만방에 고하야 인류 평등의 대의를 극명하며, 차로써 자손만대에 고하야 민족자존의 정권을 영유케 하노라. ―〈독립선언서〉(1919)

3·1 운동

3·1 운동은 1919년 3월 1일부터 두 달 동안 전국에서 벌어진 1500회 이상의 시위를 일컫는 말이다. 조선의 232행정 구역 중 227곳에서 일어난 전국적 시위이며, 계층을 뛰어넘어 투쟁에 참가한 전민족적 투쟁이었다.

- ● **대규모 봉기지**
  (참가 인원 1만 명 이상, 집회 15회 이상)
- ● **소규모 봉기지**

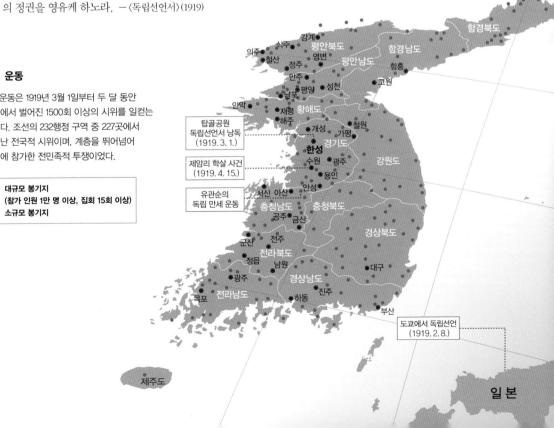

함경북도
강계
삭주
의주 평안북도
철산 정주 영변 함경남도
안주 평양남도 함흥
남포 평양 성천 고원
안악 재령 황해도
해주 개성 철원
탑골공원 독립선언서 낭독 (1919. 3. 1.) 경기도 가평
한성 수원 강원도
제암리 학살 사건 (1919. 4. 15.) 광주
용인
유관순의 독립 만세 운동 서산 아산 안성
충청남도 충청북도
공주 금산 경상북도
군산 전주
전라북도 대구
정읍 남원
광주 경상남도
목포 전라남도 하동 진주
부산
도쿄에서 독립선언 (1919. 2. 8.)
제주도
일 본

기타
555명
(3%)

노동자
2126명
(10%)

상공업자
2242명
(11%)

학생·지식인
3742명
(20%)

총
1만 9529명

농민
1만 864명
(56%)

3·1 운동으로 체포된 사람들의 직업 구성

독립선언식을 마친 민중들은 손에 손에 태극기를 들고 독립을 요구하는 대규모 평화 행진을 하였다. 지난 10여 년 동안 모습을 감췄던 태극기가 거리를 가득 메웠고, 만세 소리가 천지를 진동하였다.

시위는 순식간에 확산되었다. 첫 시위는 대도시를 중심으로 조직되었으나, 점차 지방의 중소 도시와 농촌 지역으로 확산되었다. 종교 지도자와 청년, 학생이 중심이 되어 시작된 운동은 농민과 노동자를 비롯한 전 계층의 운동으로 확산되었다. 나라 안팎을 막론하고 한국인이 사는 곳이라면 어디에서나 만세 함성이 울려 퍼졌다.

공화국의 탄생, 대한민국임시정부

만세 운동을 준비한 이들은 독립을 선언한 뒤 일본과 국제사회에 독립을 청원할 작정이었다. 그러나 항쟁에 나선 민중들까지 일본의 선의(善意)나 국제사회의 양심에 기대려 했던 것은 아니었다.

시위에 참가한 수많은 민중은 일제의 지배를 받아들일 수 없기에 투쟁하였고, 용서할 수 없는 폭력에 대해서는 다양한 방식으로 맞서 투쟁하였다. 그래서 비록 현실의 투쟁에서는 승리하지 못하였으나, 거대한 승리를 향한 디딤돌을 만들었다.

대규모 민중 항쟁이 지속되던 3월, 연해주에서 최초의 임시정부가 수립

임시정부 주요 인사들
1919년 9월 여러 곳에서 조직된 임시정부가 하나의 대한민국 임시정부로 통합되었다. 국회에 해당하는 임시 의정원을 별도로 운영하였으며, 미국에서 활동하던 이승만이 대통령, 간도와 연해주에서 활동하던 이동휘가 국무총리를 맡았다. 사진의 첫째 줄 왼쪽에서 세 번째가 김구, 둘째 줄 왼쪽에서 여섯 번째가 이동휘, 그 옆이 이승만이다.

大韓民國三年一月一日
臨時政府及臨時議政院新年祝賀式紀念撮影

되었다. 4월에는 서울과 상하이에서 서로 다른 임시정부가 추진되었다. 수많은 한국인은 임시정부의 출범을 축하하고, 이미 선언한 독립을 현실화할 단결 투쟁을 기대하였다. 서로 다른 곳에서 조직된 3개의 임시정부는 머지않아 하나로 통합되었다. 그리고 그 임시정부는 임시 헌법을 통해 반드시 독립을 쟁취하여 새로운 한국을 만들겠다고 선언하였다.

> 제1조 대한민국은 민주 공화제로 한다.
> 제2조 대한민국은 임시정부가 임시 의정원의 결의에 의해 이를 통치한다.
> 제3조 대한민국의 인민은 남녀 귀천 및 빈부의 계급이 없고 일체 평등하다.
>
> ─ 1919년 4월 11일 발표된 임시 헌장

본격화된 항일 무장투쟁

전국을 뒤흔들었던 독립 선언 운동은 일제의 무자비한 폭력 앞에 수그러들었다. 그러나 수많은 사람이 애국적 열정을 안고 국경을 넘어 새로운 투쟁에 나섰다. 재산을 처분한 돈으로 무기를 장만한 이들도 적지 않았다.

3·1 운동은 의병 항쟁 이후 부진하였던 무장투쟁에 활기를 불어넣었다. 무장투쟁은 국경 건너편의 만주를 중심으로 전개되었다. 독립군은 수시로 국경을 넘어 일본군을 공격하였으며, 일본군은 국경 부근에 정규군을 주둔시켜 독립군을 제압하였다.

1920년 홍범도와 김좌진을 중심으로 한 독립군 부대는 일본 정규군과 대결하여 기념비적인 승리를 거두었다. 홍범도가 이끈 부대는 독립군의 근거지를 공격한 일본 정규군을 크게 무찔렀다(봉오동 전투). 이후 일본이 3개 사단을 중국령에 투입하여 대규모 진압 작전을 펼쳤다. 그러나 홍범도와 김좌진 등이 이끈 연합 부대는 이들을 산악지대로 유인하여 1200여 명을 사살하는 대승을 거두었다(청산리 전투).

두 차례의 승리 이후 일본군의 공격과 만주 통치자의 개입으로 무장투쟁은 점차 힘들어졌다. 그러나 드넓은 만주 지역은 일제가 완전히 쫓겨나기 전까지 일제에 반대하는 운동의 중요한 근거지가 되었다.

홍범도(1868~1943)
포수 출신으로 의병 투쟁을 벌이다 독립군이 되었다. 훗날 소련으로 이주하여 공산주의자, 항일 투사로 활동하다 생을 마쳤다.

김좌진(1889~1930)
교육받은 대지주 출신으로, 계몽 운동을 하다가 독립군에 투신하였다. 1930년까지 만주에서 민족운동을 펼쳤으며, 일생 동안 공산주의자와 거리를 두었다.

독립의 염원을 담은 태극기와 애국가

동해물과 백두산이 마르고 닳도록 하느님이 보우하사 우리나라 만세

무궁화 삼천리 화려 강산 대한 사람 대한으로 길이 보전하세

이렇게 시작되는 한국의 국가 〈애국가〉는 국기인 태극기와 함께 1948년에 공식적인 상징물로 지정되었다. 그러나 그것은 형식적인 절차였을 뿐, 오래전부터 태극기와 애국가는 한국인의 마음 깊은 곳에 자리잡고 있었다.

태극기가 국기로 공식 결정된 것은 1883년이다. 중국의 여러 왕조와 교류하면서 종종 태극 문양을 사용하였던 조선은 외국과의 교류가 활발해질 무렵인 1882년에 태극기를 제작하고 이듬해부터 전국의 모든 공공기관에 태극기를 게양하였다. 자주독립의 열기가 드높던 1890년대부터 언론과 교육기관에서는 다양한 애국가를 만들었다. 그리고 1902년 대한제국은 "상제(上帝, 하느님)는 우리 황제를 도우소서⋯⋯"로 시작하는 공식적인 국가를 지정하였다.

국권 상실의 위기감이 높아지던 시기에 나라의 주인을 황제에서 대한 사람으로 바꾼 새로운 〈애국가〉가 등장하였다. 윤치호가 가사를 쓴 새 〈애국가〉는 스코틀랜드 민요 〈올드랭 사인〉에 맞춰 불리다가 1936년 안익태가 곡을 붙인 뒤 현재와 같은 모습을 갖추게 되었다.

일제에 주권을 빼앗기자 태극기와 〈애국가〉는 모두 금지되었다. 그래서 태극기와 〈애국가〉는 더 많은 이들의 사랑을 받았으며, 나라 없는 민족을 통합하는 상징 역할을 하게 되었다. 따라서 1945년 해방은 태극기와 〈애국가〉의 부활을 의미하기도 하였다.

❶ **최초의 태극기** 바탕의 흰색은 평화를 상징한다. 빨간색과 파란색으로 이루어진 태극은 만물을 만들어내는 음양의 조화를 뜻하고, 태극 주변의 괘는 번영을 상징한다. 이 괘는 유교 경전인 《주역》에서 따온 것이다. ❷ **독립신문의 태극기** 대한제국 선포를 전후하여 신분의 차이를 뛰어넘어 동포 의식이 확산되면서 국가의 상징물에 대한 관심이 높아졌다. ❸ **고광순(1848~1907)의 태극기** 1907년에 전사한 의병장 고광순이 간직하였던 태극기로, "불원복(머지않아 다시 독립을 찾을 것이다)"라고 쓰여 있다. 독립을 위해 싸우던 한국인들에게 태극기는 마음속의 국가 그 자체였다.

안익태(1906~1965)의 친필 〈애국가〉 악보

최초의 공식 국가
고종 즉위 40주년(1902)에 제정되었다. 사진은 국가를 실은
책자의 표지와 한글로 적은 노랫말이다. "상제는 우리 황제를
도우소서"로 시작한다.

1922 ~ 1945

1922~1923
민족주의자를 중심으로 실력 양성 운동이 활발하였다. 조선 산업 육성 운동과
대학 설립을 위한 기금 마련 운동이 주를 이루었다.

1923~1924
농민과 노동자의 조직화가 활발해졌다. 1925년에는 계급해방과 민족해방의
기치 아래 조선공산당이 조직되었다.

1926
대한제국 마지막 황제였던 순종의 장례일에 맞추어 대규모 독립 시위를
벌였다(6·10 만세운동). 이듬해 민족주의자와 사회주의자가 연합한 신간회가
조직되었다.

1931
일본이 만주를 침략하였다. 이듬해부터 만주에 거주하는 한국인과 중국인이
협력하여 무장투쟁을 벌였다.

1937
일본이 중국을 전면적으로 공격, 1939년 독일의 폴란드 공격, 전 세계가
전쟁의 소용돌이에 휩싸임.

1938
중국에 거주하는 한국인 청년을 중심으로 조선의용대가 조직되었고,
1940년에는 한국광복군이 조직되어 일본과 무력 투쟁을 벌였다.

1941
일본이 태평양전쟁을 일으켰다. 중국 충칭에 있던 대한민국 임시정부는 건국
강령을 발표하고 일본에 전쟁을 선포하였다. 이듬해 중국 화북 지역에서 조선
의용군이 조직되었다.

1943
미·영·중 대표가 일제 패망 후 한국 독립을 공인하였다(카이로 회담).

1944
여운형 등이 국내에서 건국동맹을 조직하여 일제 패망을 앞당기기 위한
운동을 벌였다.

1945
제2차 세계대전이 끝나고, 한국도 해방되었다.

XI 해방을 준비한 한국인들

"보통선거 제도를 실시하여 정권에 고루 참여할 수 있게 하고, 국유 제도를 채용하여 경제적 이권을 고르게 하며, 국비로서 교육을 하여 모두가 고루 학교를 다닐 수 있도록 하며, 국내외에 대하여 민족자결의 권리를 보장하여서 민족과 민족, 국가와 국가의 불평등을 혁파하여 제거할 것이니……" (건국 강령)

일제와 싸우는 과정은 새 나라를 건설하기 위한 모색과 실천의 시간이기도 하였다.

독립기념관 충청남도 천안에 위치해 있다. 1986년 개관하였으며, 한민족의 민족적 수난과 독립을 위한 노력 등이 담긴 역사 사료와 유물을 전시하고 있다. 기념관 앞에 세워진 탑은 '겨레의 탑'으로, 대지를 박차고 하늘로 날아오른 새의 날개와 기도하는 양손의 모습을 형상화한 것이다.

제2차 세계대전과 한국의 독립운동

제2차 세계대전(1939~1945)

제2차 세계대전은 독일, 이탈리아,
일본 세 파시즘 국가의 침략 전쟁에서
비롯되었다. 그림은 이들 삼국의 지도자인
괴링, 무솔리니, 도조가 죽음의 사자에게
끌려가는 모습을 풍자한 영국 만평이다.

알류산열도

하와이 진주만

미드웨이섬

애투섬

	일본의 세력 범위(1941)
⋯	일본군의 전선(1942 여름)
➡	일본군의 진격
➡	연합군의 진로

일본의 침략 전쟁과 아시아

1931년 만주를 점령한 일제는 곧이어 중국 본토를 침략하였다. 1937년에는 중국과
일본이 전면전 상태에 들어갔으며, 1941년에는 태평양 전역으로 전쟁이 확산되었다.
그러나 중국을 비롯한 아시아인들의 끈질긴 저항이 이어지고, 경제력과 군사력에서
우위에 있던 미국이 본격적으로 반격하면서 전시 상황은 급격히 달라졌다.

웨이크섬

일본

마셜제도

히로시마

만주국

조선

나가사키

소련

사이판섬

몽골인민공화국

예안

필리핀

충칭

중국

시암

얄타회담의 수뇌부들(위)
1945년 2월에 열린 얄타회담에서 소련의 대일 전쟁 참가가 결정되었다. 사진의
왼쪽부터 영국의 처칠 수상, 미국의 루스벨트 대통령, 소련의 스탈린 수상이다.

일본 나가사키 원자폭탄 투하(아래)
소련의 참전 이전에 전쟁을 끝내려 했던 미국은 일본 히로시마와 나가사키에
원자폭탄을 떨어뜨렸다. 단 두 발의 폭탄으로 30만 명이 한꺼번에 목숨을 잃었다.

1941년 세계는 제2차 세계대전의 소용돌이 속에 있었다. 전쟁은 유럽
과 아시아에서 동시에 전개되었다. 유럽에서는 히틀러가 1939년 폴란
드 침략 이후 유럽 대부분과 아프리카 북부지역을 점령한 데 이어 소련
을 침략하였다. 한편, 아시아에서는 일제가 미국과 전쟁을 시작하고 동
남아시아로 침략 전쟁을 확대하였다.

일제는 '대동아 공영권'을 형성하여 유럽에 맞선다는 논리를 내세우
며 침략 전쟁을 정당화하였다. 이에 맞서 미국, 영국, 중국 등 연합국은
일본군의 점령 지역을 포위 공격하였다. 한국인들도 무장 독립군을 강
화하여 연합군과 손잡고 침략자들에 맞서 싸웠다.

한국인들은 일본 지상군 80%가 몰려 있던 중국에서 주로 활동하였
다. 그 가운데 충칭과 옌안을 중심으로 무장 부대를 조직하여 중국인들
과 함께 일제에 저항하였다. 또한 연합군의 본격적인 공격에 앞서 몰래
국내로 들어가 이를 준비하기 위한 특수 훈련도 이루어졌다. 그리고 미
얀마 전선에서 벌어진 영국과 일본의 전쟁을 돕기 위해 특수부대가 파
견되었다. 파시즘과 일제의 침략에 항거한 한국인들에게 연합군의 승
리는 곧 한국인의 승리를 의미하였다.

−이섬

훈련 중인 한국독립군
한국인들은 중국인들과 손잡고 항일 전쟁을
활발히 벌였다. 사진은 실전과 같은 훈련을
받고 있는 한국독립군의 모습이다.

1

'개발 없는 개발', 민중은 힘들다

개발의 미명 아래 이루어진 식민지 수탈

제1차 세계대전 중 일본은 전쟁 물자를 생산해 수출함으로써 호황을 누렸으나, 전쟁 후 불황에 빠졌다. 또 농업 생산성의 침체로 식량 폭동이 일어나는 등 만성적인 식량 부족 사태를 맞았다. 이에 일제는 자국의 경제 위기를 해결하기 위해 식민지 한국을 희생시켰다.

1920년대 들어 일제는 한국에 회사를 세울 경우 조선총독부의 허가를 받도록 규정한 회사령을 폐지하고, 일본 기업의 한국 진출을 장려하였다. 아울러 한국과 일본 사이의 관세를 폐지하여 시장도 통합하였다. 그 결과 일본 자본과 상품이 한국에 몰려들었다.

회사령 폐지는 한국인의 기업 활동도 촉진시켰다. 그러나 한국인 기업은 일본 기업이 진출하지 않는 분야에서 중소 규모로만 존재하였다. 왜냐하면 우수한 기술과 일제의 지원을 받은 일본 기업을 상

탄광에서 일하는 한국인 노동자
1920년대 이후 일제의 식민지 공업화 정책으로 한국에서 공업화가 진행되었고,
한반도 북부에서는 발전소, 탄광, 비료공장 등 공업이 발달하였다. 그러나 공업화가
진행될수록 오히려 한국인 노동자의 임금은 낮아지고 노동시간은 증가하였다.

대하기가 어려웠기 때문이다.

1930년대 이후 일본 자본의 침투가 크게 늘었다. 일제가 본국을 발전된 공업 지역으로 유지하면서, 만주는 농업·원료 생산 지대로, 가운데에 위치한 조선은 중간 지대로 만드는, 이른바 '조선 공업화 정책'을 폈기 때문이다.

조선 공업화 정책은 침략 전쟁을 위한 물자 생산과 밀접한 관련이 있었다. 일제는 전력 자원을 개발하고, 토지를 값싸게 공급하였으며, 광산 자원을 약탈하였다. 이 과정에서 일본 대자본이 활발하게 침투하면서 북부 지방을 중심으로 금속·화학 등 중화학공업이 빠르게 성장하였다.

1930년대를 지나면서 전체 산업에서 공업이 차지하는 비중이 빠르게 늘었다. 그러나 회사 자본은 일본인이 대부분 소유하였으며, 경영진과 상급 기술자도 대부분 일본인이었다. 일본 기업의 초과이윤 보장을 위해 한국인 노동자들은 저임금을 강요받고 최소한의 노동기본권마저 부정되었다. 결국 개발은 이루어졌으되, 한국인들과는 무관한, 오히려 한국인들을 수탈하는 체제임이 분명하였다.

식민지 지주제, 더욱 튼튼해진 낡은 전통

일제는 1920년부터 대대적인 쌀 증산 계획을 추진하였다. 저수지와 보 같은 수리시설을 개량하고, 새로운 벼 품종과 비료를 보급하였다. 그 결과 1920년대에는 쌀 생산량이 조금씩 늘어났다.

그러나 일부 지주를 제외한 대다수 한국 농민들의 삶은 거의 개선되지 못하였다. 한국 농민의 절대다수인 소작농들은 수확량의 50% 이상을 소작료와 비료 대금, 수리 조합비로 내서 늘 허덕였다. 소규모 자작농도 마찬가지여서 빚에 허덕이다 결국에는 소작인이 되기 일쑤였다. 이와는 대조적으로 쌀 증산 계획 기간 내내 지주의 토지 소유는 늘어났다. 일제의 지원 아래 일본인 지주의 토지 획득도 크게 늘어나, 1935년에는 한국 전체 논의 18%가 일본인 소유였다.

일본으로 유출된 쌀의 양은 증산된 양보다 더욱 빠르게 증가하였다. 쌀

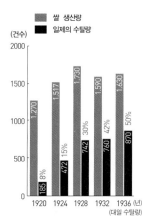

쌀 생산량과 수탈량 비교

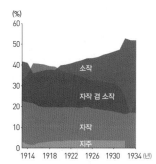

일제하 농민 구성비

의 상품화는 주로 지주를 통해 이루어졌다. 일본으로 팔려간 쌀의 대부분은 소작인들한테서 소작료로 받은 것이었다. 그 때문에 일제는 더 많은 쌀을 본국으로 가져가기 위해 지주제는 옹호한 반면, 소작료 인하를 요구하는 소작인들은 억압하였다.

식민지 한국의 세 얼굴

일제의 통치는 한국의 생활상을 바꾸어놓았다. 경작하던 토지를 잃고 지주에게 수탈당하던 농민들은 새로운 일자리를 찾아 농촌을 떠났다. 광산이나 부두, 도시의 인력 시장 등은 늘 이들로 붐볐다.

근대적 기업이 등장하면서 공장이나 상점에서 일하는 노동자도 늘었다. 일본인을 중심으로 외국인 수도 늘었다.

1930년대를 지나며 인구 100만을 넘어선 식민지 한국의 중심지 서울은 이 같은 변화를 집중적으로 보여주었다. 서울의 중심가에 자리한 일본인 거주지는 밤을 낮처럼 밝히는 전깃불과 수많은 상가 들로 활기가 넘쳤다. 전통적인 상업 중심지였던 종로 부근도 한국인 부유층과 상인들로 나름의 활기를 띠었다. 그러나 일본인 거주지와 한국인 상가 사이를 흐르는 청계천 변에는 농촌을 떠나 도시로 몰려든 빈민들의 대규모 토막촌이 형성되었다. 자본주의 문명의 첨단을 달리던 일본인, 도시에서 변화된 삶을 추구하는 부유한 한국인, 토막에서 비참한 삶을 사는 빈민, 이들은 서울의 세 얼굴이자 식민지 한국의 세 얼굴이었다.

식민지 서울의 두 모습
1930년대 서울은 근대 도시의 모습을 갖추어갔다. 왼쪽은 1920년대 충무로의 모습으로, 오늘날 서울의 명동과 충무로 일대를 가리켰던 남촌에는 일본인 상가가 줄지어 있었다. 하지만 그 이면에서는 토막에 사는 빈민층이 비참한 생활을 하였다. 오른쪽은 토막민의 모습이다.

민족주의와 사회주의

달라지는 사회는 한국 민족주의자들의 변화된 대응을 요구하였고, 한국 민족주의자들은 이에 부응해 새로운 생각과 실천을 발전시켰다.

1919년 독립선언 이후 많은 한국인은 독립 쟁취를 위해서는 민족의 실력을 기르는 일이 시급하다고 생각하였다. 경제적 실력을 기르기 위해 민족자본 육성과 자립경제가 강조되었으며, 민립대학 설립과 노동야학 개설 등을 통한 교육운동이 전개되었다.

러시아혁명과 혁명 러시아의 제국주의 반대 운동에서 영감을 얻은 한국 독립운동가, 학생, 지식인 등은 사회주의를 자발적으로 받아들였다.

이들은 사회주의를 농민과 노동자 등 피압박계급을 해방시킬 수 있는 사상적 무기로 이해하였다. 또한 일제를 자본가계급으로, 한국인을 프롤레타리아트계급으로 상정하고 독립을 우선했다는 점에서 이들 역시 민족주의자였다.

1920년대 중반 이후 민족주의자들과 사회주의자들은 경쟁하면서 민족해방을 위해 협력하였다. 이와 비슷한 시기에 일제의 지배를 인정하고 실력 양성을 도모하자는 민족개량주의 운동이 고개를 들었다. 그러나 일제는 최소한의 참정권도 인정하지 않았으니, 결과적으로는 일제의 회유정책을 대변하는 것이 되고 말았다. 일제가 만든 왜곡된 질서를 개혁하지 않은 채 한국인의 처지를 개선하고 실력을 기르는 일은 원천적으로 불가능하였다. 독립이야말로 실력 양성의 기초였기 때문이다.

물산 장려 운동
'우리가 만든 것 우리가 쓰자' 라는 슬로건 아래 전개된 물산 장려 운동은 많은 사람들의 참여를 이끌어냈다. 왼쪽은 경성방직 주식회사의 국산품 애용 선전 광고이다. 오른쪽은 조선 광목인 태극성이다.

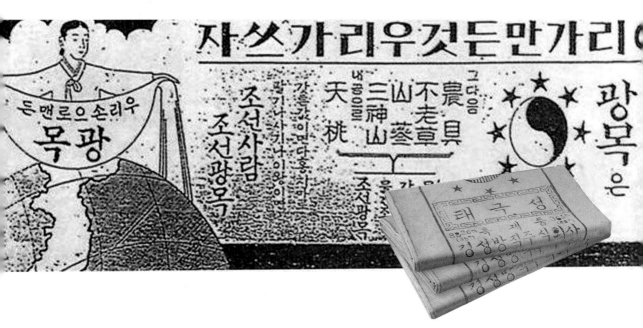

2

사회운동이 활발하게 일어나다

들불처럼 번진 소작쟁의

1924년 10월 21일자 동아일보는 전라도 어느 곡창지대에서 하루 세끼를 잇지 못하는 이들이 76%(한 끼 23.6%, 두 끼 45.2%)에 달하며, 평안남도 강서 농장 농민의 1년간 총수입이 514원, 총지출 547원으로 적자가 33원이라고 보도하였다. 이 기사는 적자를 면하기 어려웠던 농민들의 삶을 대변해주었다.

농민들의 지출에서 가장 큰 비중을 차지하는 것은 무려 50%에 이르는 소작료였다. 이처럼 과중한 소작료뿐만 아니라 하루아침에 경작 기회마저 빼앗기는 경우도 적지 않았다. 토지조사사업으로 지주권이 강화되자 소작료를 올리거나 경작권을 빼앗는 일이 잦았기 때문이다.

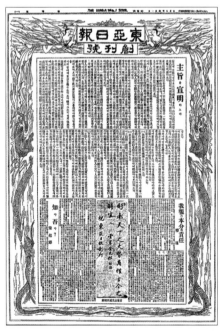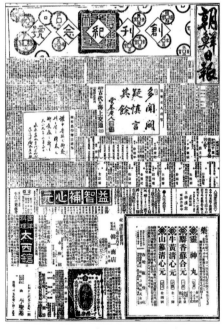

동아일보와 조선일보의 창간(1920)
3·1 운동(1919)이라는 큰 저항에 부딪힌 일제는 언론·출판·집회·결사의 자유를 부분적으로 인정하는 정책을 폈다. 이에 따라 1920년대에는 한국어 신문이 발간되고 조선인들이 다양한 단체를 조직하여 활발한 사회운동을 전개하였다. 사진은 1920년에 창간된 한국어 신문 《동아일보》 창간호(왼쪽)와 《조선일보》 창간 기념호(오른쪽)이다.

1920년 최초의 노동단체인 조선노동공제회가 조직되었다. 노동하는 사람들끼리 서로 돕고 부당한 요구에 맞서기 위해서였다. 생존권을 지키려는 농민들의 움직임도 활발해졌다. 농민들은 부당한 소작료 인상과 경작권 이전에 저항하였다. 소작인조합과 농민조합은 농민들을 하나로 모으는 구심점이 되었다.

1922년 7월 조선노동공제회는 "소작인은 단결하라!"는 선언문을 발표하고 농민들의 투쟁을 적극 지원하였다. 먼저 깨달은 자가 이끌고, 대중이 투쟁으로 답하는 대중적 사회운동이 본격적으로 시작되었다.

농민들은 지역별로 단체를 조직하고, 전국적으로 연대하여 다양한 투쟁을 벌였다. 투쟁은 일제 경찰의 보호를 받은 지주의 승리로 끝나기 일쑤였으나, 농민들의 투쟁은 갈수록 확대되었고 농민들의 권리 의식도 더욱 높아졌다.

암태도 소작쟁의
암태도는 전라도에 있는 섬으로, 친일파 지주들이 암태도 농지의 대부분을 소유하고 고율의 소작료를 징수하고 있었다. 이에 소작농들은 1924년 아사동맹을 맺고 소작쟁의를 벌여 승리를 거두었다.

근대적 노동운동의 시작

식민지 공업화는 한국에 근대적 노동자군을 형성시켰다. 그러나 일제는 일본인에게 적용되는 노동법을 한국인에게는 적용하지 않았다. 한국인 노동자 대부분은 하루 12시간이 넘는 장시간 노동과 저임금에 시달렸고, 민족적 차별을 받았다.

노동자들은 기업별 또는 지역별로 노동조합을 결성하여 자본가들의 횡포에 맞서 싸웠다. 일제가 경찰을 동원하여 이들의 투쟁을 탄압하였으나, 노동자들은 지역과 전국을 아우르는 노동자 연대 조직을 결성하여 이에 맞섰다.

어느 석유 회사의 일본인 감독이 조선인 노동자를 구타한 데서 비롯된 원산 총파업(1929)은 일제하 노동자 투쟁의 한 전형이었다. 노동자들은 일본인 감독의 파면과 노동조건 개선을 요구하며 투쟁을 시작하였고, 원산의 노동자 전체와 기업인 전체의 싸움으로 확대되었다. 전국적 노동조직과 국제 노동조합의 지원을 받으며 진행된 이 투쟁은 일제 경찰과 자본가

신여성
1920년대부터 여성 잡지들이 간행되었다. 잡지에는 여성들의 교양이나 계몽을 촉구하는 문학작품과 여성의 계급해방을 다룬 논문들이 실렸다.

형평운동
형평이란 백정이 사용하는 저울로, 저울처럼 평등한 세상을 만들겠다는 뜻을 담고 있었다. 조선시대부터 천대받던 백정들이 신분 해방을 위해 1923년부터 형평사라는 단체를 조직하여 활동하였다. 형평사는 40만의 회원을 둔 전국 조직으로, 민족운동과 계급운동을 전개하였다.

세계 어린이 운동 발상지
어린이 운동의 선구자였던 방정환(1899~1931)은 어린이를 하나의 인격체로 존중해야 한다고 주장하였다. 이 기념비는 서울 종로구 천도교 중앙 대교당 앞에 있다.

들에 의해 결국 좌절되었으나, 식민지 노동자들이 왜 투쟁해야 하는지, 어떻게 투쟁해야 하는지를 보여주었다.

다양한 계층에서 일어난 사회운동

식민지 한국의 학생과 청년 들은 사회운동과 민족운동에 끊임없이 활력을 불어넣었다. 학생들은 자발적으로 독서회를 만들어 민족의 현실과 장래에 대해 공부하였으며, 동맹휴학과 시위 등을 통해 식민지 교육에 저항하였다. 각계각층의 청년들도 청년 단체를 조직하여 사회운동과 민족운동에 앞장섰다.

여성들이 단체를 결성하여 조직적인 운동을 벌인다는 것은 예전에는 찾아보기 어려웠다. 그러나 신교육을 받은 여성들은 가부장적 질서에 맞서면서 근대적인 신여성으로 자신을 규정하였다. 여성 노동자가 늘면서 여성 노동운동도 점차 확대되었다. 어린이날이 처음 제정되고 어린이 잡지가 창간되는 등 소년 운동도 새롭게 일어났다.

신분제가 폐지된 뒤에도 여전히 차별받던 백정들은 형평사란 단체를 조직하여 자신들에 대한 편견과 차별을 없애기 위해 노력하였다.

더욱 높아진 민족 의식

일제의 종교 정책으로 많은 종교 단체와 종교인이 친일화되었다. 그러나 민족 종교 운동은 꾸준히 이어졌다. 동학을 계승한 천도교는 기독교와 함께 3·1 운동의 주역이 되었으며 한국인이 민족의 시조로 받드는 단군을 숭배하는 대종교는 무장투쟁에 적극적이었다. 또한 불교를 한국 사상과 접목시킨 원불교가 창시되었고, 한국 전통과 기독교를 접목시키려는 철학적 노력도 이어졌다.

일본어를 한국인에게 강요하는 일제의 정책에 대항하여 국어를 연구하고 보급하려는 한글 운동이 전개되었다. 한글날 제정과 한글맞춤법통일안이 마련된 것은 이 무렵이었다. 일제의 지배를 합리화하고 한국 역사를 왜곡하는 식민주의 역사관에 맞서 한국의 역사를 주체적·발전적으로 파악하려는 민족주의 역사학이 성립되었다. 한국인의 정서를 담은 문학작품 활동도 활발하였다.

신문화를 수용하면서 전통의 참된 의미를 발견하려는 노력은 사회운동, 민족운동과 맞물리며 근대적인 한국의 정신세계를 만들어나갔다.

천도교 본당
동학을 계승한 천도교는 3·1 운동을 주도하였고, 《개벽》, 《신여성》, 《어린이》, 《농민》 등의 잡지 발간을 통해 문화운동과 사회운동을 확산시켰다. 사진은 1921년 완공된 천도교 중앙 대교당 모습이다.

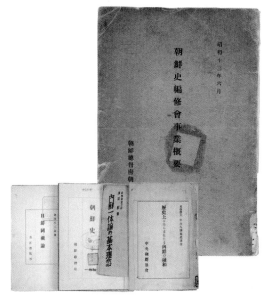

한국사 왜곡 도서
일제는 식민정책의 일환으로 '한국인은 스스로 역사를 발전시킬 수 없다', '한국의 민족성은 저급하다'라는 편견을 바탕으로 한국사를 왜곡하여 서술하였다.

민족주의 역사서
민족주의 관점에서 역사를 연구하여 서술한 이 책들은 일제의 침략을 폭로하고 민족문화의 독자성과 우수성을 강조하였다.

3
민족운동이 다양하게 일어나다

약동하는 동아시아

1921년 11월 미국 워싱턴, 미국은 일본과 영국을 끌어들여 동아시아의 새로운 국제 질서를 만들기 위해 부심하였다. 이듬해 2월까지 몇 개의 조약 체결을 주도하였다. 동아시아에서 유럽이 후퇴하는 대신 미국이 새로운 주역으로 떠올랐고, 일본의 식민 통치도 안정적으로 보장되었다. 동아시아판 베르사유 체제인 워싱턴 체제가 출범한 것이다.

　미·영·일의 타협으로 동아시아는 안정되는 듯하였다. 그러나 1920년대 동아시아는 아래로부터의 변혁 운동으로 약동하였다. 한국인들이 대규모 독립선언 운동을 벌이자, 중국인들은 5·4 운동으로

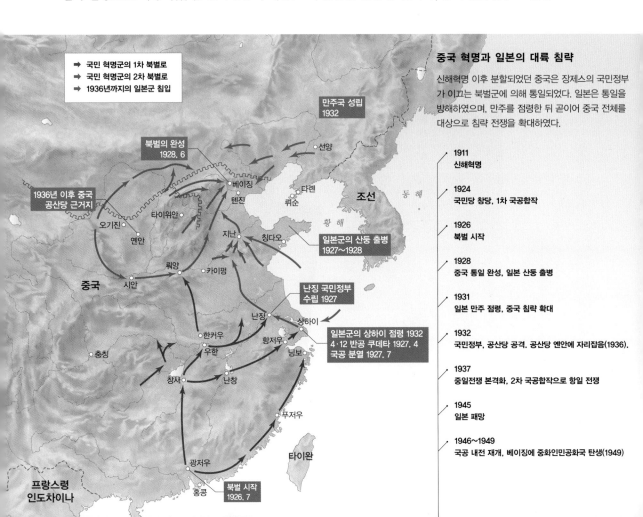

중국 혁명과 일본의 대륙 침략

신해혁명 이후 분할되었던 중국은 장제스의 국민정부가 이끄는 북벌군에 의해 통일되었다. 일본은 통일을 방해하였으며, 만주를 점령한 뒤 곧이어 중국 전체를 대상으로 침략 전쟁을 확대하였다.

- **1911**
  신해혁명
- **1924**
  국민당 창당, 1차 국공합작
- **1926**
  북벌 시작
- **1928**
  중국 통일 완성, 일본 산둥 출병
- **1931**
  일본 만주 점령, 중국 침략 확대
- **1932**
  국민정부, 공산당 공격, 공산당 옌안에 자리잡음(1936).
- **1937**
  중일전쟁 본격화, 2차 국공합작으로 항일 전쟁
- **1945**
  일본 패망
- **1946~1949**
  국공 내전 재개, 베이징에 중화인민공화국 탄생(1949)

항일 분위기를 이어갔다. 한국인들은 임시정부를 조직하고 활발한 무장투쟁을 벌였으며, 중국인들은 혁명적 국민 정당을 조직하여 장기적인 투쟁의 기초를 만들어나갔다. 혁명에 성공한 러시아도 동아시아의 반제국주의 운동을 지원하였다.

특히 중국의 국민 혁명은 동아시아의 반제국주의 운동에 결정적 영향을 미쳤다. 1924년 쑨원이 조직한 국민당은 중국 통일 운동을 주도하였으며, 1921년 조직된 중국 공산당도 빠르게 성장하였다. 국민당과 공산당은 한때 중국 통일을 위해 협력하기도 하였는데, 국민당 정부가 중국을 통일함으로써 대륙 침략을 꿈꾸는 일본에 맞설 강력한 주체가 탄생하게 되었다.

여러 갈래로 전개된 민족운동

워싱턴에서 세계 3대 강국임을 인정받았다는 일제의 선전은 많은 한국인을 실망시켰다. 결과적으로 민족운동을 포기하는 이들이 생겨났고, 당장의 독립보다 실력을 기르는 일이 중요하다는 주장도 등장하였다. 그러나 혁명적 상황이 이어지는 중국과 반제국주의 운동을 돕는 러시아의 출현으로 한국의 민족운동은 새로운 전망을 세우거나 실질적인 지원을 받았다.

특히 중국은 국토를 강점당한 한국인들이 민족운동을 전개하는 데 중요한 근거지가 되었다. 한국인들은 중국인과 인적·물적·사상적 교류를 하였으며, 중국과 한국 땅을 넘나들면서 민족운동을 벌였다.

상하이에는 해외 독립운동 단체들이 망라되어 조직된 대한민국 임시정부가 있었다. 또 한국과 국경을 맞대고 있는 만주에서 한국인들은 독립군을 양성하고 활발하게 무장투쟁을 벌였다.

중국과 한국을 넘나들면서 투쟁을 벌였던 무정부주의자도 많았다. 그중 의열단은 중국에 근거를 두고 한국에 와 있던 일제의 통치기관을 여러 차례 공격하였다.

민족운동이 다양하게 펼쳐지면서 방법을 둘러싼 논의도 활발하였다. 또한 독립 이후 건설할 새 국가의 모습에 대해서도 집중적으로 논의되었다.

나석주(1892~1926)의 폭탄 투척 사건
1926년 12월 28일에 나석주가 동양척식회사에 폭탄을 던졌다는 《동아일보》 보도 기사이다.

'민족 유일당'을 만들자

1926년부터 민족운동가들은 독립운동의 역량을 높이기 위해 사상과 이념을 뛰어넘어 단결하자는 민족 유일당 운동을 벌였다. 이로 인해 국내에서는 최대 항일운동 단체인 신간회가 조직되었고, 중국 여러 지역에서도 독립운동 단체들 간의 통합 노력이 전개되었다.

신간회는 1927년 서울에서 결성되었다. 민족주의자와 사회주의자 들이 단결하여 한국인들의 정치·경제적 해방을 위해 일제와 싸우겠다는 강령을 세웠다. 전국에 수많은 지회를 두었던 신간회는 4년 동안 한국인들의 사회·경제적 권리를 옹호하고 민족의식을 제고하는 등 큰 역할을 하였다.

협력 움직임은 만주에서도 활발하였다. 여러 독립운동 단체가 조선혁명당과 한국독립당으로 합류하였고, 이들은 각기 조선혁명군, 한국독립군이라는 무장 부대를 조직하여 일제와 투쟁하였다.

민족주의와 사회주의의 협력은 새로 건설할 독립국가의 상을 만드는 데도 크게 기여하였다. 대한민국 임시정부가 1940년대 초에 만들었던 건국강령은 이 같은 모색의 산물이었다.

보통선거 제도를 실시하여 정권에 고루 참여할 수 있게 하고, 국유 제도를 채용하여 경제적 이권을 고르게 하며, 국비로서 교육을 하여 모두가 고루 학교를 다닐 수

신간회 창립 보도
신간회는 조선 민족의 정치적·경제적 해방을 실현하고, 전 민족이 단결하여 기회주의를 배격한다는 강령을 세웠다. 그리고 언론·집회·출판·결사의 자유 획득과 악법·고문 폐지, 일본인 이민 반대, 부당 납세 반대 등을 주요 정책으로 내걸었다.

6·10 만세운동
1926년 대한제국의 마지막 황제였던 순종의 장례식이 거행된 서울에서는 장례 행렬이 지나가는 곳마다 시위운동이 전개되었다.

있도록 하며, 국내외에 대하여 민족자결의 권리를 보장하여서 민족과 민족, 국가와

국가의 불평등을 혁파하여 제거할 것이니…… ─ 건국 강령

다시 터진 "대한 독립 만세"

단결하여 투쟁하자는 분위기는 항일운동의 결과물임과 아울러 항일운동
을 더욱 확산시키는 결과를 가져왔다.

협력의 분위기를 만들어낸 것은 1926년의 시위운동이었다. 대한제국의
마지막 황제였던 순종의 장례식에 맞춰 사회주의자와 비타협적인 민족주
의자들이 학생과 시민을 조직하여 대규모 독립선언 운동을 추진한 것이
다. 이 해 6월 10일 서울에서는 또다시 "대한 독립 만세"의 함성이 울려 퍼
졌으며(6·10 만세운동), 곧이어 신간회가 탄생하였다.

1929년 학생 시위는 신간회를 비롯한 사회단체의 적극적인 후원으로
더욱 확산되었다. 이 해 11월 광주 학생들은 민족 차별 반대와 식민지 교
육 철폐를 주장하며 대규모 시위운동을 벌였다(광주 학생 항일운동). 신
간회는 투쟁 소식을 알렸고, 운동은 머지않아 전국으로 확산되었다. 이 해
겨울, 광주는 물론 서울과 대도시를 중심으로 독립 열기는 또 한 번 크게
일어났다.

광주 학생 항일운동
1929년 10월 30일 일본인 학생이 한국인 여학생을 모욕한 사건을
계기로 한국인 학생과 일본이 학생이 충돌하였다. 경찰과 학교,
언론이 이를 편파적으로 처리하자 11월 3일과 12일 광주 여러 학교
학생들이 연합하여 대규모 시위를 벌였다. 시위를 지지하고 학생
탄압 중지를 요구하는 시위가 전국 200여 개교로 확산되었는데,
퇴학 처분을 받은 학생수가 약 600명에 이르렀다. 왼쪽은 당시
사건을 보도한 《동아일보》, 가운데는 누이를 모욕한 일본인 학생과
처음 싸움을 벌였던 광주고등보통학교 2학년 학생 박준채,
오른쪽은 광주 학생 항일운동 기념탑이다.

4

파시즘에 맞서며 건국을 준비하다

식민지 파시즘과 한국인의 수난

1931년 일제는 만주를 점령하였다. 그로부터 6년 뒤, 일본은 중국과 전면전에 돌입하였다. 1941년에 미국을 공격하고 동남아시아를 침략한 태평양전쟁을 일으켰다. 15년간 계속된 일제의 침략 전쟁은 공산주의 확산 반대와 서양에 맞선 아시아의 연대라는 명분 아래 자국과 식민지 민중을 전쟁에 동원하였다. 그로 인해 노골적인 전쟁 파시즘이 아시아 전역을 지배하였다.

일제는 중요산업통제법, 국가총동원법 등을 잇달아 내놓으면서 한국인을 침략 전쟁으로 내몰았다. 수많은 한국인이 강제 연행되어 광산이나 군수공장에서 죽음 같은 노동에 시달렸다. 강제로 군대에 끌려가 희생된 젊은이도 많았으며, 일본군 '위안부' 생활을 강요받은 여성들도 있었다.

산업 활동은 군수물자 생산에 집중되었다. 태평양전쟁 이후 물자가 부족해졌고 경제활동이 급격히 붕괴되었다. 급기야 전면적인 통제 경제를 실시하더니 한국인들의 생활용품까지 빼앗아갔다.

〈끌려감〉
일본군 '위안부' 피해자이자 인권운동가인 고 김순덕 할머니가 '나눔의 집'에서 미술 치료를 받으며 그린 그림이다. 그의 기억 속에 일본군 '위안부' 생활은 이런 모습으로 존재한다. 일본군 '위안부' 피해자 할머니들은 1992년부터 매주 수요일에 서울의 일본 대사관 앞에서 일본 정부의 공식 사과를 요구하는 집회를 열었고, 전쟁으로 인한 여성 인권 침해를 고발하고 재발 방지를 위한 다양한 활동을 펼쳤다. 김순덕 할머니는 2004년 세상을 떠났다.

일제의 전쟁 동원은 폭력적인 파쇼 체제가 뒷받침되었다. 일제는 한국인들에게 일본 왕에 대한 충성 서약을 날마다 강요하였다. 한국어 사용과 한국사 교육을 금지하고, 한국 이름을 일본식으로 바꿀 것을 강요하였다. 작은 저항도 가혹한 탄압을 받았으며, 사회는 거대한 병영으로 바뀌었다.

중국인과 함께 일제에 맞서다

한국인들은 중국인들과 함께 항일 투쟁을 벌였다. 1932년 한국인 이봉창이 일본 왕에게 폭탄을 던져 일본 사회를 경악케 한 일은 물론, 윤봉길이 폭탄을 던져 중국을 침략한 일본 군인과 고급 관리를 죽였을 때 많은 중국인이 열렬히 지지하였다.

한국인과 중국인이 공동 투쟁을 벌인 사례는 수없이 많았다. 일제가 만주를 점령한 직후인 1930년대 초, 한국인들로 구성된 조선혁명군과 한국

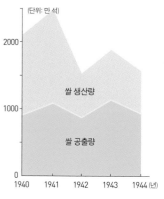

(단위: 만 석)

쌀 생산량과 공출량
1937년 중일전쟁 이후 일제는 한국에서 농산물을 수탈하여 전쟁 물자로 사용하였다. 일제는 한국의 농산물을 강제로 징발하여 배급제를 실시하였다. 한국인이 생산한 곡식의 절반가량이 강제 공출되었다. 곡물 외에도 가축, 철 등을 공출하였다.

❶ 황국신민 서사 낭독
일제는 한국인들을 전쟁터로 내몰기 위하여 한국의 민족정신을 말살하려는 각종 야만적 행위를 강요하였다. 한국인들로 하여금 날마다 일본 왕에게 충성하는 신민이 되겠다고 맹세하게 하였고, 일본 왕과 그 조상에게 참배하도록 하였다. 또 일본식 이름을 쓰게 하고 한국어 사용을 금지하였다.

❷ 강제 징용
일제는 1939년에서 1945년까지 100만 명이 넘는 한국인 노동자를 강제 징발하여 탄광 및 건설 현장, 군수공장에서 혹사하였다. 게다가 일본군 감시하에 한국인 노동자에게 노예노동을 강요하였고, 기밀 유지 등을 이유로 집단 학살도 서슴지 않았다. 또한 일제는 한국인 30여만 명을 강제로 징병하였다.

❸ 트럭에 실려 이동 중인 일본군 '위안부'
1932년 이후 일본군은 주둔지에 '위안소'를 두고, 많은 여성을 일본군 '위안부'로 동원했다. 일본군의 조직적인 간여 아래 '위안부' 피해를 입은 여성 중에는 조선인이 많았다. 1990년대 이후 UN에서는 일본군 '위안부' 피해의 실상을 조사한 뒤, 성노예 생활을 강요한 명백한 전시 성폭력이며 국제법 위반이었다고 결론을 내린 바 있다.

독립군은 중국인들과 협력하여 만주의 일본군에 맞서 싸웠다. 1936년에는 한국과 중국 공산주의자들을 중심으로 동북항일연군이 결성되었다. 항일 연군은 한국과 만주 국경 지대를 무대로 여러 차례 유격 투쟁을 벌였으며, 한국으로 진격하여 일본군에 타격을 입혔다.

만주에서의 항일 무장투쟁은 1930년대 후반 이후 점차 힘들어졌다. 그러나 독립군 일부가 중국 본토와 소련으로 이동하여 항일 투쟁을 계속하였다.

국내 정진군
한국광복군의 한 부대는 1945년 초 미국 전략정보처(OSS)의 지원 아래 유격 훈련을 받고 9월에 한반도에 투입될 계획이었다. 그러나 일제가 8월에 항복함으로써 국내 진공이 좌절되자, 국내 정진군은 비행기로 서울까지 왔다가 다시 중국으로 되돌아갔다.

해방의 그날까지 지속된 항일 투쟁

항일 무장투쟁은 중국 본토에서도 활발하였다. 1937년에 중국과 일본의 전면전이 시작되자(중일전쟁), 중국 내 한국인들도 무장투쟁에 적극 나섰다.

김원봉이 이끄는 민족혁명당은 한국인 청년들을 중심으로 조선의용대를 창설하였다 (1938). 대한민국 임시정부도 산하에 무장투쟁 조직인 한국광복군을 조직하였다(1940). 훗날 조선의용대 일부를 흡수한 한국광복군은 중국 국민당의 지원 아래 항일 투쟁을 벌였다.

조선의용대 일부는 중국 공산당 군대와 협력하여 항일 투쟁을 벌였다. 이들은 조선독립동맹 산하 조선의용군으로 개편되어 일제가 항복할 때까지 대일 전쟁을 계속하였다. 한국인 독립군 부대는 소련에서도 그들의 지원을 받으며 투쟁을 이어갔다.

일제는 패망이 가까워질수록 전쟁에 더욱 광분하였다. 국내외의 한국 독립운동가들은 해방의 그날이 멀지 않았음을 알고 독립 전쟁에 더욱 박차를 가하였다. 1944년에는 전쟁과 수탈로 황폐해진 국내에서도 여운형 등이 건국동맹을 조직하여 건국을 준비하였다. 1945년 8월, 일제가 마침내 항복하였다. 일제의 지배와 침략 전쟁이 막을 내린 것이다.

동북항일연군
1930년대 중반 만주에서 조직되어 1937년 보천보 전투에서 승리를 거두고 백두산 지역을 중심으로 활동하였다. 1940년대 소련 영토로 이동하였다가 해방 후 북한 지역으로 귀국하였다.

한국독립군
1930년대 초 북만주의 한국독립당 산하 군사 조직으로, 지청천과 홍진(사진)이 이끌었다. 중국 호로군과 연합하여 1932년 쌍성보와 경박호, 1933년 사도하자와 동경성 등의 전투에서 승리를 거두었다.

하바로프스크

하얼빈 •

둔화 •

러시아

지린 •

블라디보스토크 •

엔지 •
룽징 •

창바이 •

혜산 • 보천보

베이징 •

평양 •

동 해

중국

서울 •

옌안 •

조선의용군
중국 홍군과 함께 일본군과 전투를 벌였으며, 호가장 전투와 반소탕전이 유명하다. 일제의 항복 이후 일부는 만주로 이동하고, 일부는 중국 공산당과 협력하여 국공 내전에 참전한 후 북한으로 돌아왔다.

조선혁명군
1930년대 초반 남만주에서 조선혁명당의 군사기관으로 활약하였다. 1931년 만주사변 이후 중국의용군과 연합하여 흥성 전투, 영릉가성 전투에서 일본군과 격전을 벌여 대승을 거두었으나, 1936년을 고비로 점차 쇠퇴하였다. 사진은 조선혁명군을 이끈 양세봉의 흉상이다.

시안 •

황 해

조선

일본

푸양 •

난징 •

상하이 •

충칭

한커우 •

한국광복군
1941년 대일본 선전포고 후 중국군, 영국군, 미국군 등과 함께 대일 전쟁을 수행하였다. 미군과 국내 정진군을 편성하여 국내 진공을 계획하기도 하였다. 해방 후 남한으로 돌아왔다.

조선의용대
1938년 김원봉이 중국의 임시 수도였던 한커우에 창설한 독립 부대로, 후에 충칭으로 옮겨가 1942년 한국광복군 제1지대로 편입되었다.

건국동맹
1944년 여운형, 안재홍 등 국내 독립운동가들이 서울에서 결성한 비밀 조직으로, 1945년 8월 15일 일제의 항복 선언 직후 건국준비위원회를 창설하여 활동하였다.

광저우 •

타이완

일제의 침략 전쟁에 맞선 한국인의 투쟁

일제가 1931년 만주에 이어 1937년 중국 본토를 점령하고, 1941년 태평양전쟁으로 확산시키자, 한국의 무장 독립군은 중국, 영국, 미국 등 연합국과 함께 일제 침략군에 맞섰다. 1930년대에는 만주를 중심으로 활동하였으나 일제에 밀리자 일부는 소련으로, 일부는 중국 관내로 이동하여 독립 전쟁을 계속하였다. 국내에서도 비밀결사가 조직되어 활동하였다.

서대문형무소 역사관과 독립기념관

일본의 한국 통치는 한국인들에게 큰 고통을 안겨주었다. 특히 독립을 쟁취하기 위해 일제에 맞섰던 이들이 겪은 수난과 고통은 이루 다 말할 수 없을 만큼 컸다.

한국인은 나라 안팎에서 다양한 방법으로 일제에 항거하였다. 일제에 빼앗긴 주권을 되찾기 위해, 제국주의 국가의 침략에 맞서 평화를 지키기 위해 싸웠다.

서울에 있는 서대문형무소 역사관(www.sscmc.or.kr/culture2)은 수많은 독립운동가들이 갇혀 고통받던 당시의 현장을 재현하고 있다. 충청남도 천안에 있는 독립기념관(www.i815.or.kr)에서도 독립을 쟁취하고자 벌였던 당시의 다양한 노력들을 재현하고 있다.

서대문형무소 역사관
1908년 처음 문을 연 이래 한국 독립운동가들이 가장 많이 수감되었던 곳이다. 1987년까지 감옥으로 사용하였는데, 이후 후손들에게 민족의 자주 독립 정신을 일깨워주는 역사의 산 교육장으로 삼기 위해 새롭게 단장하여 1998년에 서대문 형무소 역사관으로 다시 문을 열었다.
❶ 추모비 ❷ 사형장 ❸ 독방

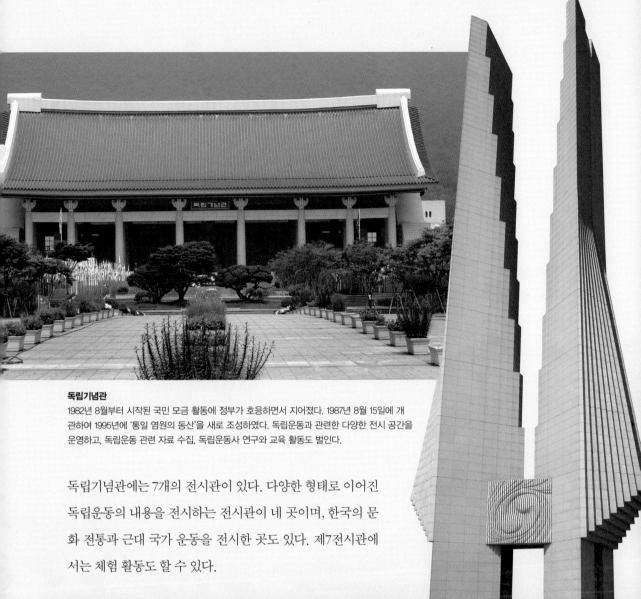

독립기념관
1982년 8월부터 시작된 국민 모금 활동에 정부가 호응하면서 지어졌다. 1987년 8월 15일에 개관하여 1995년에 '통일 염원의 동산'을 새로 조성하였다. 독립운동과 관련한 다양한 전시 공간을 운영하고, 독립운동 관련 자료 수집, 독립운동사 연구와 교육 활동도 벌인다.

독립기념관에는 7개의 전시관이 있다. 다양한 형태로 이어진 독립운동의 내용을 전시하는 전시관이 네 곳이며, 한국의 문화 전통과 근대 국가 운동을 전시한 곳도 있다. 제7전시관에서는 체험 활동도 할 수 있다.

독립기념관 전시관 내부

식민지 시대 한국인의 이주, 그리고 해외의 한국인

2019년 기준 750만여 명의 한국인이 190여 개국에서 활발하게 활동하고 있다. 한국인의 해외 이주는 일제강점기와 산업화 시기에 크게 늘어났다. 일제강점기에는 생계와 정치적 망명, 유학 등을 이유로 해외로 이주하였다.

일제가 패망한 1945년에는 만주, 일본, 중국, 미국 등지에 거주하는 한국인은 약 400만 명으로 한국 전체 인구의 6분의 1에 해당하였다. 인도의 국외 이민 인구 1.5~2%, 중국 이민 2%와 비교해보았을 때 꽤 높은 수치였다.

해방 후 상당수의 한국인이 현지에 정착하였다. 한국인의 해외 이주는 1960년대 이후 본격화되었는데, 취업이나 유학을 위하여 미국, 독일, 남미 등지로 이민하여 해외 한국인 사회를 형성하였다. 한국 경제가 성장하면서 한국인들의 해외 활동이 활발해지고 해외에 거주하는 한국인들이 늘고 있다 .

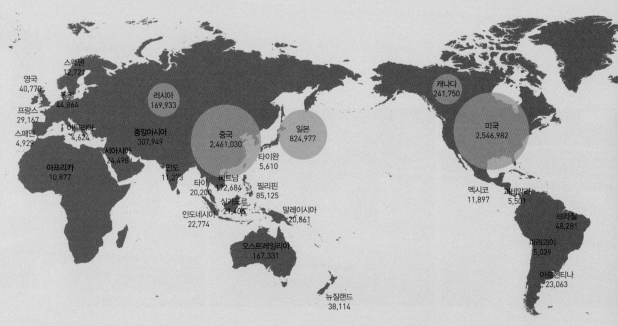

(단위: 명)

재외 한국인 현황(2019년 기준)
자료: 외교통상부

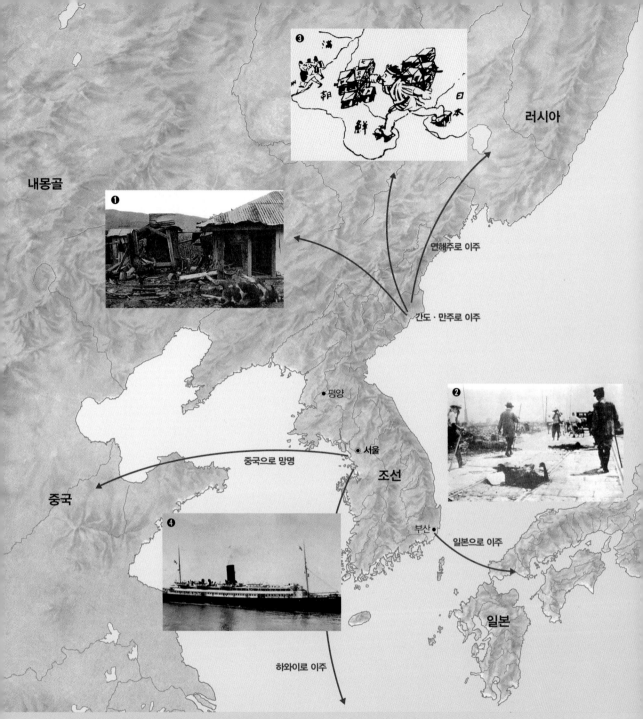

한국인의 해외 이주 상황(1890~1930년대)

❶ 간도 참변(1920)
한국 독립군이 국경 부근에서 활발하게 활동하자 일본은 대규모 정규군을 간도로 파견하였다. 이들은 10월 9일 이후 3~4개월 동안 한국인 마을을 불태우고 한국인을 무차별 학살하였는데, 27일간(10월 9일~11월 5일) 무려 1만 3469명이 희생되었다. 하지만 확인되지 않은 피해는 이보다 훨씬 컸다.

❷ 관동대지진
1923년 9월 일본에서 진도 7.9의 대지진이 일어났다. 도쿄와 요코하마 등 인구 밀집 지역이 심각하게 타격을 입었는데, 이 과정에서 일제가 한국인 폭동설을 조작 유포시켜 수천 명의 한국인이 무차별 학살당하였다.

❸ 오는 사람 누구며, 가는 사람 누구냐?
일본인에게 땅을 빼앗기고 만주로 쫓겨가는 한국 농민의 처지를 그린 신문 만평(《동아일보》, 1927. 10. 16.)

❹ 첫 한인 하와이 이주민을 실은 갤릭호(1903)
1902년 12월 22일 일본 배를 타고 제물포를 떠나 일본 고베 항에서 갤릭호로 갈아타고 1903년 1월 13일 하와이에 도착함으로써 한국의 미국 이민이 시작되었다.

1945 ~ 1960

1945
해방 직후 국내 민족운동가들은 조선건국준비위원회를 조직하여 국가 건설에
나섰다. 그러나 38도선을 경계로 이북은 소련군이, 이남은 미군이 진주하여
통치권을 행사하였다.

1946
한국의 독립 정부 수립을 위한 방안을 논의하기 위해 제1차 미소 공동위원회가
열렸으나 큰 성과를 내지 못하였다. 이후 이승만 등은 남한만이라도 단독정부를
세워야 한다고 주장하였고, 분단될지 모른다는 위기감을 느낀 여운형 등은
좌우 합작 운동을 벌였다.

1947
미국이 트루먼 독트린을 발표하였다. 미국과 소련이 국제적으로 대립하면서 제2차
미소 공동위원회도 성과 없이 끝났다.

1948
5월 10일 38선 이남에서 단독 선거가 실시되고, 7월에는 헌법이 제정되었으며,
8월 15일 대한민국 정부가 수립되었다. 이북에서는 9월에 조선민주주의
인민공화국이 성립되었다.

1949
중국 내전에서 중국공산당 승리, 중화인민공화국 성립

1950~1953
북한의 선제공격으로 시작된 한국전쟁은 3년 동안 씻을 수 없는 아픔을 남긴 채
끝났다. 전쟁 직후 한미 상호방위조약이 체결되었다.

1954
이승만의 영구 집권을 가능하게 한 두 번째 헌법 개정이 이루어졌다. 대통령 후보로
출마하였던 조봉암이 간첩죄 누명을 쓰고 처형되었다.

1958
북한에서 농업과 개인 상공업의 협동조합화가 완료되었는데, 이는 사회주의
경제체제의 등장을 의미하였다.

XII 민주공화국의 수립과 분단

1945년 8월 15일 한국은 참혹하였던 노예 상태에서 벗어났으며, 이로부터 3년 뒤 민주공화제 국가로 완전 독립을 달성하였다.

그러나 독립은 누구도 예상하지 못한 분단을 동반하였다. 38선이 민족을 둘로 갈라놓음으로써 남과 북에 서로 다른 체제가

성립되었다. 서로를 용납할 수 없었던 두 체제는 3년간 치열한 전쟁을 치렀고, 그 결과 남북 분단은 더욱 공고해졌다.

실로 1300년 만의 분단이었다.

경의선 복원 해방과 함께 찾아온 분단은 남북을 연결하던 철도의 분단을 의미하였다. 사진은 2007년 남북이 화해와 협력을 바탕으로 철도를 연결하고 열차를 시범 운행할 때 모습이다.

냉전 속의 열전

제2차 세계대전 후 미국과 소련은 초강대국이 되었다. 세계는 미국과 소련을 중심으로 자본주의권과 공산주의권으로 양분되었고, 두 세력은 세계 곳곳에서 대립하였다.

냉전의 선은 지구를 이등분하였다. 동서 유럽을 가르는 냉전의 날카로운 선은 베트남을 북위 17도에서 분할하였고, 타이완해협을 지나 한반도를 38도를 기준으로 남북으로 나누었다.

또한 냉전은 동아시아의 정세를 변화시켰다. 중국에서는 국공 내전이 일어나 대륙에 공산주의 체제인 중화인민공화국이 수립되었고, 국민당 정부는 타이완으로 쫓겨갔다. 한편, 일본은 미국의 통제 아래 동아시아 반공의 중심지 역할을 담당하였다.

한국인의 운명에도 큰 영향을 미쳤던 냉전은 한민족을 분열시키는 원심력으로 작용함으로써 남북 분단의 가장 강력한 현실적인 조건이었다. 한반도는 공산주의권과 자본주의권이 직접 충돌하는 양 진영의 전초기지이자 세계적 냉전 체제의 가장 민감한 지역이 되었다.

냉전과 아시아

한국을 포함한 아시아인들에게 냉전은 냉전으로만 끝나지 않았다. 오랜 세월 통일을 유지하였던 국가가 분단되어 전쟁을 겪으면서 수많은 사람이 고통받거나 희생되었다.

■ 1958년 소련과 그 동맹국
■ 1958년 미국과 그 동맹국

일본 자위대

소련

몽골

1948 조선민주주의 인민공화국 수립

북한

일본
1945 미국이 점령
1951 주권 회복
1951 미·일안전보장조약 체결
1954 군사 조직인 자위대 창설

남한
1948 대한민국 정부 수립
1950~1953 한국전쟁

한국전쟁

중국
1949 중화인민공화국 성립
    중화민국 정부 타이완으로 이동

중화인민공화국 수립

1953~1974 내전

필리핀
1951 미국·필리핀 상호방위조약 체결
1968 이후 공산주의 폭동
1972~1978 내전

동파키스탄

미얀마

라오스

북베트남

1945 베트남 민주공화국 수립
1954 남북 베트남으로 분단
1965~1975 베트남전쟁

타이

캄보디아

남베트남

1972~1974 공산주의 크메르루즈와
        비공산파의 내전

말레이시아
1948~1960 화교 주도의 공산주의 봉기

베트남전쟁

1
해방, 건국 운동이 불붙다

건국 준비

1945년 8월 15일, 일본은 연합군에 무조건 항복하였다. 전쟁 종식과 일본 패망은 한국인들에게 독립을 의미하였다. 제2차 세계대전이 한창이던 1943년 미국·영국·중국 대표가 만나 전쟁이 끝나면 "적절한 과정을 거쳐" 한국을 독립시킨다고 약속하였기 때문이다(카이로 선언, 1943).

한국인들은 감격의 눈물로 해방을 맞이하였다. 집 안 깊숙이 감추어두었던 태극기가 거리를 뒤덮었고, "독립 만세" 함성이 천지를 뒤흔들었다.

해방을 맞은 한국인들은 의욕적으로 건국 준비에 나섰다. 가장 먼저 건국 준비를 자처한 이는 건국동맹을 조직하여 민족의 독립을 준비해온 여운형이었다. 그는 조선총독부로부터 행정권 일부를 넘겨받고 조선건국준비위원회(약칭 '건준')를 결성하였다. 건준은 친일파를 제외한 국내 민족운동가들이 대거 참여하였으며, 전국 각지에 145개의 지부를 설치했다.

해방에 환호하는 한국인들
1945년 8월 15일 일제가 항복을 선언하고, 이튿날 전국 형무소와 경찰서에 갇혀 있던 2만여 명이 석방되자 해방의 기쁨이 방방곡곡에 넘쳐흘렀다.

건준은 '자주독립 국가 건설'과 '민주주의 정권 수립'을 목표로 활동하였으며, 1945년 9월 6일 조선인민공화국을 선포하였다. 각 지역의 지부들은 인민위원회로 개편되었다. 미군이 오기 이틀 전이었다.

미국과 소련의 분할 점령

1941년까지 일제에 맞서 싸운 것은 중국과 한국의 민족운동 세력이었다. 1941년 이후에는 미국이 대일 전선의 주역이 되어 연합군 진영을 이끌었고, 1945년에는 소련군이 참전하였다. 전쟁이 끝난 뒤 미·중·소 3자의 힘 관계가 새로운 질서를 만들어낼 터였다.

그중 미국의 영향력이 가장 컸다. 미국은 한국을 일정 기간 신탁통치하고자 하였다. 미국에 우호적인 정부를 세우기 위해서였다. 소련 또한 서둘러 진군하여 소련에 우호적인 정부를 수립하려고 하였으며, 차선책으로 신탁통치를 염두에 두었다. 즉각 독립을 희망하였던 한국인들의 의사는 고려되지 않았다.

미국과 소련은 일본군 무장해제를 구실로 북위 38도선 이남과 이북을 분할 점령하였다. 남측에서는 미군정이 실시되었고 북측도 비슷하였다. 건준이 세운 인민공화국뿐만 아니라 나라 밖에서 수십 년간 독립 투쟁에 헌신하였던 대한민국 임시정부도 미국과 소련 모두에게 인정받지 못

성조기가 걸린 조선총독부
일장기 대신 성조기가 게양되었다. 소련과의 합의에 따라 북위 38도선 이남을 점령한 미군은 새로운 국가가 건설될 때까지 통치권을 갖게 되었다. 성조기는 냉전 구도 속에 즉시 독립을 이루지 못한 한국의 운명을 상징적으로 보여준다.

마을과 길을 가로지르는 38도선
지도 위에 그어진 38선은 한국인의 생활공간, 즉 마을과 길, 농토를 가로질러 한반도를 이등분하는 장벽이 되었다.

하였다.

　미국과 소련은 자신에게 유리한 분위기를 만들어줄 한국인 조력자를 구하였다. 국내 정세가 자신에게 유리할 것으로 판단한 소련은 아래로부터 조직된 인민위원회를 수용하였다. 반면 미국은 좀더 쉽게 한국을 통치하기 위해 일제하의 총독부 관리나 경찰을 대거 등용하였다.

좌우 대립으로 통일 정부 수립은 어려워지고

해방과 함께 해외에서 활동하였던 독립투사들이 속속 귀국하였다. 미국과 중국에서 활동하였던 이승만과 김구 등은 남측의 서울에, 소련과 중국에서 활동하던 김일성과 김두봉 등은 북측의 평양에 자리잡았다. 남과 북에서 정당과 사회단체 들이 조직되었다.

　그러나 미국식 민주주의에서 소련식 사회주의, 무정부주의에 이르기까지 이들이 지향하는 국가 형태는 다양하였다. 또한 단일한 결사를 통해 독립 투쟁을 벌인 경험도 없었다.

좌우 대립의 본격화
모스크바 3상회의 결과를 놓고 신탁통치 절대 반대를 주장한 우파(왼쪽)와 한국인 임시정부 수립을 내건 좌파(오른쪽)가 정면으로 대립하였다. 38선 이남에서 좌우 대립이 본격화되면서 통일정부를 수립하려는 노력은 난관에 부딪혔다.

1945년 12월, 미국·영국·소련의 외무장관이 모스크바에서 회의를 열어 한국의 독립 문제를 논의하였다. 미국과 소련이 공동위원회를 구성하여 한국인 임시정부를 탄생시키고, 미·영·중·소 4개국과 한국인 임시정부가 신탁통치 문제를 논의하자는 결론이 내려졌다.

모스크바 3상회의 결정을 놓고 한국인들은 좌우로 분열되었다. 민족주의자를 자처한 우파에서는 신탁통치 반대 운동을 벌였다. 사회주의자가 중심이 된 좌파는 모스크바 합의를 수용하는 것이 조속한 독립에 유리하다고 판단하였다. 우파는 "좌파가 소련에 나라를 팔아먹는다"고 비난하였으며, 좌파는 "38도선을 철폐하고 남북의 조속한 정치·경제 통합을 이루는 것이 먼저"라며 이에 맞섰다.

반탁 운동에 친일 성향의 보수 단체들이 결합하고, 좌파가 친일 세력 청산과 전면적인 토지개혁을 강조하면서 양측은 팽팽히 맞섰다. 통일된 주권 국가를 수립하는 데 커다란 장애가 나타난 것이다.

김일성(1912~1994)

안재홍(1891~1965)

이승만(1875~1965)

박헌영(1900~1955)

여운형(1886~1947)

김구(1876~1949)

새 국가 건설 방향을 둘러싼 좌우 대립
38선 이북에는 좌파를 지원하는 소련군이 진주하였고, 이남에는 우파를 지원하는 미군이 진주하였다. 한국인들은 좌파와 우파로 나뉘어 새 국가 건설 방향을 둘러싸고 대립하였다. 김일성이 북한의 첫 수상이 되었고, 이승만이 남한의 첫 대통령이 되었다. 중도파로 분류된 안재홍과 여운형은 좌우 합작을 추진하였으나 분단을 막지 못하였다. 통일정부 수립을 주장한 김구는 남한 정부에 참가하지 않았고, 남한 출신으로 국내에서 사회주의 운동을 이끌었던 박헌영은 북한의 부수상이 되었다.

2

대한민국 정부가 세워지다

분단의 시작

전쟁이 끝나고 일본인들이 물러났다. 그러나 한국인들의 살림살이는 좀처럼 나아지지 않았다. 일본인에 의해 일본 경제의 일부로 건설된 산업 시설은 기술 인력이 떠난 데다 원료 공급과 판로가 끊기면서 50%가량 조업이 중단되었다. 중공업의 79%를 차지한 북측과 경공업의 70%를 차지한 남측 모두 심각한 산업 불균형으로 어려웠다.

사회 안정은 조속한 국가 건설과 철저한 개혁이 있을 때 이루어진다. 그러나 자신들에게 유리한 정부를 고집하였던 미국과 소련은 협력에 소극적이었고, 이들의 태도가 원심력으로 작용해 한국인의 분열을 확대시켰다.

북측에서는 과도정부인 임시인민위원회를 중심으로 친일파 청산과 토지개혁을 실시하였다. 노동법과 남녀평등법을 공포하고, 중요 산업 시설을 국유화하였다. 북측의 과도정부는 점차 안정을 찾았

제1차 미소 공동위원회(왼쪽)
모스크바 회의 결정에 따라 1946년 3월 서울에서 미소 공동위원회가 열렸다. 회의는 임시정부를 조직하는 방안을 둘러싸고 큰 의견 차이를 보인 끝에 성과 없이 끝났다. 사진은 1946년 3월 20일 덕수궁에서 열린 미소 공동위원회 장면이다.
좌우합작위원회(오른쪽)
제1차 미소 공동위원회가 결렬되고 이승만이 남한에 단독정부 수립을 주장하자, 여운형과 김규식 등은 좌우와 남북의 대립을 해소하고 독립국가를 세우자며 좌우합작 운동을 전개하였다. 사진은 여운형이 세상을 떠난 뒤 찍은 제2차 좌우합작위원회 모습이다.

으며, 이 같은 정책에 반대하였던 북측의 우파들이 대거 남쪽으로 이동하였다.

북측의 변화는 남측을 강하게 압박하였다. 토지개혁과 친일파 청산에 소극적이던 남북의 우파들은 공산주의 반대를 내세우며 조직적으로 단결하였다. '공산주의 반대'를 위해 남한만의 단독정부를 수립하자고 주장하기도 하였다.

1946년 가을에는 생활이 어려워진 농민과 노동자들의 투쟁이 활발하였다. 농민과 노동자들의 생존권 투쟁은 미 군정에 대한 반대 투쟁으로 이어졌다. 미 군정은 이들의 투쟁을 진압하면서 좌파 정당과 사회단체들의 활동을 통제하였다.

남북 대립과 좌우 대립이 중첩되어 분단이 우려되자, 건준을 이끌었던 여운형과 대한민국 임시정부에서 활동하였던 김규식 등 중도파가 적극 나섰다. 이들은 좌우 협력, 미소 협력을 바탕으로 통일 정부를 세우려 하였으나 성공하지 못하였다.

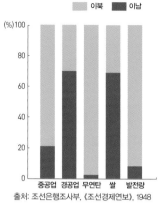

출처: 조선은행조사부, 《조선경제연보》, 1948

해방 당시 38도선 이남과 이북의 경제 구조 비교

냉전의 격화

1947년 제2차 미소 공동위원회가 열렸으나 처음부터 좋은 성과를 예측하는 이들은 적었다. 미국과 소련의 대립이 국제적으로 확산되었기 때문이다. 제2차 세계대전 때 소련이 해방시킨 동유럽에서 사회주의 국가가 등장하고 서유럽 선거에서 사회주의 계열의 정당이 약진하자, 미국은 사회주의 확산을 막는다며 서유럽 국가를 경제적으로 지원(마셜 계획)하였다. 같은 해 분할 점령되었던 독일에서 단독정부 수립이 추진되었다.

대한민국 정부 수립

4·3 사건으로 체포된 사람들
1948년 총선이 다가오자 제주도민들은 단독선거 반대 등을 주장하며 무장 봉기하였다. 경찰과 군인이 이를 진압하는 과정에서 제주도민의 1/9 가량이 희생되었다.

대한민국 정부 수립 선포식
남한에서는 1948년 5월 10일 총선거와 7월 17일 헌법 제정을 거쳐 8월 15일 대한민국 정부가 수립되었다. 북한에서는 최고인민회의 선거를 실시하여 헌법을 채택하였으며, 9월 9일 조선민주주의 인민공화국이 탄생하였다.

1947년에 냉전이 본격화되면서 미국과 소련은 세계 곳곳에서 대립하였다. 이것은 한민족의 운명에도 중대한 영향을 미쳤다.

1947년 말 미국은 한반도 문제를 유엔으로 넘겼다. 유엔총회에서는 유엔의 감시하에 총선거를 실시하기로 결의하였다. 소련은 외국군 철수 이후 총선거를 실시하자고 주장하며 이를 거부하였다. 그러자 유엔은 남측만의 단독선거를 다시 결정하였다.

분단에 대한 우려가 현실화되었다. 김구와 김규식 등은 평양을 방문하여 북한 지도자와 회담을 가졌다. 제주도에서는 단독 선거에 반대하며 무장투쟁을 벌였다. 그러나 1948년 5월 10일 38선 이남에서 한국 최초의 총선거가 실시되었고, 198명의 국회의원이 선출되었다.

의회 소집과 헌법 제정이 이루어졌고, 마침내 1948년 8월 15일 대한민국 정부가 수립되었다. 뒤이어 이북에서도 조선민주주의 인민공화국 수립이 선포되었다.

남측의 한국은 이승만을 대통령으로 하는 민주공화국으로서 자본주의 체제를 지향하였다. 북측의 조선은 김일성을 수상으로 하는 인민공화국으로서 사회주의 체제를 지향하였다.

'1,300년 만의 분단'

대한민국은 "3·1 운동으로 대한민국을 건립하여 세계에 선포한 위대한 독립 정신을 계승하여 이제 민주 독립 국가를 재건"한 것이며, "민주주의 제도를 수립하여 정치, 경제, 사회, 문화의 모든 영역에 있어서 각인의 기회를 균등히 하고 …… 안으로는 국민 생활의 균등한 향상을 기하고 밖으로는 …… 우리들과 우리들의 자손의 안전과 자유와 행복을 영원히 확보할 것을 결의"(이상 제헌헌법 전문)하였다는 점에서 가깝게는 대한민국의 임시정부의 계승이며, 멀게는 자주적인 국민국가 건설 운동의 귀결이었다.

그러나 대한민국 정부 수립은 신라의 삼국 통일 이후 실로 '1,300년 만의 분단'이라 할 비극을 동반하였다. 38선은 일본군의 무장해제를 위하여 지도 위에 그은 선에 불과하였으나, 이제는 대한민국과 북한이라는 사실상 두 국가의 국경선처럼 되었다. 한국인들이 미국과 소련이 만들어낸 원심력을 극복할 만한 구심력을 형성하지 못한 탓이었다. 이제 38선은 더 큰 민족적 비극을 불러오고야 말 터였다.

제헌국회
남측에서는 1948년 5월 10일 총선거를 실시하여 198명의 국회의원을 선출하였으며, 5월 31일에 초대 국회가 열렸다. 대한민국 최초의 국회로서 헌법을 제정하였다 해서 제헌국회라 불린다.

3

한국전쟁이 발발하다

반공 체제를 정비한 이승만 정권

> 농지는 농민에게 분배하며(86조) …… 운수, 통신, 금융, 보험, 전기, 수리, 수도, 가스 및 공공성을 가진 기업은 국영
> 또는 공영으로 한다(87조). 악질적인 반민족 행위를 처벌하는 특별법을 제정할 수 있다(111조). —제헌헌법

해방된 한국에서 이 모두는 상식처럼 여겨졌다. 정부가 수립되자 한국인들은 당연히 이의 실천을 요
구하였고, 국회는 농지개혁법과 반민족 행위자 처벌법을 제정하였다.

농지개혁과 친일 청산 활동이 본격화되면서 지주와 친일 경력자 들은 여러 형태로 저항하였다. 경
찰과 친일 관료, 지주층을 대변한 한국민주당의 도움으로 집권한 이승만 정권은 곤혹스런 처지에 빠
졌다.

이승만은 반공을 내세워 자신의 지지 기반을 지켜냈다. 공산주의와 싸워야 한다며 친일 경찰을 보

반민족 행위자 처벌 특별조사위원회
1948년 국회는 반민족 행위자 처벌법을 제정하고, 반민족 행위자 처벌
특별조사위원회, 특별검찰, 특별재판소를 구성하여 본격적으로 친일 청산
활동을 시작하였다. 사진은 재판정에 들어서는 친일 인사들의 모습이다.

호하였고, 급기야 국회의 친일 청산 활동을 가로막았다. 반민족 행위자 처벌은 흐지부지되었고, 공산주의자 또는 공산주의 지지자를 뜻하는 빨갱이로 규정된 사람들에게는 최소한의 인간적 권리조차 유보되었다.

1950년부터 유상매입 유상분배 형식으로 농지개혁이 진행되었다. 대다수 농민이 간절히 소망해온 토지 문제 해결이야말로 이승만 정권이 정당성을 얻는 데 유리하였기 때문이다. 개혁은 철저하지 못하였으며, 농민 생활도 나아지지 않았다. 그러나 수천 년간 지속되어온 지주제가 자취를 감추게 되었다는 점에서 한국인의 오랜 숙원 가운데 하나는 분명히 이루어졌다.

농지개혁
1950년 남한에서 실시한 농지개혁 조치로 약 55만 정보의 토지가 빈농에게 재분배되었다. 이 조치로 남한에서 지주계급이 소멸되었다.

전쟁으로 치달은 남과 북

이승만 정권이 아무리 애써도 38도선 이남의 분단 정부임을 부정할 수는 없었다. 그것은 북한도 마찬가지였다. 서로는 상대의 소멸을 통해서만 완전한 정통성을 얻을 수밖에 없었으므로 분단이 전쟁으로 이어지기는 너무 쉬웠다.

북한 정권은 전쟁을 통한 통일 전략을 세우고 1949년부터 전쟁을 준비하였다. 중국에서 공산당이 승리하고, 남한에서 미군이 철수한 것도 자신

소련을 방문한 김일성
1950년 4월과 5월, 김일성은 소련과 중국을 차례로 방문하여 스탈린과 마오쩌둥으로부터 전쟁에 대한 동의와 지원을 약속받았다.

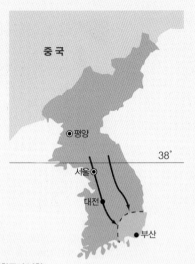

❶ 북한군의 남침

1950년 6월 25일 북한군은 전면 남침을 개시하여 3일 만에 서울을
점령하고 3개월 만에 대구, 부산 등 경상도 일부를 제외한 전 지역을
점령하였다.

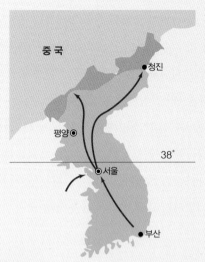

❷ 유엔군의 참전

미국 주도로 유엔 안전보장이사회가 소집되어 유엔군의 참전이
결정되었다. 유엔군은 1950년 9월 15일 인천 상륙작전에 성공하고 9월
28일 서울로 들어왔으며, 38선을 넘어 10월 13일 평양을 점령하였다.
10월 말 압록강까지 진격하였다.

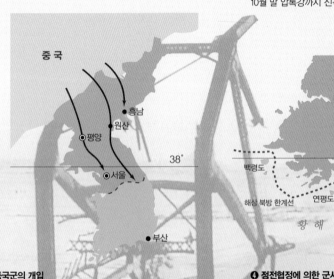

❸ 중국군의 개입

유엔군의 북진에 위협을 느낀 중국군이 1950년 10월 25일 전쟁에
개입하면서 전세가 역전되었다. 유엔군은 다시 서울에서
후퇴하였다가 1951년 초 38선 부근까지 북진하였다.

❹ 정전협정에 의한 군사 경계선

1953년 7월 27일 정전협정 체결로 전쟁이 끝나면서 당시 전선을 군사
경계선으로 설정하였다. 남북 각 군대는 군사 경계선으로부터 2km
후퇴하고 그 사이에 완충지대로서 비무장지대를 두었다.

➡ 북한군 · 중국군 진로
➡ 유엔군 진로
▇ 북한군 점령지
▇ 유엔군 점령지

한국전쟁, 지울 수 없는 상처로

한국의 분단은 세 차례에 걸쳐 진행되었다. 1945년 38선 남북에 미국과 소련군이
진주하면서 그어진 경계선이 1948년 분단 정부 수립으로 사실상 국경선이 되더니
한국전쟁을 거치며 국제적 분단선이 되었다. 3년여 동안 동족상잔의 비극은
이후 남북한 대결 의식의 원천이자 남북한 비민주적 정치 상황의 원인이 되었다.

들에게 유리한 정세라 해석하였다.

　북한 최고 지도부는 소련과 중국을 방문하여 스탈린과 마오쩌둥에게 전쟁 협조를 요청하였고, 중국에서 활동하던 한국인 군대를 귀국시켜 전력을 강화하였다.

　1950년 봄, 남북 대결이 심각하였다. 북한은 '국토 완정'을 내세우며 전쟁을 준비하였다. 남한은 반공 정책을 강화하면서 '북진 통일'을 주장하였다. 비난과 적대 의식으로 가득 찬 선전물이 상대 진영에 대량 살포되었다. 38선 부근에서는 남북간의 크고 작은 무력 충돌이 여러 차례 있었다.

마침내 전쟁은 일어나고

1950년 6월 25일, 북한군은 38선 전역에서 남침하였다. 전쟁 개시 3일 만에 남한의 수도 서울이 함락되었다. 북한군은 전쟁 시작 3개월 만에 한반도 동남부까지 밀고 내려갔다. 북한의 무력 통일 전략은 성공하는 듯이 보였다.

　미국은 개전과 동시에 공산주의자들의 침략에 맞서 자유민주주의를 지킨다는 명분을 앞세워 적극 개입하였다. 유엔은 북한의 침략을 규탄하고 군대 파견을 결정하였다. 미국을 중심으로 16개국이 유엔군을 구성하여 한국에 파견하였다. 남북 사이의 전쟁이 국제전으로 확대된 것이다.

　9월 15일, 유엔군은 한반도 중부 인천에서 기습적인 상륙작전을 펼쳤다. 전세가 일시에 뒤바뀌자, 북한군은 후퇴조차 제대로 할 수 없었다. 국군과 유엔군은 38선을 넘어 진격하였으며, 겨울에는 국군이 한반도 최북단 압록강까지 진격하였다. 반격 개시 2개월 만에 유엔군이 한반도 거의 전 지역을 장악한 것이다. 북한 정권은 붕괴 위기에 처하였다.

　전쟁은 중국군의 개입으로 새로운 전환점을 맞았다. 중국은 항일 전쟁을 통해 북한을 동지이자 형제국으로 인식하였다. 또한 북한의 붕괴는 곧 중국 안보를 위협할 것으로 생각하였다.

　중국은 의용군 형식으로 한국전쟁에 참가하였다. 소련은 공식적으로 참전하지 않았으나 북한과 중국을 지원하였다. 이제 한국전쟁은 국제적인 냉전을 상징하는 전쟁이 되었다.

중국의 참전으로 전세는 역전되었고, 1951년 초 서울은 중국-북한 연합군에 점령되었다. 이후 국군-유엔군의 반격으로 전선은 다시 38선 부근으로 이동하였다. 전쟁이 시작된 지 1년 만에 한반도 최남단으로 이동하였다가 다시 최북단으로 이동하였던 전선이 최초의 출발선으로 돌아온 셈이었다.

3년여에 걸친 전쟁을 통해 한쪽의 일방적 승리에 의한 무력 통일은 불가능하다는 사실이 확인되었다. 1951년 소련이 휴전 협상을 제안하였고, 협상은 바로 시작되었다. 그러나 유엔군과 공산군의 극심한 적대감으로 협상은 지지부진하였고, 종전을 준비하는 동안에도 수많은 젊은이가 목숨을 잃었다.

전쟁 피해와 민간인 학살

한국전쟁은 엄청난 인명 피해를 가져왔으며 국토 전체를 폐허로 만들었다. 전쟁에서 사망한 군인은 한국군 15만, 유엔군 3만 5,000, 북한군 52만, 중국군 수십만 명 등으로 추산되었다. 부상자와 실종자도 헤아릴 수 없이 많았다.

전쟁으로 인한 민간인 피해는 더욱 컸다. 민간인 사망자는 100만 명에 달하였다. 거듭되는 공중 폭격에 수많은 민간인이 희생되었다. 국가권력에 의한 민간인 학살도 적지 않았다. 전쟁 초 후퇴하던 남측은 좌익 성향의 사람들을 대량 학살하였다. 뒤이어 남한 지역을 점령한 북측은 점령 정책을 실시하면서 많은 사람을 처형하였다. 전선이 북쪽으로 이동하자 반대되는 현상이 나타났다.

민간인 학살은 민간인에 의해서도 자행되었다. 전선이 남북으로 이동하면서, 또 낮과 밤 사이 점령자가 좌우익으로 바뀌면서 서로 상대편이라고 생각되는 사람들을 학살하는 일도 있었다. 경제적 피해 또한 엄청났다.

공장 시설의 50.5%를 포함하여 당시 국민총생산의 1.7배에 달하는 4123억 원의 손실이 발생함으로써 남북 모두 폐허가 되다시피 하였다.

총성은 멎었으나……

1953년 7월 27일 미국과 북한, 중국 사이에 정전협정이 조인되었다. 총성은 멎었으나 전쟁이 완전히 끝난 것은 아니었다. 정전협정이 평화협정으로 이어지지 못하였기 때문이다.

한국의 평화 체제 수립을 목표로 휴전 후 3개월 내에 갖기로 하였던 고위급 정치 회담은 열리지 않았다. 전쟁 당사자들이 두루 참가하였던 제네바 정치 회담(1954)도 "유엔 감시하의 남북 자유 선거"를 주장한 남측과 "외국군 철수 후 총선 실시"를 주장한 북측의 의견 충돌로 성과 없이 끝났다.

1954년 이후 새로운 협상은 없었다. 그로부터 지금까지, 한국과 주한 미군은 여전히 북한과 대치하고 있다. 38선 대신 만들어진 휴전선이 긴장 속에 유지되고 있는 것이다.

한국전쟁으로 폐허가 된 서울(위)과 평양(아래)

정전협정 체결
1951년 6월 23일 소련의 제안으로 7월 10일부터 개성에서 휴전회담이 열렸다. 군사 경계선 설정, 휴전 감시기관 설치, 포로 교환 등의 문제로 휴전회담이 장기화되었다가, 1953년 7월 27일 조인된 정전협정 문서에 북한·중국·유엔군 사령관이 서명하였다. 한국은 휴전을 반대하여 서명하지 않았다.

DMZ,
38선에서 경의선 복원까지

한반도의 허리를 가로지르는 곳에 비무장지대(demilitarized zone)가 있다. 비무장지대는 휴전선으로부터 남북으로 각각 2km 지점에 있는 남북방 한계선 내부를 말한다. 남북 군대가 마주한 이곳은 비무장지대라는 이름에 걸맞지 않게 실제로는 가장 군사화된 지역이다.

　1945년 일제가 항복하자 미군과 소련군이 북위 38도선을 경계로 각각 주둔하였다. 38선은 한국전쟁후 1953년 정전협정에 따라 휴전선으로 대치되었다. 휴전선은 한반도 서쪽의 예성강과 한강 어귀에서부터 개성 남쪽의 판문점을 지나 중부의 철원·금화를 거쳐 동해안 고성에까지 이르는 248km의 길이

공동경비구역
휴전선을 통과하는 지역에 남북이 공동으로 관리하면서 필요한 일을 하기 위해 만든 장소이다. 이곳에서 군사 정전 회담과 남북회담 등이 열린다. 세계에서 유일한 분단국가임을 확연하게 보여준다.

로, 한반도를 남과 북으로 나누고 있다.

비무장지대에는 남한의 대성동 자유의 마을, 북한의 평화촌 민간인 거주 지역이 있으며, 원시림 속에 온갖 희귀 동식물이 서식하고 있다. 그리고 남북한 군이 설치한 감시초소(GP)와 관측소(OP) 등 군사시설이 있다. 한국인들에게 휴전선은 현실적인 민족 분단선이다. 하지만 1990년대 이후 한국에 평화 통일의 기운이 높아지면서 휴전선이 조금씩 허물어지고 있다.

휴전선을 뚫고 도로가 연결되어 육로를 통한 금강산 관광이 가능해졌으며, 경의선 철도가 복원되었다. 분단의 장벽인 휴전선의 철조망이 걷히는 날, 한민족이 손꼽아 기다리는 통일의 그날이 될 것이다.

❶ 대학생의 통일운동
1989년 평양에서 열린 '제13차 세계청년학생 축전'에 남한의 전국대학생대표자협의회 대표 자격으로 참가한 임수경이 8월 15일 천주교 정의구현사제단의 문규현 신부와 함께 판문점을 거쳐 남쪽으로 귀환하였다.
❷ 기업가의 소 떼 방북
1998년 남한의 대표적인 기업인 가운데 한 사람인 정주영이 트럭에 소를 가득 싣고 휴전선 이북의 고향을 찾았다.
❸ 남북 철도 시험 운행
2007년 5월 17일, 경의선과 동해선 철도가 복원되어 시험 운행 열차가 반세기 만에 휴전선을 통과하였다.
❹ 걸어서 휴전선을 넘는 대통령
2007년 10월 2일 오전 9시경, 남한의 노무현 대통령은 평양에서 열린 남북 정상회담에 참석하기 위하여 걸어서 휴전선을 넘었다.

4

두 개의 국가로 나뉘다

분단 체제의 형성

휴전 직후 한국과 미국은 상호방위조약을 체결하였다. 1951년 미·일 동맹이 체결되었으니, 사실상 한·미·일 동맹 체제가 등장한 것이다. 북한과 중국, 소련의 동맹도 공고하였다. 전쟁은 끝났으나 한반도에서는 남한 - 미국 - 일본의 남방 동맹과 북한 – 중국 – 소련의 북방 동맹이 여전히 대립하였다.

중첩된 냉전 체제는 남북한에 독재 체제를 만들어냈다. 반공을 내세운 남한은 북한 정권을 공산주의의 괴뢰로, 반미를 내세운 북한은 남한 정권을 미제의 앞잡이로 규정하였다. 또한 각기 '북진 통일'과 '남조선 해방'이란 구호를 내걸고 온 국민의 단결을 촉구하였다.

정권에 대한 저항은 어려웠다. 남한에서는 이승만이 경찰과 깡패를 동원하여 독재정치를 연장하였으며, 평화 통일을 주장하였다는 이유로 대표적인 야당 지도자에게 간첩죄를 씌워 처형하였다. 북한에서는 김일성 일파가 권력을 독점하였다. 그들은 먼저 국내파 공산주의자를 제거하였으며, 1956년에는 김일성 직계가 완전히 권력을 독점하였다.

진보당 사건 재판 광경
진보당 대통령 후보였던 조봉암이 법정에 선 모습이다. 대한민국 정부 초대 농림부 장관을 지낸 조봉암이 이승만 대통령에 맞서 대통령 선거에 출마하여 정부 정책을 비판하고 통일 정책에 대한 입장을 달리하자 간첩죄로 사형을 선고한 뒤 곧바로 처형하였다.

한국전쟁이 끝난 1953년은 한국 현대사의 0년(零年)이었다. 남북의 분단이 중국과 일본, 미국과 소련이란 3차원의 분단으로 중첩되었다는 점에서, 또 남북의 두 정권이 서로 적대적으로 의존하면서 독재 체제를 형성하였다는 점에서 그러하였다.

사회주의 체제를 확립한 북한

한국전쟁으로 북한의 생산 기반은 크게 파괴되었다. 정부의 계획하에서 파괴된 시설이 복구되고 새로운 생산 기반이 확충되었다. 이 과정에서 사회주의 체제가 확립되었다.

1954년부터 인민 경제 복구 발전 3개년 계획이 추진되었다. 이 계획은 피폐한 살림을 개선하기 위해 농업과 소비재공업을 발전시키되, 한정된 자원을 중공업에 우선 투자한다는 원칙하에 진행되었다. 사회주의 국가들의 경제원조는 주로 중공업에 투자되었다.

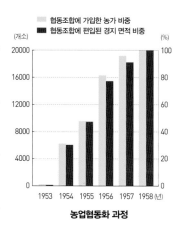

농업협동화 과정

1957년부터 추진한 제1차 5개년 계획(1957~1960)은 사회주의 체제의 수립과 동반하여 진행되었다. 1958년까지 모든 농촌이 협동조합으로 재편되었으며, 상공업의 협동화도 완성되었다. 소련과 관계가 악화되고 외국 원조가 급격히 줄어들면서 경제 자립노선이 강조되고 천리마운동 같은 노력 경쟁 운동이 등장하였다.

협동농장
북한은 전쟁 피해를 복구하면서 사회주의 경제 노선을 뚜렷이 하였다. 농업에서는 사회주의적인 협동농장을 추진하여 1950년대 말 대부분의 농업이 협동농장 체제로 재편되었다.

두 차례의 경제계획이 끝난 1961년, 평양에서 조선노동당 제4차 당대회가 열렸다. 북한은 공산권 대표를 초청하고 사회주의 기초 건설이 완수되었음을 선언하였다.

시장경제 체제를 강화한 남한

이승만 정권은 1954년 11월 헌법 개정을 추진하여 공공기업의 국유 원칙을 대폭 수정하였다. 뒤이어 일제가 남기고 간 귀속재산을 민간 기업에 매각하였다. 귀속재산을 싼값에 사들인 기업은 재벌이라 불리는 대규모 기업 집단으로 성장하였다.

　남한의 자본주의화는 미국의 경제원조로 한층 가속화되었다. 미국은 한국을 반공 기지로 강화하기 위해 지속적인 원조를 제공하였다. 그 액수는 국내 총투자의 약 50%(1954~1961), 정부 세입의 40% 이상(1957~1960)에 이르렀다.

　미국의 경제원조는 남한의 식량난을 해소하고 국가 재정, 특히 국방비 조달에 많은 도움을 주었다. 밀, 면화, 설탕 등 공업 원료의 제공은 소비재

기술 원조
38
(1.2%)

기타
147
(4.7%)

시설재
703
(22.4%)

최종소비재
606
(19.3%)

계
3138
(100%)

공업원료용 농산물
526
(16.8%)

연료 및 비료
812
(25.9%)

기타
원자재
306
(9.7%)

(단위: 100만 달러)

출처: 정일용, 《한국경제론》, 1987

원조 물자 구성

부산항에서 하역되는 미국 원조 물자
미국은 1948년 한미 원조협정을 체결하여 한국에 원조를 제공하였다. 특히 1955년 한미 잉여농산물협정이 체결됨으로써 1956~1961년까지 약 2억 300만 달러어치의 미국 잉여생산물이 한국에 유입되었다.

공업의 발전에 기여하였으나, 농업의 장기 침체와 경제의 대외 의존을 불러왔다.

전쟁 후 북한에서는 사회적 소유와 계획경제를 중시하는 사회주의 체제가 확립되었으며, 남한에서는 자유로운 시장 활동과 사기업 활동을 중시하는 자본주의 경제체제가 정착되었다. 이제 하나의 민족은 두 국민으로 나누어졌다.

경쟁하는 남과 북의 독재 체제

한국전쟁 후 10년 동안 남북한은 서로 적대하며 경쟁하였다. 곧 역전되었지만 초기에는 대중 동원으로 사회주의 건설에 매진한 북한이 원조경제에 기초한 남한을 앞질러 나갔다. 경쟁이 가속화될수록 남북한 사회의 이질성이 심화되었다.

남북한의 대립은 첨예한 군사적 대결과 노골적인 적대감의 표현에도 불구하고 상대적인 안정성을 유지하였다. 분단과 대결은 냉전이라는 국제 질서의 일부로 존재하였고, 남북의 권력자들은 상대에 대한 무력 통일을 내세우며 자국민들을 통합해나갔다. 한반도는 언제 폭발할지 모르는 긴장감 속에서 불안한 평화가 유지되었다.

남북한의 경쟁은 서로 닮은점이 있었다. 두 경쟁자는 민족주의를 반민족적 국가 전략에 동원하였다. 적대적 통일론, 독재 체제, 경제개발, 국민 동원 체제 등은 민족통일이라는 구호 아래 앞서거니 뒤서거니 하면서 모방적으로 동원되었다. 마치 적의 존재는 나의 정당성을 보장해주는 일차적인 조건처럼 보였다.

1950년대 남북한은 안보 국가의 모습을 지녔다. 남북의 정통성 경쟁은 국가 지상주의로 내달았으며, 민주와 자유를 표방하면서도 자율성과 다원주의, 국제주의와 보편적인 사고 체계는 망각되었다. 남북한 모두 독재 체제에서 고통을 당하였다. 민주주의라는 구호에 걸맞은 내용을 채우는 일은 이후 한민족의 중요한 과제로 제기될 터였다.

남북 문화의
이질성과 동질성

한국인들은 신라의 삼국 통일, 고려의 재통일을 계기로 단일 국가를 형성하였다. 그러나 분단과 전쟁으로 인해 남북한 사이에 문화적 차이와 이질감이 형성되었다.

남북 간의 이질감은 정치·경제적 측면에서 더욱 두드러진다. 북한의 사회주의적인 권력 집중 체제와 남한의 자유민주주의 체제는 사회 생활의 차이를 낳았다. 또한 북한의 사회주의적 계획경제와 남한의 자본주의의 시장경제는 경제 생활에서도 대조를 보였다.

북한의 문화는 주민 생활에 깊이 관여하고 통제하는 사회 체제로 인해 남한에 비해 단조롭고 간결한 편이다. 국가 주도의 동원 문화와 집체 문화가 발달한 점이 이를 잘 보여준다. 또한 북한의 주체 의식은 한글과 세시풍속 등 전통문화를 보존하고 새롭게 재창조하였다.

남한의 문화는 미국을 비롯한 서구의 영향을 많이 받았다. 전쟁을 통해 서구 문화가 무분별하게 유입되고 산업화·도시화 과정에서 전통문화는 설 자리를 잃어갔다. 이에 위기의식을 느낀 많은 사람들이 옛것을 지키려는 노력을 기울였다. 그 결과 서구 문화와 한국 전통을 결합한 새로운 문화가 창조되고 있다.

남북한 문화의 외형적인 이질성은 정치체제의 차이만큼이나 매우 크다. 그러나 이러한 이질성에도 불구하고 남북한은 수천 년 동안 발전시켜온 동일 문화의 기반을 유지하고 있다. 한국인들은 동일한 언어를 사용하며 설과 추석 같은 고유 명절을 지내며, 유교와 불교를 바탕으로 한 정신세계를 공유한다. 무엇보다도 한국인들 스스로 남과 북은 동일한 민족이며 동일한 민족문화를 향유하고 있다는 동질 의식을 가지고 있다.

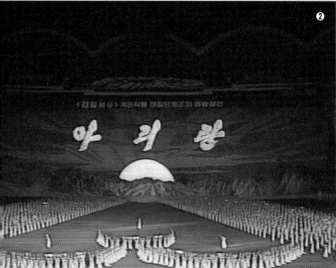

❶ 비보이 댄스를 즐기는 남한 청소년들
뉴욕에서 형성된 힙합 문화를 가리키는 비보이 댄스는 한국 청소년
사이에 폭발적 인기를 끌었다. 한국 비보이 팀이 2006년 세계 유수의
비보이 배틀을 석권하였으며, 2008년 베이징 올림픽 전야제에 단독
초청되어 공연을 펼쳤다.

❷ 북한의 예술 공연 '아리랑'
북한에서는 대규모 인원이 벌이는 집단 체조나 경기장을 가득 메운
관중이 대거 참여한 카드섹션이 자주 열린다. 사진은 10만여 명이 참가한
〈아리랑〉 공연이다.

❸ 북한의 평양 시가지
❹ 남한의 종로 시가지

1960 ~ 2010

1960
4·19 혁명으로 이승만 독재 정권이 붕괴되고 제2공화국이 들어섰다.

1961
박정희를 중심으로 한 군인들이 5·16 군사 쿠데타를 일으켜 권력을
장악하였다.

1962
제1차 경제개발 5개년 계획이 실시됨으로써 정부 주도의 산업화가
본격적으로 시작되었다.

1971
미국과 중국의 적대 관계 완화, 중국의 국제연합(UN) 가입

1972
남과 북에서 통치자의 절대 권력을 보장하는 새로운 헌법이 탄생하였다.

1980
군부 쿠데타에 거세게 반대하며 광주에서 5·18 민주화 운동이 폭발하였다.
이듬해 군부가 주도하는 제5공화국이 출범하였다.

1987
대통령 직선제와 민주 개혁을 요구하는 6월 민주항쟁이 일어나 군부의 권위주의
체제를 무너뜨렸고, 노동운동이 활발해져 많은 민주노조가 등장하였다.

1988
제24회 올림픽 경기대회가 한국에서 개최되었다. 160개국 1만 3304명의
선수·임원단이 참가하였다.

1989
독일 통일에 이어 동유럽 사회주의권 몰락, 1991년 소련 해체

1997
한국이 외환 위기로 인해 심각한 경제난을 맞았다. 이해 처음으로 여당에서
야당으로 평화적인 정권 교체가 이루어졌다.

2000
분단 이후 처음으로 남북한 최고 지도자가 평양에서 회담을 가졌으며,
2007년에는 제2차 정상회담이 열렸다.

XIII 변화하는 한반도, 역동적인 대한민국

제24회 올림픽 경기대회가 1988년 9월 17일부터 10월 2일까지 서울을 비롯한 한국의 주요 도시에서 열렸다. 한국은
아시아에서는 두 번째, 세계에서는 열여섯 번째로 올림픽 경기대회 개최국이 되었다. 160개국에서 1만 3304명의 선수·임원단이
참가한 이 대회를 거치며 한국은 비약적인 경제발전과 민주화를 이룩하면서 역동적으로 변화하는 모습을 세계에 널리 알렸다.
2010년 5월 서울 명동 활기찬 사람들로 가득한 도심 한복판에서 역동적인 대한민국의 변화와 발전을 확인할 수 있다.

1980년대 피플 파워와
6월 민주항쟁

1980년대 후반 세계 곳곳에서 민중의 힘(people's power)이 분출되었다. 산업화와 도시화로 형성된 대중사회의 시민들은 반인권적, 반사회적인 독재 체제에 거세게 항거하였다.

민중의 힘은 아시아에서 성공을 거두었는데, 특히 오랫동안 독재 정권에 저항하며 민주화 대장정을 계속해오던 필리핀과 한국에서 그 힘이 폭발하였다.

1986년 2월, 필리핀 민중은 21년간 장기 집권해온 마르코스 정권을 무너뜨렸다. 이듬해 6월 한국의 민중은 독재정권을 붕괴시켰다. 1992년 타이 '방콕의 5월 투쟁'은 군부 쿠데타에 정면으로 맞서 민주주의를 지켜냈다.

민중의 힘은 동유럽에서도 위력을 발휘하였다. 동독, 폴란드, 헝가리, 체코슬로바키아, 불가리아, 루마니아 등 동유럽 민중은 오랜 독재정권의 사슬을 끊고 민주주의 정부를 세웠다.

1987년 6월 민주항쟁은 한국 역사에서 커다란 전환점이 되었다. 한국인들은 비록 독립국가 건설에 대한 바람이 분단과 전쟁으로 이어지는 속에서도 경제개발을 통해 빈곤에서 벗어나고자 노력하였으며, 국민이 나라의 주인인 진정한 민주공화국에 대한 꿈을 포기하지 않았다. 따라서 6월 민주항쟁은 경제성장의 성과 위에서 이루어진 반독재 투쟁의 승리로, 분단을 극복하고 다 같이 잘사는 나라를 건설하기 위한 또 다른 출발점이었다.

88운동(1988)

아시아 전역이 민주화 열기로 뒤덮인 1988년 8월 8일, 시민과 학생, 승려 들이 중심이 된 대규모 민중 항쟁이 일어났다. 그러나 1964년 이후 군부를 중심으로 한 일당독재에 맞섰던 이 투쟁은 성공하지 못하였다. 유혈 진압에 나섰던 군부가 집권한 지 2년 뒤에 치러진 총선에서 다시 민주 진영이 압도적으로 승리하자, 군부가 이 결과를 무효화하고 강압통치를 이어갔다. 이로부터 30년 후에야 민주화를 이룩할 수 있었지만, 2021년 다시 군부가 유혈 쿠데타를 일으켜 정권을 잡았다.

1986
필리핀 2월 혁명, 타이완 반정부 야당 결성

1987
한국 6월 민주항쟁, 타이완 계엄령 해제

1988
미얀마 88운동, 파키스탄 민간 정부 수립

1989
중국 대규모 자유화 운동, 톈안먼 사건

1990
몽골 민주화 본격화

1992
타이 5월 투쟁으로 군부 정권 퇴진

6월 민주항쟁(1987)

텐안먼 사건(1989)
베이징의 대학생을 중심으로 부패 청산과
민주개혁을 요구하는 시위가 두 달가량
계속되었다. 최대 100만 여 명의 학생과
지식인들이 시위에 참가하였는데, 1989년 6월
중국 정부는 이들의 시위를 강제로 진압하였다.

한국

중국

타이완의 민주화(1986~)
필리핀과 한국의 민주화 운동은 국민당
일당독재가 장기간 계속되어온 타이완에
큰 영향을 미쳤다. 필리핀의 2월 혁명과
한국의 6월 민주항쟁의 영향으로 야당이
결성되었고 40년간 지속된 계엄령이
해제되었다. 이후 정당 결성이 합법화되고,
총통 직선제가 도입되었다.

타이완

5월 투쟁(1992)
1992년 3월부터 방콕 등 대도시를 중심으로
군부에 반대하는 시위가 벌어졌다. 5월에 군부가
시위대를 향해 발포하자 유혈사태가 일어났는데,
이를 계기로 시민들의 요구가 받아들여졌다.
9월에 실시된 총선에서는 군부의 정치 개입을
합법화한 법령이 폐지되었다.

필리핀

2월 혁명(1986)
1965년 대통령이 된
마르코스는 계엄령을 선포해
군대를 정치에 끌어들인
뒤 헌법을 고쳐 20여 년간
집권하였다. 마르코스가
1986년에 부정선거를 통해
집권 연장을 꾀하자 민주
진영은 '독재 타도' 아래
범국민적으로 연합하여 민주
정부를 수립하였다.

미얀마

타이

1980년대 아시아의 민주화
냉전 시기 동안 아시아에서는 반공과 경제발전을 내세운
독재 체제가 이어졌다. 그러다가 냉전이 완화되자 아시아의
독재 정권은 더 이상 정통성을 찾기가 어려워졌으며, 학생과
노동자들이 중심이 된 민주 진영은 새롭게 성장한 도시
중간층과 결합하여 민주화 투쟁을 이끌었다. 그 결과 1980년대
후반 이후 아시아는 민주화 열기에 휩싸였다.

1
본격적인 산업화가 시작되다

4·19 혁명과 5·16 군사 쿠데타

1960년 4월, 한국은 혁명 열기로 뜨거웠다. 건국 이래 12년 동안 개헌에 개헌을 거듭하며 독재정치를 한 이승만에 대한 민중의 항의가 폭발한 것이다.

권력의 폭력 앞에 굴복한 듯 보였던 한국인들은 선거라는 형식을 빌려 저항하였다. 1956년 대통령 선거는 이승만을 위협하였다. 위기를 느낀 이승만 정권은 1960년에 부정 선거로 다시 권력을 잡으려 하였다. 1960년 4월, 학생과 시민들은 부정 선거 무효, 이승만 퇴진을 요구하며 시위를 벌였다. 시위가 확대되어 전국을 뒤흔들었고, 이승만 독재 정권이 무너졌다(4·19 혁명).

이후 민주적인 선거가 실시되었고, 제2공화국이 탄생하였다. 한국인들은 민주주의 실현과 경제 정의를 기대하였으며, 북한과 협상하여 평화 통일을 이루자는 운동도 벌였다.

그러나 새 정부는 어떤 성과를 내기도 전에 무너졌다. 4·19 혁명이 일어난 지 1년 만에 군부가 쿠데

▲ 5·16 군사 쿠데타
1961년 5월 16일 박정희 육군 소장을 중심으로 일부 군인들이 쿠데타를 일으켜 4·19 혁명으로 수립된 제2공화국을 무너뜨리고 권력을 장악하였다.

◀ 4·19 혁명
1960년 4월 19일, 한국인들은 부정 선거를 규탄하고 이승만 퇴진을 요구하며 시위를 벌였다.

타를 일으켜 정권을 잡은 것이다(5·16 군사 쿠데타). 군부는 반공과 경제 개발을 내세우며 군정을 선포하였다.

경제개발 계획의 추진

군정을 선포한 박정희는, 혼란을 끝내고 경제 발전을 이룩하겠다고 약속하였다. 1962년 제1차 경제개발 5개년 계획(1962~1966)을 시작으로 1967년부터 제2차 경제개발 5개년 계획이 추진되었다. 이 과정에서 국가가 시장에 적극 개입하는 한국식 발전 모델이 출현하였다.

　정부는 더 많은 외국 자본을 끌어들이기 위해 힘썼으며, 국유 은행을 설립하고 적극적인 금융 정책을 폈다. 이렇게 마련된 자금은 전략 산업에 선택적으로 배분되었다. 낮은 이자로 대출받은 기업은 적극적인 투자와 수출 시장 개척으로 답하였다.

　이들 기업은 처음에 주로 해외에서 사들인 원료로 섬유나 신발, 합판 같은 경공업제품을 생산하여 수출하였다. 1960년대 중반부터는 산업화에 필수적인 철강, 석유화학 분야에서 수입 대체 공업화도 함께 추진하였다. 확대되는 투자는 저임금의 풍부한 노동력을 기반으로 하여 고도성장을 일구었다. 교육열이 높고 자기 역사에 대한 자부심이 큰 한국인들은 열심히 일하였고, 자신들의 세대에 달라진 나라를 만날 수 있었다.

포항 제철공업단지
1968년 중공업 개발을 위해 설립된 포항 제철은 해외에서 원재료를 수입하여 철강을 생산함으로써 한국의 경제성장에 크게 기여하였다.

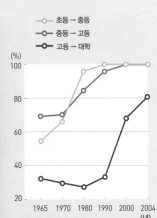

학교별 취학률
한국은 경제 수준이 비슷한 국가 중 취학률이 매우 높았다. 1970~1980년대에는 중·고교 진학률이, 1990년대 이후에는 대학 진학률이 급격히 늘었다.

공업국으로의 성장

1960년대 본격화된 공업화는 1970년대에도 꾸준히 전개되었다. 제3, 4차 경제개발 계획이 1972~1981년 동안 진행되었는데, 정부 주도의 수출산업 육성이라는 측면에서 1960년대와 비슷하였다.

이 기간에 중화학공업의 발전이 두드러졌다. 정부는 철강, 기계, 조선, 전자, 석유화학, 비철금속 등 6개 분야를 새로운 전략산업으로 지정하여 집중적으로 지원하였다. 포항 제철공업단지, 울산 석유화학단지, 창원 종합기계단지, 여천 종합화학단지, 구미 전자공업단지 등이 이 무렵에 조성되었다.

중화학공업 분야가 성장하면서 수출의 비중이 경공업에서 중공업 분야로 급격히 이동하였다. 전체 산업에서 제조업이 차지하는 비율도 급격히 늘어났으며, 제조업에서도 중화학공업이 차지하는 비중이 더욱 높아졌다.

농업과 어업 종사자가 눈에 띄게 줄어든 반면 도시 인구는 빠르게 늘어났다. 서울을 비롯한 대도시로 인구가 몰려들었고, 새로운 공업도시가 건설되었다. 1979년 OECD(경제협력개발기구)는 한국을 신흥공업국으로 분류하였다.

수출 100억 달러 달성
한국 정부는 수출 주도형 경제개발 전략에 따라 수출 산업에 지원하였고, 1977년 100억 달러 수출을 달성하였다. 1995년에는 수출액이 1000억 달러를 넘어섰다.

울산 석유화학단지
1967년 조성되어 1972년 준공되었다. 정유공장을 비롯하여 석유화학 계열의 공장이 들어섰으며, 인근에 자동차 공업단지와 함께 거대한 공업단지가 형성되었다.

경부고속도로
서울과 부산을 잇는 고속국도 제1호선으로, 1968년에 착공하여 1970년에 완공되었다. 총연장 417km로 수도권과 영남 공업단지를 잇는 산업의 대동맥이며, 고속도로 덕분에 전국이 일일생활권으로 묶일 수 있었다.

마산 수출자유지역
한국 정부는 수출 증진을 위해 1970년 마산에 수출 자유지역을 설정하고 이곳에 입주하는 기업에 각종 세제 특혜를 주었다.

302

한강의 기적, 그 빛과 그림자

1960, 70년대 한국 경제는 대내외적으로 '한강의 기적'이라 불릴 만큼 비약적 성장을 하였다. 그러나 고도성장 이면에는 많은 문제가 있었다.

한국 정부는 경제개발에 필요한 자금을 마련한다는 구실로 35년간 일제의 한국 지배에 대한 사과와 배상 없이 일본과 국교를 맺었으며, 수많은 청년을 베트남전쟁에 파병하였다.

대기업은 정부의 지원으로 빠르게 성장한 반면, 중소기업이나 일반 소비자는 배려 대상에서 종종 제외되었다. 기업 경쟁력이 우선되는 가운데 국가는 노동자 권익 보호에 소홀하였고, 노동운동은 자주 탄압을 받았다. 도시 노동자의 저임금을 위해 식량 가격을 낮게 유지함으로써 농민의 노동은 정당한 대가를 받지 못하였다.

민족적 자존심의 훼손, 민주주의 없는 경제개발, 분배 없는 성장은 경제개발의 진정한 목적을 되묻게 하였다. 학생들은 참된 민족주의와 민주주의를 외치며 시위를 벌였고, 노동자들은 경제적 평등을 요구하였다.

전태일(1948~1970)
1970년 11월 13일, 서울 평화시장의 노동자였던 전태일이 고도성장의 그늘에 가려 낮은 임금과 장시간 노동에 고통받던 노동자들의 처우 개선을 요구하며 분신자살하였다. 이 사건을 계기로 노동운동이 전환점을 맞았다. 사진은 전태일이 분신하였던 서울 청계천 5가 평화시장 앞에 세워진 동상이다.

한일 협정 반대 시위
1965년 6월 22일, 한국은 일본과 일반적인 국교 관계를 규정한 한일 기본조약을 체결하였다. 36년간 식민지배를 한 일본과의 국교 수립에 반대해 전국적으로 시위가 일어났다.

베트남 파병
한국은 베트남전쟁이 치열해지자 1965~1973년까지 연인원 30만 명을 파병하였다. 미국은 한국군의 파병 대가로 군사 및 경제원조, 전쟁 특수, 군장비의 개선 등을 제공하였다.

환경 오염
충분한 준비 없이 급속히 진행된 산업화로 물과 공기, 흙이 오염되어 많은 사람들이 영문도 모른 채 고통을 겪었다.

거대 도시 서울의
변화된 모습, 메트로폴리탄

서울은 아름다운 한강이 관통하는 한국의 수도로, 600여 년 동안 한국의 정치, 경제, 문화의 중심지다. 고궁을 비롯한 한국의 전통 문화를 체험할 수 있는 문화유산이 살아 숨쉬며, 현대 도시의 면모도 지니고 있다. 현대식 고층 빌딩이 즐비하고 지상, 지하 교통망이 잘 정비되어 있으며, 행정·금융·정보·문화 활동이 활발하다.

2021년 현재 서울 인구는 약 1,000만 명이고, 서울과 주변 도시를 포함한 수도권 인구는 약 2,500만 명으로 한국 전체 인구의 50%에 이른다. 주요 기업의 본사나 학생들이 진학을 희망하는 주요 대학도 대개 서울에 있다. 기술 혁명이 확산되면서 이 같은 경향은 갈수록 심해진다. 이를 빗댄 '서울공화국'이라는 표현과 더불어 지방 소멸을 우려하는 목소리도 높다.

중국의 베이징, 일본의 도쿄와 함께 동아시아 3대 도시에 속하는 서울은 세계적인 소비 시장과 물류의 거점으로서 공항과 고속철도, 고속도로, 주변의 항만 등 뛰어난 교통 시설을 갖추고 있다. 그리고 한국의 산업·금융·정보 중심지로서 세계 경제의 한 축을 이루면서, 인천 공항과 항구를 통하여 동아시아 각 지역과 세계를 빠르게 잇는 역할을 담당하고 있다.

서울의 행정구역 확대

한성부 성저 10리
한성부 도성 5부

조선 후기(1900년대) 서울의 모습

1911년 확장

1930년대 서울의 모습

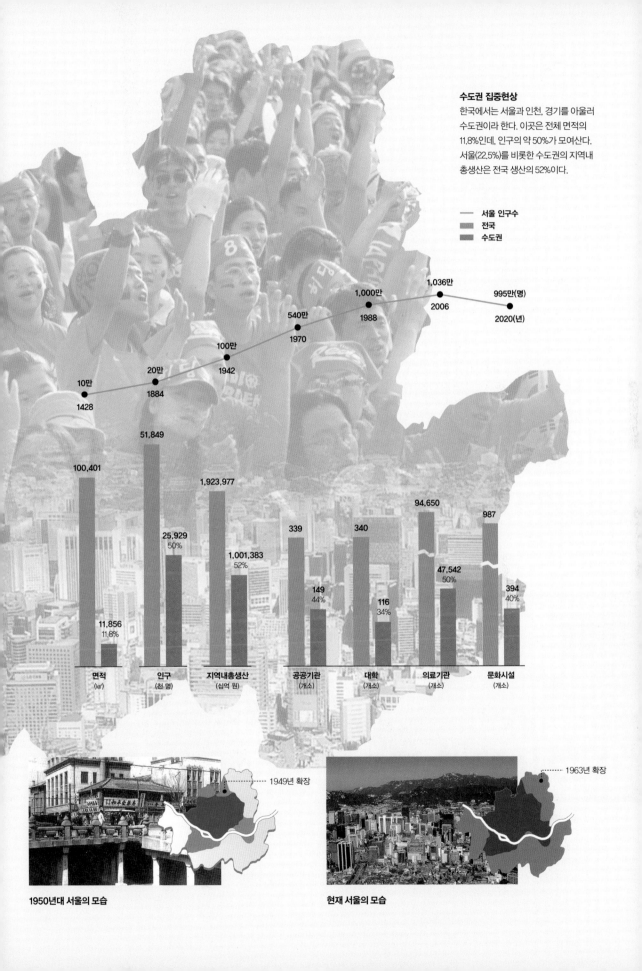

수도권 집중현상
한국에서는 서울과 인천, 경기를 아울러
수도권이라 한다. 이곳은 전체 면적의
11.8%인데, 인구의 약 50%가 모여산다.
서울(22.5%)를 비롯한 수도권의 지역내
총생산은 전국 생산의 52%이다.

—— 서울 인구수
전국
수도권

1,036만
2006

1,000만
1988

995만(명)
2020(년)

540만
1970

100만
1942

20만
1884

10만
1428

면적 (㎢)	인구 (천 명)	지역내총생산 (십억 원)	공공기관 (개소)	대학 (개소)	의료기관 (개소)	문화시설 (개소)
100,401	51,849	1,923,977	339	340	94,650	987
11,856 11.8%	25,929 50%	1,001,383 52%	149 44%	116 34%	47,542 50%	394 40%

---------- 1949년 확장

---------- 1963년 확장

1950년대 서울의 모습

현재 서울의 모습

2

산업화와 민주화를 함께 이루다

독재자의 길에 들어선 박정희

"조국 근대화 = 후진성의 극복"을 내건 정책들이 일정한 성과를 거두면서 박정희는 두 차례 대통령 선거에서 승리하였다. 그러나 그는 또다시 헌법을 바꾸어 영구 집권을 시도하였다.

그는 1972년 국회를 해산하고 군대와 경찰 기구를 앞세워 유신헌법이라 불린 새 헌법을 제정하였다. 이로써 대통령은 국회의원의 1/3을 지명하고 의회가 제정한 법률을 정지시킬 권한을 보유하게 되었다. 대통령을 국민이 직접 뽑는 선거는 없어졌다.

정권은 유례없는 사법 살인까지 동원하여 민주화 운동을 탄압하였다. 그러나 대학생을 필두로 민주화 운동은 거세게 일어났고, 지식인과 종교인을 중심으로 '재야'라 불리는 투쟁적인 시민사회가 등장하여 독재 정권에 맞섰다.

❶ 대통령을 선출하는 체육관 선거(1972)
유신 체제하에서는 5000여 명으로 구성된 선거인단이 대통령을 선출하였다. 선거인단은 국민에게 특정 후보에 대한 지지 의사를 밝히는 것이 금지되었다.

❷ 부·마 항쟁
1979년 가을 부산과 마산에서 학생과 시민이 중심이 되어 유신헌법 철폐와 민주주의 회복을 요구하는 대규모 시위가 일어났다. 두 지역의 시위는 출동한 군대에 의해 진압되었다.

❸ 10·26 사건
민주화 운동이 확산되던 1979년 10월 26일 유신 그 자체라 할 수 있던 대통령 박정희가 살해되었다. 사진은 당시 중앙정보부장 김재규가 대통령 박정희에게 총 쏘는 모습을 재연한 장면이다.

불붙은 민주화 운동

유신 체제는 사실상 1979년에 종말을 맞았다. 노동자들의 생존권 투쟁이 계속되는 가운데 반독재 투쟁도 더욱 거세졌다. 특히 1979년 10월 부산, 마산 지역에서 일어난 시민 항쟁은 유신 체제에 큰 충격을 주었다.

유신 체제 안에서 부분적인 민주화를 검토하자는 주장도 일어났다. 이런 가운데 정보기관의 책임자가 국가원수를 살해하는 사건이 일어났다. 이를 계기로 한 개인의 리더십에 절대적으로 의존하였던 유신 체제가 막을 내렸다.

많은 한국인들은 민주주의가 곧 실현되리라고 기대하였지만 전두환을 비롯한 신군부■ 세력에 의해 좌절되었다. 커질 대로 커진 군부 내 일부 세력이 또 다른 쿠데타로 권력을 장악하였던 것이다(12·12 군사 반란).

신군부의 등장으로 한국 사회는 다시 얼어붙었다. 그러나 광주 시민과 학생들은 1980년 5월 18일부터 10일간 신군부 퇴진과 민주주의 회복을 요구하며 시위를 벌였다(5·18 민주화 운동).

신군부는 시민 항쟁을 짓밟고 권력을 장악하였다. 1981년 전두환은 유신헌법과 비슷한 새 헌법을 제정한 뒤 7년 임기의 대통령이 되었다(제5공화국 출범).

■**신군부** 군부 내 비밀조직 '하나회'를 중심으로 1979년 박정희 사망 후 12월 12일 군사 반란을 일으켜 새롭게 정권을 장악한 세력을 일컫는다.

❶ **12·12 군사 반란(1979)**
5·16 군사 쿠데타 이후 정치화된 군부 내 일부 세력이 다시 쿠데타를 일으켰다. 이 사건을 주도한 전두환, 노태우가 박정희의 뒤를 이어 대통령이 되었다. 사진은 중앙청(광화문)을 점령한 쿠데타 세력의 탱크이다.
❷❸ **5·18 민주화 운동(1980)**
광주 시민들이 무장한 군인들의 강경 진압에 맞서 저항하였다. 이 과정에서 군인 25명을 포함하여 200명이 넘는 사망자가 발생하였고, 부상자는 3000여 명에 이르렀다.

1980년대 자동차 공장(울산)과 조선 공장(포항)
1980년대 이후 한반도 동남부에 자리잡은 울산과 포항은 최대의 중화학 공업단지로 성장하였다.

'산업혁명'의 성취

박정희가 사망한 1979년, 한국은 심각한 경제난에 빠졌다. 정부의 자금 지원과 각종 특혜로 추진된 중화학공업 투자가 과잉·중복 투자로 드러났기 때문이다. 수많은 기업이 도산하였고, 20여 년 만에 처음으로 경제성장이 후퇴하는 일도 일어났다.

전두환 정부는 경제 위기를 극복하기 위해 막대한 자금 지원과 강제적인 기업 통폐합, 경제 개방의 확대 등을 실시하였다. 이러한 경제 정책은 국민경제에서 재벌의 비중이 높아지는 결과를 초래하였다. 게다가 기업 경쟁력을 강화한다는 구실로 노동운동을 강력하게 통제하였다.

한국은 1986~1988년을 거치면서 근대적인 산업국가의 모습을 갖추게 되었다. 이 기간 동안 저금리, 저유가, 저달러라는 '3저 현상'에 힘입어 한국은 고도성장을 이룩하였다. 조선, 자동차, 건설 분야의 기업이 비약적으로 자본을 축적하였으며, 국가 경제성장률이 연 12%가 넘었다. 또한 산업 기술의 축적도 비약적으로 이루어졌고, 기술과 자본의 대외 의존도 뚜렷하게 개선되었다.

사회 구조에도 큰 변화가 나타났다. 재벌이 사회의 주도 세력으로 더욱 큰 힘을 갖게 되었으며, 노동자의 수가 늘면서 이들의 조직화가 활발하게 진행되었다. 특히 사무직 노동자를 비롯한 화이트칼라층이 크게 늘어났다. 노동계급의 확대는 민주화 운동과 맞물리면서 새로운 차원의 시민사회를 만들어나갔다.

6월 민주항쟁, 민주화의 첫발을 내딛다

1980년대 들어서면서 민주화 운동이 크게 확산되었다. 수많은 학생과 시민이 1980년에 있었던 광주 학살의 책임자 처벌을 주장하며 투쟁하였다. 생산직 노동자들은 활발하게 노동운동을 전개하였다. 학생·지식인과 노동운동의 연대가 이루어졌으며, 1985년 이후 야당도 전투적인 민주화 운동에 동참하였다.

1987년 전두환 정권에 맞선 민주대연합이 이루어졌다. '민주헌법쟁취국민운동본부' 아래 결집한 민주화 운동 세력은 헌법 개정을 요구하면서 대규모 시위를 벌였다. 같은 해 6월 10일 시작된 시위가 20일 가까이 이어졌고, 학생과 시민 수백만 명이 민주화를 외치며 경찰과 맞서 끝내 승리하였다(6월 민주항쟁).

군부 권위주의가 후퇴한 뒤, 노동자들은 민주노조를 건설하기 위한 투쟁에 대대적으로 나섰다. 특히 대기업 남성 노동자들이 노동조합 건설 투쟁에 나섰고, 사무직과 전문직 노동자들도 노동조합 건설에 앞장섰다.

마침내 군부 권위주의 시대가 끝났다. 한국인들은 자유로운 분위기 아래서 선거를 치렀으며, 산업화와 민주화를 동시에 달성한 자부심을 바탕으로 제24회 올림픽 경기대회를 성공적으로 치렀다.

울산의 노동자 대투쟁
6월 민주항쟁 이후 많은 대기업에서 민주 노동조합이 결성되었다. 사진은 1987년 가을 한국의 대표적인 공업도시 울산 노동자들의 시위 장면이다.

6월 민주항쟁에 참가한 넥타이 부대
6월 민주항쟁에는 학생과 재야 단체 회원들을 비롯해 사무직 노동자들이 대거 참여하였다.

6·10, 6·26 시위 개최지

- 6·10 시위 개최지
- 6·10, 6·26 시위 동시 개최지

춘천
부천 서울
인천 안양 성남
수원 원주
태백
천안 청주
공주 안동
대전 김천
군산 익산 영천 포항
전주 대구
정읍 거창 울산
창원
광주 진주 부산
무안 순천 광양 마산
목포 여수
완도
제주
서귀포

3
사회주의 국가 북한, 벽에 부딪히다

'사회주의 공업화'의 성공

북한에서는 1961년부터 추진된 7개년 계획(1961~1967)으로 경제가 꾸준히 성장하였다. 국민 소득에서 공업이 차지한 비중이 25%(1956)에서 65%(1969)로 증대됨으로써 사회주의 공업화를 이루었다. 경공업과 농업 부문 간의 불균형도 어느 정도 해소됨으로써 인민 생활이 한층 더 개선되었다.

1960년대 이후 비날론의 대량생산으로 의생활에 큰 변화가 나타났으며, 식량 상황도 크게 향상되었다. 도시가 새롭게 건설되었으며, 대부분의 농촌에 문화 주택이 보급되었다.

무상 치료제 실시, 의무 교육과 무상 교육의 확대를 비롯하여 사회 복지 제도도 확대되었다. 또한 국가의 보육 정책에 따라 탁아소, 유치원 등 보육 시설이 확충되었다.

천리마운동 기념탑
천리마는 하루에 천 리를 달린다는 전설 속의 명마이다. 북한의 천리마운동은 1957년부터 시작된 경제개발 5개년 계획의 주요 전략으로 채택되었다. 북한은 기술과 자본, 물자가 부족한 상태에서 경제성장을 이루고자 주민들을 총동원하는 전략을 구사하였는데, 집단적인 증산 운동이 천리마운동으로 나타났다. 이 운동은 단순한 경제 동원에 그치지 않고 대중 사상을 고양하려는 정치운동의 일환으로 추진되었다.

온 사회의 주체사상화

조선민주주의 인민공화국의 사회주의 헌법은 위대한 수령 김일성 동지의 주체적인 국가건설 사상과 국가건설 업적을 법화한 김일성 헌법이다.

1972년 제정된 사회주의 헌법 전문에서는 사회주의와 김일성주의는 같다고 밝혔다. 김일성의 항일 투쟁 경험, 김일성의 지도로 이루어진 조선노동당의 국가건설 과정에 대한 절대적인 신뢰에 기초한 것이다. 이 헌법에 따라 주석에 취임한 김일성은 절대 권력을 확보하였다. 김일성주의는 1967년 이래로 당의 기본 방침이 되어온 주체사상 바로 그것이었다.

1974년부터 전 당의 주체사상화, 온 사회의 주체사상화가 기본 목표로 제시되었다. 고난의 시기에 항일 투쟁을 벌였던 김일성의 삶과 투쟁은 모두가 따라 배워야 할 모범이 되었다.

1974년에는 김일성의 아들 김정일이 수령의 유일한 후계자로 추대되었으며, 1980년에는 당 내에서 확고한 지위를 확보하였다. 이때부터 김정일은 '친애하는 지도자'로 불리며 국가의 모든 중대사를 실질적으로 이끌었다.

북한의 행정구역

북한은 평양직할시와 3개 특별시, 9개 도로 이루어져 있다. 총면적은 12만 3,138km², 인구는 약 2,513만 (2018년 기준) 명으로, 면적은 남한보다 넓고 인구는 절반 정도이다. 남한보다 지하자원은 풍부하지만 산악 지형이 많아 식량 생산에 어려움이 많다.

● 도·직할시청 소재지
— 직할·특별시 경계

출처: 통일부(2019)

벽에 부딪힌 계획경제

주체사상이 강조되고, 수령을 중심으로 한 단결이 제창되면서 북한 체제는 비교적 안정적으로 운영되었다. 그러나 주체사상의 틀을 넘어선 상상력은 억제되었다. 당에 대한 인민의, 수령에 대한 당과 인민의 문제 제기는 용납되기 어려웠다.

수령과 당에 대한 인민의 믿음을 유지시켜주었던 1950~1960년대의 '성공하는 경제'는 어려움에 직면하였다. 1970년대 들어 북한 정권은 '인민 경제의 주체화·현대화·과학화'를 바탕으로 사회주의 완전 승리를 이루겠다고 인민에게 약속하였다.

그러나 그 핵심인 기술 혁명이 벽에 부딪혔다. 1979년 북한의 1인당 국민소득은 1920달러로, 같은 해 한국(1636달러)보다 높았다. 하지만 1980년대 초부터 경제성장이 둔화되었고, 제2차 7개년 계획(1978~1985)은 목표에 도달하지 못하였다. 이 무렵 부족한 자원과 해외 자본의 숨통을 틔워주었던 동유럽 사회주의권이 무너지기 시작하였다. 북한으로서는 전혀 예상하지 못한 일이었다.

기대하였던 인민 생활의 개선도 점차 한계에 도달하였다. 자립 우선의 경제 정책과 기술 혁명의 정체로 국제 경쟁력을 갖춘 산업의 성장은 기대할 수 없었다. 수출이 어려워지면서 외화 부족도 일상화되었으며 원료나 에너지 수입, 해외의 신기술 도입에도 차질이 생겼다.

1980년대 초 경제성장이 둔화되었다. 북한은 합작회사 경영법(1984)을

북한의 중심부 평양
한국전쟁으로 폐허가 된 평양은 철저한 도시계획 아래 사회주의 이념을 반영한 계획적인 도시로 탈바꿈하였다. 시가지 한가운데에 대동강이 흐르고, 그 주변에 중요한 건축물이 늘어서 있다.

제정하여 해외 자본 유치를 꾀하였고, 기업 활동에 인센티브를 부여하는 새로운 제도를 도입하였다. 그러나 1950년대 만든 경제 운영의 기본 방침이 대체로 유지된 데다 성과도 크지 않았다.

그러나 북한이 온 사회의 주체사상화로 후계 체제의 수립을 향해 치닫던 1980년대에는 북한 체제를 위기로 몰아갈 세계 정세 변화가 시작되고 있었다.

"우리식대로 살자"

1989년 동독이 무너지고 독일이 통일되었다. 동유럽 사회주의 국가에 이어 1991년에는 소련도 붕괴하였다. 그리고 중국에서 대규모 시위가 잇따랐다.

이 같은 변화는 북한에 엄청난 충격을 주었다. 특히 '사회주의 형제국'들과의 우호적인 협력 관계가 끝나면서 북한은 심각한 경제 위기에 빠졌다. 석유와 원자재 조달뿐 아니라 수출에도 어려움이 뒤따랐으며, 만성적인 전력난으로 공장 가동이 어려워졌다.

김일성(오른쪽)과 김정일(왼쪽)
현재 북한 지도자인 김정일 (1942~)은 1974년에 김일성의 공식적인 후계자로 지명되었으며, 1980년대부터 국가의 중요 정책 결정에서 실질적인 역할을 하였다.

북한 지도부는 인민들에게 "우리식대로 살자"는 구호를 내걸고 위기를 돌파하고자 하였다. 동유럽 사회주의 체제의 붕괴 원인을 자본주의 국가의 공세와 잘못된 당 운영이라 지적하면서 수령을 중심으로 당과 인민이 단결하면 사회주의 체제를 지켜나갈 수 있다고 강조하였다.

심각한 경제난을 극복하고자 외국인 투자 유치를 위한 다양한 조치를 취하였다. 군사적 긴장 완화와 더불어 남북 고위급 회담에도 적극 나섰다. 전쟁과 체제 경쟁을 거치며 형성된 질서에 적지 않은 변화가 나타난 것이다.

4

다가서는 남과 북, 한반도의 변화를 꾀하다

6월 민주항쟁 이후의 대한민국

6월 민주항쟁 직후 한국인들은 민주적인 분위기 속에서 대통령 선거와 국회의원 선거를 치렀다. 야당의 후보 통합이 실패로 끝나면서 대통령은 신군부 출신 후보에게 넘겨주었으나, 국회의원 선거에서는 야당이 크게 승리하였다. 민주화는 더 이상 거스를 수 없는 대세가 되었다.

　　1992년 대통령 선거에서는 한때 군부 출신 정치인과 결탁하였으나, 오랜 세월 야당 지도자를 지냈던 김영삼이 당선되었다. 김영삼 정부는 군부 출신의 전직 대통령을 내란죄로 처벌하는 등 군부 권위주의를 청산하였다. 또한 지방자치 선거를 전면적으로 실시하여 민주주의가 생활 속에 뿌리내리는 데 기여하였다.

❶ 김영삼 대통령(1993~1998)
오랫동안 야당 국회의원을 지냈으나 1990년 여당으로 옮긴 뒤 대통령에 당선되었다. 김영삼 정부는 군인 대통령 시대를 끝냈다며 '문민 정부'라고 자처하였다.
❷ 김대중 대통령(1998~2003)
박정희, 전두환 정권 시절 두 번이나 죽을 고비를 넘겼다. 최초의 야당 출신 대통령으로, 민주화 시대를 뜻하는 '국민의 정부'를 자처하였다.
❸ 노무현 대통령(2003~2008)
인권 변호사 출신으로, 청년층의 높은 지지로 대통령에 당선된 뒤 국정 운영에서 국민의 참여를 강조하며 '참여 정부'를 표방하였다.
❹ 이명박 대통령(2008~)
평사원으로 시작하여 대기업 최고 경영인을 지냈던 한국 자본주의 성공신화의 한 주인공이었다. 국회의원과 민선 서울 시장을 지냈다.

북·미 제네바 합의(1994)
북한의 핵 개발을 막으려는 미국과
한반도 평화 체제 수립을 요구하는
북한 사이에 합의가 이루어졌다.
합의 내용에 따라 북한은 핵을
개발하지 않는 대신 미국이 북한에
원자력발전소 2기를 건립하고 연간
50만 톤의 중유를 제공하며, 양국은
정치·경제 관계를 완전히
정상화하기로 약속하였다.

위기의 한반도

1994년 북한이 핵 개발을 시도하면서 한반도는 전쟁 위기를 맞았다. 미국
은 즉각 핵 개발 중지를 요구하였다. 정부 간 대화를 이어가던 남북한 관계
도 얼어붙었다. 북한은 평화협정 체결이 먼저라며 미국의 요구를 거절하
였고, 한때 미국은 북한 핵 시설 공격을 추진하기도 하였다.

북·미 대화가 시작되고, 남북 정상회담이 추진되면서 전쟁 위기는 해
소되었다. 그러나 북한 인민에게 절대적 존재였던 김일성이 갑자기 사망
하고, 대홍수와 심각한 가뭄으로 인해 북한은 또 다른 위기를 맞았다. 수
많은 인민이 식량을 배급받지 못하였으며, 굶주림을 피해 국경을 넘는 일
도 생겼다.

금 모으기 운동(1997)
외환 위기로 경제 위기가
본격화되자 장롱 속의 금붙이를
모아 외환을 확보하려는 국민적인
운동이 일어났다.

1997년에는 한국이 심각한 경제 위기를 맞았다. 동남아시아에서 시작된
금융 위기가 한국에 급격한 외환 위기를 불러왔다. 지불 불능에 빠진 한국
정부는 국제통화기금(IMF)에 긴급 지원을 요청하였고, IMF는 가혹한 경제
구조 조정을 요구하였다.

경제 위기는 사회 전체를 뒤흔들었다. 경제 성장률이 –6.7%(1998)를 기
록할 정도로 급격히 떨어졌으며, 3%를 밑돌던 실업률은 8.6%(1998)에 이
르렀다. 수많은 기업이 도산하였고 국민소득은 절반으로 줄었다.

두 번의 남북 정상회담 개최

1997년 경제 위기 속에서 치러진 한국 대통령 선거에서 야당 후보였던 김대중이 당선되었다. 역사상 처음으로 여당에서 야당으로 평화적인 정권 교체가 이루어진 것이다. 그리고 다시 5년 뒤 민주화 운동의 또 다른 주역이었던 노무현 후보가 대통령으로 선출되었다.

이들이 대통령으로 재임하던 10년 동안 한국 정부는 남북관계에서 화해와 협력을 일관된 정책으로 밀고 나갔다. 비슷한 시기에 북한에서는 김정일이 최고 지도자로 추대되었으며 체제 위기를 극복하고자 개방을 서둘렀다.

2000년 6월 평양에서 남북 정상회담이 열렸다. 남북의 통일 원칙에서 합의점을 찾은 김대중 – 김정일 두 정상은 남북 간의 교류와 협력을 전면적으로 확대하기로 하였다. 2007년에는 노무현 대통령이 분단의 상징인 휴전선을 걸어서 넘은 뒤 두 번째 정상회담을 가졌다.

남북에 흩어졌던 가족이 다시 만나고, 북한의 주요 관광지를 남측 사람이 관광할 수 있게 되었다. 남북 사이의 정치, 경제, 문화 교류가 크게 확대되었다. 국제 경기에 남북 선수단이 동시에 입장하고, 오랜 세월 끊어졌던 남북의 도로와 철도가 연결되었으며, 경제협력도 더욱 확대되었다.

남북 정상회담(2000)
대한민국의 김대중 대통령과 조선민주주의 인민공화국 김정일 국방위원장이 평양의 순안공항에서 손을 맞잡았다. 분단 55년 만에 이루어진 최초의 남북 정상회담이었다.

개성 공단
개성은 휴전선에 인접한 북한 도시로, 남북한이 이곳을 세계적인 산업 단지로 만들기 위해 협력하였다. 2002년 첫 공사를 시작하였으며, 현재는 주로 남한의 기술 및 자본과 북한의 노동력이 결합하는 방식으로 운영된다.

2002 한일 월드컵
한국은 이 대회에서 사상 처음으로 4강에 올랐는데, 경기가 있을 때마다 주요 도시 곳곳에서 대규모 길거리 응원이 펼쳐졌다. 사진은 한국과 이탈리아의 16 강전 경기 날 서울시청 앞 광장에 모인 응원 인파다.

대통령 탄핵 반대 촛불집회(2004)
국회가 노무현 대통령을 탄핵하자, 수많은 시민이 거리로 나와 탄핵 반대를 외쳤고, 총선을 통해 대통령 탄핵을 주장한 세력을 심판했다.

민주적인 시민문화 확산

1990년대 동안 심각한 경제 위기를 겪었지만, 남북 모두 해결의 실마리를 찾을 수 있었다. 특히 남한은 외환 위기를 빠르게 극복하고 지속적으로 경제성장을 이룩했다. 중국과 무역 관계가 확대되었으며, 정보통신, 조선, 자동차 공업 분야에서 꾸준히 성장을 이루어 낸 결과였다. 2006년에는 1인당 국민소득이 2만 달러를 돌파했다.

민주화를 위해 애쓴 정치인들이 연이어 집권하면서, 인권 친화적인 제도가 만들어졌고 민주적인 시민문화도 점차 확산되었다. 불행했던 과거 청산을 통해 이행기 정의를 수립하려는 노력이 이루어졌고, 다양한 유형의 시민 단체들이 등장하여 사회 변화의 주역으로 참여했다. 세계 최고 수준의 디지털 환경도 시민의 참여를 고취했다.

시민들은 독재의 전시 공간이던 광장을 자신들의 것으로 만들었다. 2002년 한일 월드컵 대회에서 비롯된 길거리 응원, 새로운 시위 문화를 선도한 촛불집회가 이 무렵 자리 잡았다. 온라인과 오프라인을 넘나드는 공론장의 활성화도 새로운 모습이었다.

외국인 인구 200만 시대,
한국 속의 외국을 말한다

한국 정부 발표에 따르면 2019년 1월 1일 기준 대한민국에 거주하는 외국인은 221만 6,612명으로 주민등록인구의 4.3%이다. 90일 이상 한국에 체류하는 사람 가운데 한국 국적을 가지지 않은 자가 117만 9,000여 명이고, 결혼 이주여성처럼 한국 국적을 취득한 자는 18만 6,000여 명, 외국인 주민의 자녀는 25만 2,000여 명이다.

국내 거주 외국인은 1993년 무렵부터 빠르게 늘었다. 이해 처음 외국인 산업연수생 제도를 시행하면서 아시아 여러 나라에서 온 외국인들이 국내 노동 현장에서 중요한 산업 인력으로 자리잡은 것이다.

이들 가운데 외국인 노동자가 29%로 가장 많고, 외국 국적 동포(17%), 결혼이민자(9.8%), 유학생(7%)이 그 뒤를 잇는다. 국적 별로는 중국 출신이 42.6%로 가장 많고, 베트남(11.1%), 타이(10.2%), 미국(4.4%) 순서다.

서울 시내 주요 외국인 마을

주로 일자리가 많은 서울(21%), 경기(32.5%), 인천(5.9%) 등 수도권에 집중 거주(59.4%)하고 있다. 외국인 주민이 1만 명 이상으로 등록된 주민 수의 5%가 넘는 기초 자치단체는 모두 95개인데, 외국인이 가장 많이 거주하는 곳은 경기도의 안산, 수원, 화성, 시흥 순이다.

❶ 서울 이태원의 이슬람 성원
서울 이태원의 이슬람 중앙 성원(마스지드). 한국 정부가 부지를 제공하고 이슬람권 국가들이 건축비를 부담하여 1976년에 완공되었다. 이슬람 성원은 이곳을 포함해 전국에 16곳이 있다.
❷ 인천 차이나타운
1883년 인천항이 개항된 이래 형성된 중국인 거리에서 유래한 원조 외국인 거리다. 한국과 중국 문화가 공존하는 지역으로 많은 수의 화교가 거주하고 있으며, 중국의 음식과 문화 관광 명소로 자리잡고 있다.
❸ 서울 이태원
가까운 곳에 미군 기지가 자리잡은 뒤 외국인 대상의 쇼핑과 관광 명소로 등장하였다. 1960년대 이후 40여 개국의 공관이 들어서고 외교관 거주지가 대규모로 개발되면서 국제적인 쇼핑, 유흥, 관광 명소로 확고히 자리잡았다.
❹ 안산시 원곡동 국경 없는 마을
안산 공단을 찾은 외국인 노동자가 집중적으로 거주하면서 형성되었다. 안산에는 9만 명이 넘는 다양한 국적의 외국인이 살고 있어 여러 외국 문화를 접할 수 있다.

새로운 미래를 꿈꾸며

역동적인 변화를 일군 한국인들

'코로나19'와 함께 보낸 2020년, 일찍이 없던 전염병에 대처하는 한국의 방식은 국제 사회의 관심을 끌었다. 방역과 경제의 균형, 시민적 자유 보장과 국가의 통제 사이의 균형, 이를 가능하게 한 시민 의식과 과학 기술 수준 등이 그 내용이었다. K-방역에 대한 긍정적·부정적 평가 모두 2020년대를 맞는 한국의 얼굴이었다.

여러 국제기구가 내놓는 통계들에 따르면, 한국의 국내 총생산은 세계 10위권이며, 1인당 국민소득이 3만 달러가 넘는 경제 강국이다. '아시아에서 가장 민주적인 나라'로 분류되기도 한다. 식민지를 경험했으며, 전쟁과 가난, 여전한 남북의 대립 상황을 감안하면 수십 년 동안 한국이 성취한 변화는 높이 평가받을 만하다.

방역복을 입고 코로나19 확진자를 간호하는 간호사
2020년은 유례없는 전염병으로 온 세계가 고통을 받았다. 한국은 우수한 진단 테스트, 역학 조사를 통한 확산 방지, 효율적인 환자 관리 시스템을 통해 피해를 크게 줄일 수 있었다. 의료진의 헌신적 참여, 소상공인과 노동자의 희생이 뒷받침된 결과이기도 했다.

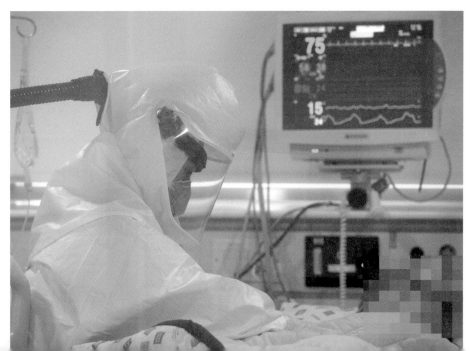

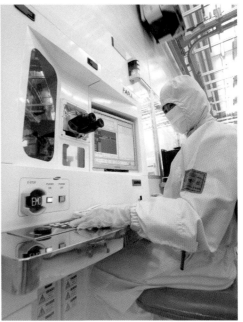

LCD TV와 반도체 생산
OECD 통계에 따르면 한국 ICT(정보 통신 기술) 산업 비중은 OECD 회원국 중
가장 높다. 메모리 반도체, LCD TV와 휴대전화 생산이 세계 2위이며, IT 인프라인
초고속 인터넷 보급률도 최고 수준이다. 사진은 반도체와 LCD TV 생산 공장의
모습이다.

    역동적 변화의 뿌리에는 국민적 동질성이 작용했다. 모두가 함께 잘사는 나라 만들기
란 과제 설정, 공동체를 위한 헌신이란 미덕은 민주화와 산업화를 함께 이룬 비결 중 하
나였다. 1,300년 이상 단일한 국가 공동체를 구성했으며 민족 운동의 경험을 공유한 결
과일 것이다.

    많은 한국인은 짧은 시기에 이중 혁명을 이루어낸 역사에 자부심을 느낀다. 그러나 그
성취가 분단과 체제 경쟁 속에서 이루어졌고, 사회적 소수자들의 처지를 충분히 개선하
지 못했다는 우려의 목소리도 높다.

    대다수 한국인은 민주주의와 시장 경제란 이상을 공유한다. 그러나 한반도 평화를 실
현하는 방법, 경제 정책의 지향점, 불행했던 과거 청산, 소수자 문제 해결을 둘러싼 의견
차이도 작지 않다.

    2007년과 2008년에는 각각 대통령 선거와 총선이 치러졌다. 한국인들은 '대한민국을
선진 일류 국가로 만들자'라던 이명박 후보와 보수 야당을 선택하였다. 2012년에 있었던
두 선거 역시 같은 보수정당의 승리로 끝났고, 2013년에는 박근혜 대통령이 취임했다.

    9년 동안 이어진 보수 정당의 집권은 2017년 끝났다. 한국 국민들은 9년 전 집권 세력에
다시 기회를 주었고, 새 정권은 지난 경험 위에서 국민의 뜻에 부응할 방법을 찾으려 했다.

세계 속의 한국, 한국 속의 세계

한국의 산업화는 수출 산업 육성을 바탕으로 이루어졌으며, 지속적인 성장은 경제 개방을 동반하였다. 그래서 한국 기업의 해외 진출은 물론 생산 기지를 해외로 이전하는 경우도 많다.

많은 한국인이 유학이나 기업 활동을 위해 해외로 떠났고, 그곳에 자리 잡은 이도 많다. 2000년대를 전후하여 한국의 대중문화가 아시아 여러 나라에서 주목받으며 '한류'라는 새로운 문화 현상을 불러일으켰다.

한국 경제는 수출 못지않은 수입을 통해서도 성장하였다. 생산 기지 이전을 위해 한국을 찾는 외국 기업과 일자리를 찾아 한국에 오는 외국인이 점차 늘고 있다.

한국의 역동적인 변화는 외래문화를 창조적으로 수용하는 과정에서 이루어졌다. 특히 미국과 일본의 역사적 경험과 학문적 지식 체계는 한국의 사회 변화에 커다란 영향을 미쳤다.

한국어를 알고 현재 한국인과 혈통이 이어지는 이들이 세계적으로 750만 명에 이른다. 2019년을 기준으로 한국에 와 있는 외국인은 220만 명을 넘어섰다. 이들의 삶과 문화 역시 현재 한국인 삶의 한 페이지를 꾸미고 있다.

개발도상국 지원 및 개발 협력의 확대
한국 정부는 교육, 의료, 행정, 에너지, 인권 등 다양한 분야에서 개발도상국들의 경제·사회 발전을 지원하며, 해외 여러 나라와 우호 협력과 상호 교류를 증진하고 있다. 사진은 에티오피아 직업연수센터의 자동차 기술 교육 장면이다.

한류의 유행
한국의 드라마나 영화, 대중음악에서 시작된 현상이 게임이나 캐릭터, 소비재 관광 등으로 확산되고, 문화 콘텐츠 수출이 크게 늘어났다. 이러한 관심은 한국어 학습으로 이어져 한국어를 배우기 위해 한국을 찾는 외국인도 많아졌다.

촛불집회
2016년 10월 26일부터 이듬해 3월 9일까지 전국의 수많은 도시에서 진행됐다. 많게는 200만여 명의
시민이 집회와 거리 행진에 참여했고, 이를 통해 대통령의 퇴진과 사회 개혁을 주장했다. 국회의원 78.5%
가 대통령 탄핵에 찬성했고, 헌법재판관 전원이 이에 동의했다. 박근혜 대통령이 파면된 뒤 치러진
선거에서 인권변호사 출신인 문재인 후보가 대통령에 당선됐다.

군사 분계선을 넘는 남북 정상
2018년 4월 27일 판문점에서 제3차 남북 정상회담이 열렸고, 2019년 6월 30일에는 남북미 정상이 같은
곳에서 회동을 가졌다. 오랜 대결의 역사를 청산하기 위한 대화의 노력이 이어지고 있다.

미래를 낙관하는 한국인들

2016년 가을, 많은 한국인이 거리로 쏟아져 나왔다. 현직 대통령의 무능과 과오, 권력과
재벌과 손잡고 저지른 부패를 바로잡기 위해서였다. 다른 한편에서는 대통령 탄핵을 반
대하는 대규모 집회도 계속됐다. 국회와 헌법재판소는 다수 국민의 뜻에 따라 대통령을
탄핵했고, 연이은 선거를 통해 탄핵을 추진한 세력에 힘을 실었다. 변화를 이끌어낸 힘은
겨울 내내 이어진 평화적인 집회였다.

2019년은 3·1운동을 거쳐 민주공화제 임시정부가 수립된 지 100주년이었다. 한국인들은
대한민국 100년의 역사를 되돌아보면서 100년을 이어온 독립과 평화·민주주의 정신을
기억하고 이를 현실에서 실현할 방안을 모색했다.

한반도 평화에 이르는 길은 여전히 멀고, 상상하는 미래의 차이에서 비롯된 갈등 또한 여
전하다. 그러나 비관적이지만은 않다. 숱한 어려움 속에서도 역동적인 변화를 만들어 냈
다는 자부심, 대화와 토론을 통해 문제를 풀어가려는 민주적인 정치 문화가 존재하기 때
문이다.

자료 제공 및 소장처

국립경주박물관 44_금관 77_유리잔, 보검 84_주령구 88_기와집 모양의 뼈 그릇

국립고궁박물관 180_영조

국립공주박물관 51_금제관식

국립김해박물관 47_가야 토기

국립민속박물관 112_족두리

국립부여박물관 34_부여 송국리 출토 유물 59_백제 금동대향로

국립중앙박물관 27_서울 암사동 빗살무늬 토기 29_비파형 동검 37_고인돌의 껴묻거리 61_백제 관음상, 국보 83호 금동미륵보살 반가상 89_부뚜막 모형 92_청자 칠보 무늬 투각 향로 103_참외 모양 청자 병, 모란넝쿨 무늬 분청사기 항아리, 백자 병, 구름과 용 무늬 청화백자 항아리 105_청동 범종 113_경천사탑 118_삼국사기, 삼국유사 121_이제현 122_금속활자 124_천산대렵도 143_왜관도 147_백자 대접 153_천자총통, 황자총통 154_고사관수도 167_신행 179_상평통보, 태평성시도 181_자리짜기 192_전모를 쓴 여인 193_벼타작, 말 징 박기, 장터길

국립청주박물관 92_새 무늬 병 107_고려의 먹 123_직지 활판과 영인본

국정홍보처 290_진보당 사건 재판 광경 292_부산항에서 하역되는 미국 원조 물자 303_베트남 파병

권태균 20~21_단양 금굴 22_주먹도끼 25_전곡리에서 발견된 주먹도끼 30_단군 영정 31_세형 동검 33_명도전 38_추수하는 모습 39_송편 빚기, 조상의 묘를 찾아 절하는 모습 40~41_오녀산성 52_고구려의 고분들 58_국동대혈 59_해의 신과 달의 신 62~63_밥상, 장 담그는 과정, 김치, 불고기, 비빔밥 64~65_감포 앞바다의 대왕암 68_김유신 동상 71_문무왕 해중릉 76_완도 청해진 목책 흔적 77_괘릉의 무인석상 79_부도, 감은사탑, 영광탑 83_일주문, 천왕문, 연화교·칠보교, 청운교·백운교, 불상, 석가탑, 다보탑 86_견훤산성 102_도자기 엑스포 110~111_팔만대장경판을 보관하고 있는 경판고 129_소망을 적은 기와 133_앙부일구 135_사직단, 숭례문 146_농사직설 158_도산서원 159_문성공묘, 강학당, 장서각 167_소학 169_열녀문 175_하멜 표류기 180_탕평비 184_다산 초당 189_순무영진도 203_외규장각, 용두돈대, 정족산성 212_전봉준 생가 227_독도 228~229_덕수궁 229_옛 러시아공사관 237_태형 도구 240_서대문형무소 246~247_독립기념관 256_세계어린이 운동 발상지 기념탑 257_천도교 본당 266_서대문형무소 역사관, 추모비, 사형장, 독방 267_독립기념관 전시관 내부 319_서울 이태원의 이슬람 성원, 인천 차이나타운, 서울 이태원, 안산시 원곡동 국경 없는 마을

김성철 36~37_화순 고인돌 공원 37_북방식 고인돌, 남방식 고인돌 48_장군총 68_무열왕릉 80_석굴암 84_안압지 89_기와집 96_금산사 미륵전 108_성황당 128_송광사 130~131,135_경복궁 근정전 135,150~151_종묘 136_성균관 148_세종대왕 동상 159_학구재·지락재, 도동서원의 정문 수월루 166_만동묘 177_반계 서당 187_화성, 팔달문, 방화수류정 210_우정국 220~221_독립문 229_정동교회, 황궁우, 중명전 261_광주 학생 항일운동 기념탑

김순덕(나눔의 집) 262_〈끌려감〉

김지홍 295_비보이 댄스를 즐기는 남한 청소년들

김호석 184_정약용(강진군청 제공)

뉴스뱅크 39_고향을 찾는 사람들로 북적이는 고속버스터미널 278_제1차 미소 공동위원회 282_재판정에 들어서는 친일 인사들의 모습 295_남한의 종로 시가지 300_4·19 혁명 303_한일 협정 반대 시위 312_평양 313_김일성과 김정일 320_방역복을 입은 간호사

독립기념관 217_단발령 지령 223_한국에서 러시아와 일본의 첫 전투 장면, 을사조약 강요 전야에 공포 분위기를 조성하고 있는 일본군 233_항일의병 234_일제가 파악한 국채 보상금 모집 금액표 238_토지조사사업 239_동양척식주식회사 241_필라델피아 만세 시위 행진 242_임시정부 주요 인사들 249_훈련 중인 한국 독립군 256_형평운동, 어린이날 257_민족주의 역사서 263_강제 징용

문화재청 24_서울 암사동 신석기시대 유적지

미국 국립문서기록관리청(NARA) 275_성조기가 걸린 조선총독부(눈빛출판사 제공), 마을과 길을 가로지르는 38도선

미국 메트로폴리탄 미술관 92_당초 무늬 3단합

민주화운동기념사업회 307_5·18 민주화 운동(경향신문 제공)

박건호 237_일제 강점기 학교 풍경

박종진 94_왕건릉 101_개성 영통사

백승종 291_협동농장

백제문화개발연구원 51_무령왕릉

부산대박물관 37_붉은 간토기

사계절출판사 46_수산리 고분 벽화(그래픽 복원도)

삼성미술관 Leeum 95_고려 금동대탑 99_아집도 대련 183_인왕제색도

삼성전자 321_LCD TV와 반도체 생산

서울대학교 규장각한국학연구원 133_천상열차분야지도 135_도성도 138_조선왕조실록, 인조 사초 145_용비어천가, 삼강행실도 203_강화부 전도

손승현 28_참성단 44_대릉원

서울대학교 박물관 87_상경성터 176_곤여만국전도

숭실대학교 한국기독교박물관 133_혼천의 177_청동지구의

안동소주박물관 113_소줏고리

연합뉴스 32_청천강 39_차례를 지내는 모습 70_고려영 148_한글의 아름다움 171_절에서의 제사 270~271_경의선 복원 273_일본 자위대, 한국전쟁 274_해방에 환호하는 한국인들 288_공동경비구역 289_대학생의 통일운동, 소 떼 방북, 걸어서 휴전선을 넘는 대통령 294_남북 선수 공동 입장 295_아리랑 예술 공연 306_10·26 사건 307_12·12 군사 반란 309_6월 민주항쟁에 참가한 넥타이 부대 315_금 모으기 운동 316_남북 정상회담(2000), 개성 공단 317_2002 한일 월드컵, 대통령 탄핵 반대 촛불집회(2004) 322_개발도상국 지원 및 개발 협력의 확대, 한류의 유행 323_촛불집회, 군사 분계선을 넘는 남북 정상

오죽헌 시립박물관 156_이이

용인시청 155_심곡서원

유은경 112_전통 결혼식에서 신부의 모습

육군박물관 160_동래부 순절도

이영란 129_부처님 오신 날, 연등 행렬, 탑돌이 296~297_2010년 5월 서울 명동 303_전태일 동상

이인미 89_초가집, 온돌과 마루

이헌종 27_시베리아 빗살무늬 토기

일본 가가미진자 127_수월관음도

일본 고베 시립박물관 49_칠지도 175_조선 통신사 행렬도

일본 궁내청 산노마루 쇼조칸 120_몽고습래회사

일본 덴리대학 86_최치원 146_몽유도원도

일본 도쿄 국립박물관 92_국화 무늬 나전칠기

일본 도쿄대학 문학부 75_상경성 제1궁전지에서 출토된 용머리 81_이불병좌상

일본 류코쿠대학 142_혼일강리역대국도지도

일본 아이치현 도자자료관 103_석류 무늬 접시

일본 요코하마시 역사박물관 27_조몬 토기

일본 지온인 109, 114_미륵하생경변상도

전주 경기전 134_이성계

전쟁기념관 73_발해 동모산 74_발해 석등 75_상경성 복원모습 153_단석

청양군 모덕사 206_최익현

타이완 타이베이 박물관 103_화초·풀과 벌레·꽃과 새 무늬 병

평양 조선미술박물관 137_노상알현도

합천 해인사 123_팔만대장경 판목

PJONGJANG (1990) 295_북한의 평양 시가지

《조선유적유물도감》 22_역포아이, 승리산 사람, 만달 사람 29_미송리형 토기 57_대성산성 106_고려 황궁 복원 모형 109_천문대, 공민왕릉 천장의 별자리 그림 115_공민왕릉의 문인석과 무인석

✽ 이 책에 쓰인 사진과 도판 자료는 정해진 절차에 따라 저작권자의 허락을 받아 사용하였습니다. 저작권자를 찾지 못한 자료는 확인되는 대로 다음 쇄에 반영하겠습니다.

ㄱ

가나 43
가묘 170, 171
가쓰라 · 태프트 밀약 223
가야 토기 47
간다라 지역 불상 66
간도 참변 269
갈판과 갈돌 23
감은사탑 79
감포 앞바다의 대왕암 65
갑골문자 42
갑신정변 208, 210, 211
갑신정변의 주역들 208
갑오개혁 216
강서대묘 현무 53
강제 징용 263
강학당 159
강화도 119, 202
강화도조약(병자수호조규) 197, 204
〈강화부 전도〉 203
개경 92, 107, 117
개방정책 205~207, 216
개성 공단 316
개성 영통사 101
개성의 고려 성균관 91
갤릭호 269
거문도사건 211
건국 강령 260
건국동맹 264, 265
검은모루동굴 25
견훤 94, 95
견훤산성 86
《경국대전》 136
경복궁 135, 200, 215, 236
경복궁 근정전 131
경부고속도로 302
경의선 복원 271
경제원조 292
경제협력개발기구 302
경천사탑 113
고광순의 태극기 244
고구려의 고분들 52
고려 금동대탑 95

《고려사》 108, 109
《고려사절요》 114
고려시대의 신분 구성 115
고려영 70
고려의 먹 107
고려의 무역로와 주요 수출입품 93
고려의 주요 생산품 92
고려의 통치제도 100
고려청자 102
고류지 미륵보살 반가사유상 61
고부 민란 214
〈고사관수도〉 154
고인돌 36
고인돌의 껴묻거리 37
고조선의 주요 교역로였던 청천강 32
고종 200, 224, 225, 228
화순 고인돌 공원 37
〈곤여만국전도〉 176
공납 178
공녀 120
공노비 해방 184
공동경비구역 288
공명첩 181
공민왕 124~127
공민왕릉 천장의 별자리 그림 109
공민왕릉의 문인석과 무인석 115
공민왕의 영토 회복 125
과거(시험) 100, 137
과거제도 99, 100
관동대지진 269
관음 신앙 81
《관자》 29
광개토왕 51
광개토왕릉비 51
광무개혁 227
광성진과 용두돈대 203
광주 학생 항일운동 261
광해군 165, 228
광혜원 219
괘릉의 무인석상 77

구름과 용 무늬 청화백자 항아리 103
구미 전자공업단지 302
국가총동원법 262
국동대혈 58
국보 83호 금동미륵보살 반가상 61
국자감과 과거제도 99
국제통화기금 315
국학 78
군국기무처 216
군포 178
굴식 돌방무덤 52
굴식 돌방무덤(덕흥리 고분) 투시도 53
궁예 94, 95
궐내각사 139
귀속재산 292
균역법 184
금 105, 106
금 모으기 운동 315
금관 44
금산사 미륵전 96
금성(경주) 84, 85, 88
금속활자 122, 146
금속활자 인쇄 과정 123
금입택 88
금제관식 51
기와 89
기와집 88, 89
기자 135
김구 276, 277, 280
김규식 279, 280
김기수 205
김대중 314
김두봉 276
김부식 118, 121
김영삼 314
김옥균 208, 209
김원봉 264
김유신 68
김일성 276, 277, 280, 290, 311, 313, 315
김일성주의 311

김정일 311, 313
김종직 155, 156
김좌진 243
김치 63
김헌창 86
김홍집 216

ㄴ

나가사키 원자폭탄 투하 249
나당(신라-당) 연합군 68~70, 75
나석주의 폭탄 투척 사건 259
나제동맹 51
나철 235
난징조약 197
남녀평등법 278
남방식 고인돌 37
남부여 34
남북 정상회담 315, 316, 323
남북 철도 시험 운행 289, 181, 184, 185
냉전 272
냉전의 격화 279
넥타이 부대 309
노동법 278
노동운동 303, 308, 309
노론 180, 182, 184, 185
노무현 314
〈노상알현도〉 137
《농사직설》 146
농지개혁 282, 283
농지개혁법 282

ㄷ

다보탑 83
다산 초당 184
단군 29, 30, 135, 257
단독 선거 280
단발령 217
단석 153
단양 금굴 21
담배와 고추 161

당 태종 57
대동아 공영권 249
대릉원 44
대성산성 57
대승불교 66
대조영 87
대종교 235
대학생의 통일운동 289
대한광복회 240
대한국 국제(헌법) 227
대한민국 정부 수립 280, 281
대한자강회 234
대한제국 224, 225, 227, 228,
    236~238
덕수궁(경운궁) 228
도교 109
도덕 정치 156
도동서원 159
도산서원 158
도성도 135
도요토미 히데요시 161
독도 227
독립기념관 247, 266, 267
독립문 221, 224, 226
〈독립선언서〉 241
독립선언식 241, 242
《독립신문》 224, 226
독립협회 225, 226
독서삼품과 78
〈동래부 순절도〉 160
동맹 38
동북항일연군 264, 265
동양척식주식회사 239
동인 157
동학 190, 257
동학농민전쟁 212
동학농민전쟁과 청일전쟁 213
된장 63

ㄹ · ㅁ

러일강화조약(포츠머스조약)
    222
러일전쟁 223

로즈 202
룽먼 석불 67
마루 88
마산 수출자유지역 302
마오쩌둥 285
만달 사람 22
만덕묘 166
만민공동회 226
만석거 저수지 186
만세 운동 242
〈말 징 박기〉 193
매켄지, F.A. 233
맥적 63
메이지 유신 196
명 141, 163~166
명도전 32, 33
모내기 178
모란넝쿨 무늬 분청사기
    항아리 103
모스크바 3상회의 277
모음 148
목화 112
몽고습래회사 120
몽골족의 동아시아 침략 119
몽골풍과 고려양 113
〈몽유도원도〉 146
무과 137
무령왕릉 51, 68
무열왕릉 68
무용총 수렵도 53
무천 38
문과 137
문무왕 해중릉 71
문성공묘 159
문익점 121
물산 장려 운동 253
〈미륵하생경변상도〉 109, 114
미소 공동위원회 228
미송리형 토기 29
미일수호통상조약 197
민족개량주의 운동 253
민족문화 294
민족 유일당 운동 260
민족 종교 운동 257

민족주의 역사서 257
민족혁명당 264
민주헌법쟁취국민운동본부
    309
민주화 운동(타이완) 299
민중의 힘 298

ㅂ

박규수 201
박영효 208
박은식 235
박정희 301, 306, 308
박제가 185
박헌영 277
반민족 행위자 처벌
    특별조사위원회 282
반민족 행위자 처벌법 282
반제국주의 운동 259
발해 동모산 73
발해 석등 74
밥 62
방화수류정 187
배제학당 219
백산봉기 214
백운교 83
백자 103
백자 대접 147
백자 병 103
백정 256
백제 관음상 61
백제 금동대향로 59
백제-왜 연합군 70
법흥왕 82
베르사유 체제 258
베트남전쟁 273, 303
베트남 파병 303
〈벼작〉 193
벽란나루 92, 107
별기군 206
병인양요 199
병합조약 235, 236
보검 77
보호국 231

봉돈 187
봉오동 전투 243
부·마 항쟁 306
부다가야의 대탑 66
부도 79
부뚜막 모형 89
부여 송국리 출토 유물 34
부처(석가모니) 81~83, 128
부처님 오신 날 129
북·미 제네바 합의 315
북방식 고인돌 37
북벌 178, 179
북벌론 166, 168, 181
북벌운동 177
북인 181
북학론 185
북학사상 179
북한군의 남침 284
북한산 진흥왕 순수비 54
북한의 예술 공연〈아리랑〉
    295
북한의 행정구역 311
분청사기 103
불고기 63
불교 66, 78, 79, 81, 109, 129,
    169, 171, 257, 294
불교예술 81
불교의 전래 60
불국사 81, 82
불국사 배치도 83
불평등조약 196
붕당 157, 182, 184, 185
붕당 구조 157
붕당정치 182, 183
붕당정치의 변화 182
비로자나 부처 82
비무장지대 288
비보이 댄스를 즐기는 남한
    청소년들 295
비빔밥 63
비파형 동검 23, 29
빗살무늬 토기 23, 27

ㅅ

사관 138
4군 6진 141
사당 135
사대문 135
사대부 137, 181
사도세자 186
사림 154~157, 160, 167
사발통문 188, 189
4·3 사건 280
사신도 52
4·19 혁명 300
사직단 135
사초 139
사회주의 공업화 310
사회주의 헌법 311
《삼강행실도》 145
《삼국사기》 84, 88, 121
삼국시대 47
《삼국유사》 30, 84, 118, 121
《삼국지》 38
3·1 운동 241, 243, 257, 281
3·1 운동으로 체포된 사람들의
　직업 구성 242
3저 현상 308
38선(38선) 275, 277, 280,
　281, 283, 288
상감 103
상감청자 103
상경성 복원 모습 75
상경성 제1궁전지에서 출토된
　용머리 75
상경성터 87
상평통보 179
서경 115
《서경》 109
서대문형무소 240
서대문형무소 역사관 266
서울 시내 주요 외국인 마을 320
서울 암사동 빗살무늬 토기 27
서울 이태원 319
서울 이태원의 이슬람 성원 319
서원 158
서인 157, 181, 182

서학 199
서희 105
석가탑 83
석굴암 80, 81
석굴암 불상 67
석류 무늬 접시 103
석조전 228
선돌 36
선조 228
성균관 136
성리학 157, 167, 179, 181, 182,
　184, 185, 199
성종 155, 228
성황당 109
세조 154
세종 144, 146, 154
세형 동검 31
소 떼 방북 289
소년 운동 256
소론 181, 182, 184
소망을 적은 기와 129
소수서원의 전각 배치 159
소줏고리 113
소학 167
소현세자 176
속방 209
속방관계 216
송광사 128
송편 39
송화강(쑹화강) 34, 55~57, 73
수산리 고분 벽화(그래픽
　복원도) 46
〈수월관음도〉 127
〈순무영진도〉 189
순종 261
스크랜턴, 메리 219
스탈린 285
승리산 사람 22
시베리아 빗살무늬 토기 27
시찰단 보고서 205
신간회 260, 261
신군부 307, 314
신기전 147
신돈 126

신라 촌락 문서 85
신미양요 198
신민회 234
신분제 216, 225, 256
신석기시대의 농경 도구 26
《신여성》 256
신주 170
신채호 235
신탁통치 275
신탁통치 반대 운동 277
신풍루(행궁) 187
신행 167
신흥공업국 302
실력 양성 운동 232
심곡서원 155
15세기 조선의 국경 141
10·26 사건 306
12~13세기 농민·천민의 봉기
　117
12·12 군사 반란 307
쌀 생산량과 공출량 263
쌀 생산량과 수탈량 비교 251
쌀 증산 계획 251
쑨원 259
쓰시마섬 143

ㅇ

아관파천 217
아궁이 88, 89
아미타 부처 82
아미타 신앙 81
〈아집도 대련〉 99
아펜젤러, H.G. 219
아편전쟁 197
안산시 원곡동 국경 없는
　마을 319
안시성 57
안압지 84
안익태의 친필 〈애국가〉 악보
　245
안재홍 277
안중근 232
알렌, H.N. 219

암태도 소작쟁의 255
앙부일구 133
〈애국가〉 244, 245
야요이 토기 33
얄타회담 249
양무운동 196
어린이날 256
언더우드, H.G. 219
여성 노동운동 256
여운형 264, 274, 277, 279
여천 종합화학단지 302
역포아이 22
연개소문 69
연경(베이징) 174
연등 128
연등 행렬 129
연등회 128
연천 전곡리 유적 25
연행사 174
연화교 83
연희전문 219
열녀문 169
영광탑 79
영조 180, 182, 184, 188
영종도 203
옛 러시아 공사관 228
오녀산성 41
오대산 사고 139
오륜 168
《오륜행실도》 169
5·4 운동 258
5세기 고구려 전성기의 세력
　판도 50
5월 투쟁 299
5·16 군사 쿠데타 300, 301
5·18 민주화 운동 307
온돌 88, 89
온돌의 구조 89
완도 청해진 목책 흔적과
　장보고 영정 76
왕건 94~96, 135
왕건릉 94
왕검성 31
《왕오천축국전》 66, 67

왕위 계승도 85
왜관 143, 175
〈왜관도〉 143
왜구 143
왜구의 침입 126
외규장각 203
《용비어천가》 145
우호조약 198
울산 석유화학단지 302
울산의 노동자 대투쟁 309
워싱턴 체제 258
원불교 257
원산 총파업 255
원조 물자 구성 292
원효와 의상 78
《월남 망국사》 42
월산대군 228
위패 170, 171
위화도회군 135
유교 78, 79, 109, 136, 145,
　166~169, 294
유리잔 77
유리창(리우리창) 173
유상매입 유상분배 283
유신 체제 307
유신헌법 306
유엔군의 참전 284
6월 민주항쟁 298, 299, 309,
　314
유형원 177
유화 58
6·10 만세운동 260, 261
윤봉길 263
을미의병 217
을사조약 223, 231, 232
을사조약 문서 222
음복 171
의병 217, 233, 234
의병의 직업별 분포 233
의천 101
의회 개설 운동 226
이명박 314, 321
이봉창 263
이불병좌상 81

이성계(태조) 134, 154
이순신과 거북선 163
이승만 276, 277, 280, 282, 283,
　290, 300
이양선 190
이양선의 출몰 190
2월 혁명 299
이이 156, 157
이인좌 180, 182
이제현 121
이토 히로부미 232
이항로 201
이화학당 219
이황 156, 157
인민 경제 복구 발전 3개년
　계획 291
인민위원회 276
〈인왕제색도〉 183
인조 176
인조 무인 사초 138
인조반정 228
인천 차이나타운 319
일본군 '위안부' 262, 263
일본의 조몬토기 27
일본의 헤이안성 복원 모습 75
일본 자위대 273
일본 토기 47
일성정시의 132
일연 118, 119
일제하 농민 구성비 251
일주문 83
임시인민위원회 278
임시정부 242, 243, 259, 260,
　264, 275, 277, 279
임시정부 주요 인사들 242
임시 헌장 243
임오군란 207
임진왜란 153, 160, 228
임진왜란 당시 일본군의
　침략로 161
임진왜란 전후의 경지 면적
　비교 164

ㅈ

자격루 147
〈자리짜기〉 181
자음 148
잡과 137
장군총 48
장 담그는 과정 62
장서각 159
장수왕 51
장지연 230
장천 1호분 천장 벽화(부분) 53
〈장터길〉 193
재벌 292, 308
재외 한국인 현황(2019년
　기준) 268
전두환 307, 309
전륜성왕 60
〈전모를 쓴 여인〉 192
전민변정도감 126
전봉준 212
전태일 303
〈절명시〉 236
정도전 134
정동교회 228
정약용 184, 185
정전협정 287, 288
정전협정에 의한 군사 경계선
　284
정조 182, 184~186, 188
정족산성 203
제네바 정치 회담 287
제물포 개항장 195
제사 170
제사 지내는 순서 171
제2차 7개년 계획 312
제1차 5개년 계획 291
제1차 미소 공동위원회 278
제1차 영일동맹 223
제주 고산리 유적의 유물 23
제중원 219
제천 행사 38
제헌헌법 281, 282
제헌국회 281
조·명 연합군 163

조공 42, 204
조공-책봉 관계 140
조광조 155, 156
조몬 토기 27
조상신 171
조상의 묘를 찾아 절하는
　모습 39
조선건국준비위원회(건준)
　274, 275, 279
조선 공업화 정책 251
조선광복회 240
조선노동공제회 255
조선노동당 311
조선독립동맹 264
조선민주주의 인민공화국
　수립 280
《조선왕조실록》 138~140
조선의 대외무역 구조 209
조선의용군 264, 265
조선의용대 264, 265
조선인민공화국 275
조선총독부(총독부) 236, 238,
　239, 250, 274
조선 통신사의 행로 175
〈조선 통신사 행렬도〉 175
조선혁명군 260, 263, 265
조선혁명당 260
조총 152
족두리와 연지 112
족보 168
종묘 135, 151
종성 140
좌우합작위원회 278
주령구 84
주먹도끼 22, 25
주몽 58, 59
주시경 235
주자 157
《주자가례》 170
주체사상 311, 312
주체사상화 311, 313
주체 의식 294
중계무역 31, 34
중국 공산당 259, 264

중국 국민당 259, 264
중국 혁명과 일본의 대륙
　침략 258
중국군의 개입 284
중도파 279
중립 외교 165
중명전 228
중성 149
중앙집권 국가 체제 49
지락재 159
중요산업통제법 262
중종 154
중화 167
중화인민공화국 수립 273
지락재 159
지방 171
지주제 283
《직지》 122, 123
진골 79, 98
진흥왕 54
집강소 215
쯔놈 42

ㅊ
차례를 지내는 모습 39
참성단 28
참외 모양 무늬 청자 병 103
창원 종합기계단지 302
책봉 42, 204
척화비 198, 199
천도교 257
천리마운동 291
천리마운동 기념탑 310
천문대 109
〈천산대렵도〉 124
〈천상열차분야지도〉 133
천왕문 83
천자총통 153
천추총 52
1862(임술)년 농민 항쟁 191
청동거울 107
청동 범종 105
청동지구의 177

청산리 전투 243
청운교 83
청일전쟁 215
청자 102
청화백자 103
초가집 88, 89
초성 149
촛불집회 317, 323
총선거 280
최승우 98
최언위 98, 99
최익현 206
최제우 190, 191
최초의 공식 국가 245
최초의 태극기 244
최치원 86, 98
추석 38, 39
측우기 147
7개년 계획 310
칠보교 83
7세기 동북아시아 정세 55
《칠정산》 132
칠지도 49
칭기즈 칸 112

ㅋ·ㅌ·ㅍ
카이로 선언 274
캄케라믹 27
쿠빌라이 120
탐라국 49
탑돌이 129
탕평의 정신을 기록한 비석 180
태극기 225, 242, 253, 274
태극성 253
태정관 문서 227
태종 136
태평성시도 179
태평양전쟁 262
태평천국운동 196, 200
태형 도구 237
톈안먼 사건 299
토막촌 252
토지조사사업 238, 254

통상조약 196, 199
통신사 165, 174
통일신라의 지방 통치(8~9
　세기) 72
판옥선 152
8~9세기 동북아시아 77
팔달문 187
팔만대장경 판목 123
팔만대장경판을 보관하고 있는
　경판고 111
88운동 298
평양 312
평양의 숭녕전 140
평화협정 287, 315
포항 제철공업단지 301, 302
풍속화 192
풍수지리설 101
필라델피아 만세 시위 행진 241

ㅎ
《하멜 표류기》 175
하백 58
학구재 159
한(Han) 28
한국광복군 264, 265
한국독립군 249, 260, 263, 265
한국독립당 260
한국사 왜곡 도서 257
한국의 구석기·신석기 유적 23
한국의 전통 부엌 89
한국인의 해외 이주 상황
　(1890~1930년대) 269
한국전쟁 273, 284~286, 288,
　291, 293
한글 144, 148, 216
한글날 257
한글맞춤법통일안 257
한글 운동 257
한류 322
《한성순보》 210
한양 136
한일 협정 반대 시위 303
함흥 본궁 134

합작회사 경영법 312
항일의병 233
해동성국 75
해모수 58
해방 당시 38도선 이남과
　이북의 경제 구조 비교 279
협동농장 291
형평사 256
형평운동 256
혜초 66
호족 94~96, 99, 104
〈혼일강리역대국도지도〉 142
혼천의 133
홍경래 189
홍범도 243
홍패 98
화랑 54
화성 186, 187
화차(신기전기) 152
화초·풀과 벌레·꽃과 새 무늬
　병 103
환구단 224, 225, 228
황국신민 서사 낭독 263
황국협회 225, 226
황궁우 228
《황성신문》 230
황자총통 153
황현 236
회사령 239, 250
효종 177
훈구파 155
《훈민정음》 43, 144, 147
《훈민정음 해례본》 144
흥선군 이하응(대원군) 200,
　201, 207
홍수아이 25

외국인을 위한 한국사

한국인은 세계인에게 한국의 역사를 어떻게 이야기할 것인가?

1판 1쇄 발행일 2011년 6월 13일
2판 1쇄 발행일 2021년 9월 13일

지은이 전국역사교사모임

발행인 김학원
발행처 (주)휴머니스트출판그룹
출판등록 제313-2007-000007호(2007년 1월 5일)
주소 (03991) 서울시 마포구 동교로23길 76(연남동)
전화 02-335-4422 **팩스** 02-334-3427
저자·독자 서비스 humanist@humanistbooks.com
홈페이지 www.humanistbooks.com
유튜브 youtube.com/user/humanistma **포스트** post.naver.com/hmcv
페이스북 facebook.com/hmcv2001 **인스타그램** @humanist_insta

편집주간 황서현 **편집** 최인영 이영란 **본문 디자인** AGI Society **표지 디자인** 박진영
지도 일러스트 김경진 임근선
용지 화인페이퍼 **인쇄** 청아디앤피 **제본** 정민문화사

ⓒ 전국역사교사모임, 2021

ISBN 979-11-6080-704-2 04910
ISBN 979-11-6080-703-5 04910 (세트)